Undergraduate Topics in Computer Science

딥러닝 입문

Introduction to Deep Learning

From Logical Calculus to Artificial Intelligence

Sandro Skansi 저 | 김준태 · 유견아 공역

UTiCS

Springer

Human Science
휴먼싸이언스

정가 25,000원

딥러닝 입문

2019년 6월 10일 초판 인쇄
2019년 6월 20일 초판 발행

저　　　자 : Sandro Skansi
역　　　자 : 김 준 태 · 유 견 아
표지디자인 : 성 지 은
발 행 자 : 박 주 옥
발 행 처 : 휴먼싸이언스
주　　　소 : 서울시 도봉구 시루봉로 291 B1
(도봉동 613-14 숙진빌딩)
등 록 번 호 : 제2008-20호
등 록 일 : 2008. 10. 13
전　　　화 : (02) 955-0244
팩　　　스 : (02) 955-0245

역자와의
협의하에
인지생략

e-mail : humansci@naver.com
ISBN : 979-11-89057-12-1 93560

이 도서의 국립중앙도서관 출판시도서목록(CIP)은 서지정보유통지원시스템 홈페이지(http://seoji.nl.go.kr)와 국가자료공동목록시스템(http://www.nl.go.kr/kolisnet)에서 이용하실 수 있습니다. (CIP제어번호 : 2019023779)

서문

이 교재에는 새로운 과학적 결과는 없다. 나의 유일한 기여라고 하면 기존에 있던 지식들을 엮어서 나의 예제와 직관으로 설명하는 것이다. 나는 유창한 설명을 하면서 인용으로 모든 것을 커버하도록 노력을 했다. 그러나 '전자와 스위치'의 현대 세계에서는 온라인에 고품질의 많은 자료가 이미 있기 때문에(온라인 세계는 소셜 미디어로 인해 매우 역동적이 되었다) 모든 아이디어에 적절한 기여를 하는 것이 매우 어렵다. 제2판에서 실수나 누락을 바로 잡기 위해 최선을 다할 것이며, 모든 오류 정정과 세안은 매우 감사히 받아들일 것이다.

이 책은 독자의 실제 성별에 관계없이 여성 대명사를 사용하여 독자를 지칭한다. 오늘날 우리는 인공지능에 관해서는 매우 불균형한 환경을 가지고 있다. 여성 대명사를 사용함으로서 책을 읽는 동안 여성 독자들이 소외감을 덜고 편하게 읽을 수 읽기를 희망한다.

나는 이 책 전체에서 주어진 아이디어가 언제 처음 발견되었는지에 대한 역사 얘기를 할 것이다. 그 아이디어에 대한 신뢰를 주기 위함이며 또한 독자에게 직관적인 연대표를 제공하기 위함이다. 그러나 그 아이디어나 기술이 처음으로 발명되었을 때, 기계학습을 위한 기술로 만들어진 것이 아니기 때문에 이 연대표는 정확하지 않을 수 있다는 것을 기억하기 바란다.

이 책은 딥러닝에 대한 첫 번째 소개서로 의도되었다. 딥러닝은 심층 인공 신경망으로 하는 특별한 종류의 학습이지만 오늘날 딥러닝과 인공 신경망은 동일한 분야로 간주된다. 인공 신경망은 통계 및 인공지능(AI)의 하위 분야인 기계학습의 하위 분야이다. 인공 신경망은 인공지능에서 통계보다 훨씬 많이 사용된다. 오늘날 딥러닝은 하위 분야의 하위 분야를 다루는 것에 만족하지 않고 전체 AI에 대해 도전하려 한다. 한 때 논리적 인공지능(Good Old-Fashioned AI, 또는 GOFAI라고도 함)의 보루였던 추론 및 계획과 같은 AI 분야의 증가세는 이제 딥러닝에 의해 둔화되고 있다. 이러한 의미에서, 딥러닝은 인공지능의 하위 분야의 하위 분야가 아니라 인공지능 자체의 접근 방식이라고 말할 수 있다.

검도[1)]에 첨단 기술의 새로운 세계로 가는 길을 찾는 것과 유사한 오래된 아이디어가 있다. 그 아이디어는 4단계로 무술을 배우는 것이다: 큼, 강함, 빠름, 가벼움. '큼'(big)은 모든 움작임이 크고 정확해야 하는 단계이다. 올바른 기술에 집중하면 근육은 새로운 운동에 적응한다. 큰 움직임을 하는 동안 무의식적으로 강해지기 시작한다. '강함'(strong)은 강한 움직임에 초점을 맞춘 단계이다. 올바르게 하는 법을 배우고 힘을 더하면 이제 무의식적으로 점점 더 빨라진다. '빠름'(fast)을 배우는 동안 일을 대충 요령껏 처리하기 시작하고 극도의 단순함을 채택한다. 이 단순성은 '딱 필요한 만큼'을 의미하는 '가벼움'(light)을 구축한다.

이 단계에서 전문가(practitioner)는 모든 일을 정확하게 하며, 움직임이 강함에서 빠름으로, 다시 강함으로 자유자재로 변할 수 있으며, 그리고도 별 노력 들이지 않고 가볍게 하는 검도 마스터라고 할 수

---

1) 펜싱과 비슷한 일본의 무예

있다. 이것은 일반적으로 주어진 무술과 예술에 대한 숙달의 길이다. 딥러닝은 지속적인 개선 요소가 있기 때문에 이 은유적인 의미에서 예술이라고 생각할 수 있다. 현재 볼륨은 모든 것을 포괄하는 것이 아닌, 딥러닝의 '큼' 단계를 위한 교재로 만들어졌다. '강함' 단계에 대해서는 [1]을, '빠름' 단계에 대해서는 [2]를, '가벼움' 단계에 대해서는 [3]을 추천한다. 딥러닝 분야에서 중요한 일을 하고 있고 균형이 잡힌 연구자는 이것들을 모두 읽어야 한다.

이 다음에는 펠로우는 마스터가 되고(길의 끝이지만 진정한 시작) arxiv.com에서 'Learning'이라는 키워드로 찾을 수 있는 논문에 도전해야 한다. 대부분의 딥러닝 연구자들은 arxiv.com에서 활발하게 활동하며 정기적으로 출판 전 논문을 발간하기도 한다. 원하는 전문화 방향에 따라 '계산 및 언어', '사운드' 및 '컴퓨터 비전' 카테고리도 확인하기 바란다. 원하는 카테고리를 웹 브라우저 홈 화면에 놓고 매일 확인하는 것이 좋은 방법이다. 놀랍게도 arxiv.com의 '신경 및 진화 컴퓨팅(Neural and Evolutionary Computation)'은 생긴지 얼마 되지 않은 카테고리이며 딥러닝의 일부 연구자들은 자신의 연구에 이 카테고리를 표시하지 않기 때문에 딥러닝을 찾는 최고의 장소는 아니다. 하지만 이 카테고리는 시간이 지남에 따라 더 중요해질 것이다.

이 책의 코드는 Python3이며, Keras 라이브러리를 사용하는 대부분의 코드는 [2]에 제시된 코드의 수정된 버전이다. 그 책[2)]은 많은 량의 코드와 그것에 대한 설명을 제공하지만, 우리는 직관적으로 재작성하고 풍부한 주석을 단 적당량의 코드를 제공한다. 우리가 제공하는 코드는 모두 철저하게 테스트되었으며 제대로 동작하는 상태에

2) 이 책은 내 컴퓨터에 전자책과 하드 카피로 두 카피를 모두 소유한 유일한 책이다—간단하게 말해 좋고 유용하다.

있기를 희망한다. 그러나 이 책은 소개서이므로 독자가 딥 아키텍처 코딩에 익숙하다고 가정할 수 없기 때문에 독자가 이 책의 모든 코드들을 해결할 수 있도록 도움을 줄 것이다. 버그 수정 및 업데이트된 코드의 전체 목록과 새로운 버그 제출 관련 세부 정보는 책의 저장소 github.com/skansi/dl_book에서 확인할 수 있으니 새로운 버그 수정 요청을 제출하기 전에 목록과 업데이트된 코드 버전을 확인하기 바란다.

교과목으로서의 인공지능은 일종의 '철학적 공학'으로 간주될 수 있다. 이것이 의미하는 바는 AI는 철학적 아이디어를 취하고 이를 구현하는 알고리즘을 만드는 과정이라는 것이다. '철학적'이라는 용어는 최근에[3] 독립적인 과학 분야가 된 과학(심리학, 인지 과학 및 구조적 언어학) 뿐만 아니라 독립적이 되기를 희망하는 과학(논리 및 온톨로지[4])을 포함하는 용어로 광범위하게 사용된다.

왜 이 넓은 의미의 철학이 복제하기에 흥미로울까? AI에서 어떤 주제가 흥미로운지 생각해 보면 AI는 가장 기본적인 차원에서 철학적 개념을 복제하고자 하는 것을 알 수 있다: 예를 들어, 생각하고, 물건을 알고, 의미를 이해하고, 합리적으로 행동하고, 불확실성에 대처하고, 목표를 달성하기 위해 협력하고, 물건에 대해 다루고 이야기할 수 있는 기계를 만드는 것 등.

'인터넷을 라우팅 할 수 있는 기계', 또는 '로봇 팔의 최적 부하를

3) 철학은 적어도 2300년이 된 오래된 교과목이며 여기서 '최근'이라 함은 최근 100년을 의미한다.

4) 과학으로서 논리학은 1960년대의 윌러드 밴 오먼 콰인(Willard Van Orman Quine)의 강의 이후로 많은 논리학자들에 의해 철학과 수학에서 독립된 것으로 간주되었지만, 온톨로지를 독립적인 학문으로 생각하는 것은 비교적 새로운 아이디어이며, 내가 지적할 수 있는 한, 이 흥미롭고 유망한 발의는 배리 스미스 교수가 버팔로 대학교의 철학과를 만들면서 나왔다.

예측하는 프로그램', 또는 '정리에 대한 공식적인 증명을 생성하는 응용 프로그램' 또는 '컴퓨터 멀웨어를 식별하는 프로그램' 또는 '체스에서 이길 수 있는 시스템' 또는 '스캔한 페이지의 문자를 인식할 수 있는 서브루틴'과 같은 비철학적 용어를 사용하는 AI 에이전트의 정의는 거의 볼 수 없다. 특이하게도 이것들 모두가 실제 역사적인 AI 응용 프로그램이며 이들과 같은 기계가 항상 화제를 만들었다는 것이다.

그러나 문제는, 일단 우리가 그것을 동작시키면, 더 이상 '지적인' 것으로 간주되지 않고 단지 정교한 계산으로 간주된다는 것이다. AI 역사는 그러한 예들로 가득하다.[5] 어떤 문제에 대한 체계적인 해답은 주어진 문제에 대한 완전한 형식의 명세를 요구하며, 완전한 명세가 작성되고 알려진 도구가 적용된 후에는[6] 신비한 인간 같은 기계로 간주되지 않고 '단순한 계산'으로 간주되기 시작한다. 철학은 지식, 의미, 참조, 추론과 같은 본질적으로 정의하기 까다로운 개념을 다루며 그들 모두 지적 행동에 필수적인 것으로 간주된다. 이것이 넓은 의미에서 AI가 철학적 개념의 공학인 이유이다.

그러나 공학 부분을 과소평가하지 말라. 철학은 아이디어를 다시 검토하는 경향이 있지만 공학은 꾸준히 진행하고 일단 문제가 해결되면 완료된 것으로 간주된다. 인공지능은 오래된 작업과 오래된 문제를 재검토하는 경향이 있다(이것이 철학과 매우 유사하다). 그러나 새로운 기술은 뭔가 새로운 것을 가져와야 한다는 의미에서 측정 가

5) 존 맥카시(John McCarthy)는 이 현상에 대해 즐거워하며 그것을 인공지능 역사의 '엄마 나 손 놓고 타(look ma, no hands)'라고 자랑하는 것 같은 시대로 보았지만 같은 현상이 계속 반복된다.

6) 새로운 도구는 기존 문제에 대한 새로운 도구로 제공되기 때문에 새로 발명된 도구로 새로운 문제를 해결하는 것은 일반적이지 않다.

능한 진보가 필요하다(이것이 공학 측면이다). 이 참신성은 그 문제에 대한 최근 결과[7]보다 나은 결과일 수도 있고, 새로운 문제의 구성일 수도 있으며[8] 또는 벤치마크 이하의 결과지만 다른 문제로도 일반화될 수 있는 것일 수도 있다.

공학은 진보적이며, 일단 무언가가 만들어지면, 그것이 사용되고 그 위에 만들어진다. 즉, 우리는 다시 모든 것을 구현할 필요가 없고 바퀴와 같이 이미 만들어진 것을 다시 만들 필요가 없다. 그러나 바퀴의 발명 뒤에 있는 아이디어를 이해하고 혼자서 바퀴를 만들려고 노력할 때 얻게 되는 가치가 있다. 이러한 의미에서 우리가 보게 될 코드를 다시 만들고, 어떻게 작동하는지 보고, 일반 파이썬에서 완성된 Keras 층을 다시 구현하려고 시도해야 한다. 당신이 솔루션을 관리한다면 상당히 늦어질 수 있겠지만 통찰력은 얻게 될 가능성이 크다. 자신이 원하는 만큼 이해했다고 느끼면, 벽돌을 쌓고 정교한 작업을 수행하기 위해 Keras나 기타 프레임워크를 이용하여야 한다.

오늘날 할 수 있는 모든 일은 팀 노력이며 모든 업무는 부분으로 나뉜다. 나의 부분은 독자가 딥러닝을 시작하도록 하는 것이다. 나는 독자가 이 책을 소화하고 서가에 올려놓고 적극적인 딥러닝 연구자가 되어 이 책을 다시는 결코 보지 않게 되는 것이 자랑스러울 것이다. 이것은 나에게 독자가 이 책에 있는 모든 것을 배웠다는 것을 의미하고 딥러닝에서 일을 시작하게 하려는[9] 나의 역할이 잘 수행되었음을 의미한다. 철학에서 이 아이디어는 비트겐슈타인의 사다리로

7) 이것은 주어진 문제에 대한 벤치마크라고 불리며, 뛰어 넘어야 하는 것이다.
8) 일반적으로 철학적 문제나 일련의 문제를 통제된 버전으로 구축한 새로운 데이터 집합 형태이다. 이후 장에서 bAbI 데이터 집합을 다루는 예제를 보도록 한다.
9) 혹은 '처음으로 접하기'가 더 나은 표현일 수 있다 — 그것은 당신이 얼마나 딥러닝을 좋아하게 되는지에 달렸다.

알려져 있으며, 개인적인 탐구-개발 균형에 도움이 될 중요한 실용적인 아이디어이다.

나는 또한 이 책에 몇 가지 부활절 달걀(숨겨진 비밀)을 넣었는데, 주로 예제에서 이례적인 이름으로 사용되었으며 그것들이 책 읽는 것을 활발하고 즐겁게 만들기를 바란다. 3장에서 사용된 강아지 이름 가비(Gabi)는 출판할 때 4세가 된다. 이 책은 복수형을 사용하는 오래된 학문적 관례에 따라 복수형으로 쓰여졌고, 따라서 이 서문 이후에 책의 마지막 부분까지 더 이상 단수 인칭 대명사를 사용하지 않는다. 어떤 식으로든 참여하고 이 책을 가능하게 만든 사람들 모두에게 감사드리며 특히, 책의 수학적 측면에 대한 중요한 의견과 수정을 제공한 Siniša Urošev와 메모리 기반 모델에 관한 귀중한 의견과 제안을 해준 Antonio Šajatović에게 감사를 전하고 싶다. 아내 Ivana가 나에게 준 모든 지원에 대해 특별한 감사의 말을 전한다. 누락이나 실수에 대한 책임은 나에게 있으며 나는 독자들의 모든 피드백에 크게 감사할 것이다.

Zagreb, Croatia — Sandro Skansi

참고문헌

1. I. Goodfellow, Y. Bengio, A. Courville, *Deep Learning* (MIT press, Cambridge, 2016)
2. A. Gulli, S. Pal, *Deep Learning with Keras* (Packt publishing, Birmingham, 2017)
3. G. Montavon, G. Orr, K.R. Muller, *Neural Networks: Tricks of the Trade* (Springer, New York, 2012)

역자 서문

인공지능의 하위 분야인 기계학습의 한 방법론이라고 할 수 있는 딥러닝은 60여년 인공지능의 역사에서 가장 많은 성과를 쏟아내고 있습니다. 그 응용분야도 IT 뿐만 아니라, 의료, 금융, 마케팅, 제조업, 예술 등 다양하게 확장되고 있고, 이제 딥러닝은 컴퓨터 전문가 뿐 아니라 누구나 한번쯤 그 개념을 알아야 할 주제가 되었습니다.

이 책은 인공지능의 역사로부터 딥러닝이 탄생하고 발전해온 과정들을 소개하고, 그 철학적 의미를 살펴보며, 기계학습의 일반적인 개념에서부터 딥러닝 모델들과 관련한 여러 주제와 개념을 개괄하고 있기 때문에, 다양한 배경을 가진 독자들이 딥러닝에 대한 깊이 있는 탐구를 시작하기에 앞서, 전체적인 그림을 살펴보기 위한 입문서로 활용할 수 있다고 생각됩니다. 또한 이 책은 이미 딥러닝에 대해 깊이 이해하고 있는 전문성 있는 독자들에게도 인공지능에서 딥러닝이 갖는 의미, 인공지능의 미래를 위해 딥러닝이 해결해야 할 문제 등 한번쯤 읽어볼 가치가 있는 내용들을 담고 있습니다. 많지 않은 분량이지만 각 주제에 대하여 역사적인 배경과, 필수적으로 필요한 수식들, 간단한 파이썬 코드에 이르는 내용을 포괄적으로 다루고 있어 다양한 목적으로 사용할 수 있는 책이기도 합니다.

컴퓨터공학자로서 처음 이 책의 번역을 의뢰받았을 때, 일반적인 전공 서적이나 프로그래밍 가이드북과는 다른 성격의 책이라는 느낌을 받았고, 무엇보다 내용을 서술함에 있어 미묘한 비유와 공학적이지 않은 문장들로 인해 번역을 망설이기도 하였습니다. 그러나 논리학자인 이 책의 저자가 현대 인공지능과 딥러닝을 바라보는 시각이 의미가 있고, 작은 분량 안에 이처럼 다양한 딥러닝 관련 핵심 주제들을 다룬 서적이 많지 않기에, 딥러닝에 대한 요점들을 종합적으로 살펴보고자 하는 많은 독자들에게 도움이 될 수 있다는 생각에 번역을 시작하였습니다.

내용을 기술함에 있어 공학자로서 흔히 접하는 서술 방식과는 다소 차이가 있고, 때로는 너무 압축된 설명, 때로는 익숙하지 않은 표현과 비유들이 있기에, 어떤 독자들은 몇몇 부분에서 쉽게 읽히지 않는다는 느낌을 받을 수도 있으나, 딥러닝과 관련하여 어떤 주제들이 있고, 각각이 어떤 의미를 갖는지를 큰 틀에서 살펴보는 데는 충분히 도움이 되는 책이 될 것입니다. 또한 이 책은 학부 혹은 대학원에서 딥러닝을 소개하는 과목을 개설할 때 강의 내용을 구성하는데 있어서 좋은 지침이 될 수 있다고 생각합니다.

이 책을 처음 소개해 주신 휴먼싸이언스 출판사의 신선 대표님께 감사의 말씀을 드리며, 아무쪼록 이 책이 딥러닝의 개념과 최신 주제들에 대해 전체적으로 살펴보고자 하는 독자들에게 좋은 지침서로서의 역할을 할 수 있기를 바랍니다.

2019. 6.

역자 씀

차례

CHAPTER 1

논리에서 인지과학까지

1.1 인공 신경망의 시작

인공지능은 위대한 17세기의 철학자이자 수학자인 라이프니츠(Gottfried Leibniz)의 두 철학적 생각에 뿌리를 두고 있다: **보편문자**(*Characteristica Universalis*)와 **추론계산법**(*the calculus ratiocinator*). **보편문자**는 모든 과학이 원칙적으로 번역될 수 있는 이상화된 언어를 말한다. 그것은 모든 자연 언어가 번역될 언어이며, 따라서 언어적 전문성에 의해 정리된 순수한 의미의 언어라고 할 수 있다. 이 언어는 합리적인 사고를 설명하기 위한 기반으로 사용될 수 있어 그것을 정확하게 복제하는 기계가 만들어 질 수 있다. **추론계산법**은 그런 기계의 이름일 수 있다. 철학의 역사를 연구하는 사람들 사이에서 그것이 소프트웨어인지 하드웨어인지에 대한 논쟁이 있지만 이건 사소한 문제이다. 왜냐하면 구분을 위해서는 1936년 앨런 튜링(Alan Turing)으로부터 나온, 다른 작업에 대해서 다른 명령을 받아들이는 만능 기계의 개념을 이해해야 하기 때문이다[1](개인 컴퓨터의 등장으로 70년대 후반에야 과학 커뮤니티에서 광범위하게 받아들여진 아이디어이며 튜링에 대해서는 곧 다시 나온다). **보편문자**와 **추론계산법** 아이디어는 라이프니츠의 메인 아이디어이고 그의 작업 여기저기에 흩어져 있어서 하나만 참고할 수 없지만 논문 [2]가 시작하기에 좋은 곳이라고 독자들에게 말할 수 있겠다.

딥러닝으로의 여정은 논리의 19세기 두 가지 고전적 작업으로 계속된다. 이것은 신경망과의 관계가 명백하지 않으므로 생략되기도 하지만 강한 영향력이 있어서 몇 문장을 할애할 만하다. 첫 번째는 1843년 밀(John Stuart Mill)의 **논리시스템**(*System of Logic*)[3]이다. 여기서 역사상 처음으로 논리가 정신 과정의 표출이라는 측면에서 탐구된다. 이 접근 방식은 논리적 심리학이라고 불리며, 철학적 논리[1]에서만 여전히 연구되고 있는데, 철학적 논리에서도 주변 이론으로 간주된다. 밀의 책은 결코 중요한 저작이 되지 못했고 윤리적인 부분이 **논리적인 심리학**(*logical psychologism*)에 대한 그의 공헌을 가렸지만 다행스럽게도 두 번째 책은 매우 영향력이 있었다. 1854년 발간된 부울(George Boole)의 **생각의 법칙**(*Laws of Thought*)이었다[4]. 이 책에서 부울은 논리를 정형적 규칙의 시스템으로 체계적으로 제시했고 정형적 과학으로서의 논리를 재구성하는데 중요한 이정표가 되었다. 형식 논리학은 개발된 후에, 오늘날에는 컴퓨터 과학에 대한 풍부한 응용 프로그램과 함께 철학과 수학의 근본 영역으로 간주되고 있다. 이러한 '논리학'들의 차이는 기술과 방법론이 아니라 응용 프로그램에 있다. 드모르간의 법칙이나 1차 논리에 대한 연역 규칙과 같은 논리의 핵심 결과는 모든 과학에 걸쳐 동일하다. 그러나 더 이상 형식 논리를 탐구하는 것은 책의 범위를 벗어나는 것이다. 여기서 중요한 것은 20세기의 전반 동안, 논리는 여전히 생각의 법칙과 관련된 것으로 간주되었다는 것이다. 생각은 지능의 전형이었기 때문에 인공지능이 논리로부터 시작된 것은 자연스러운 일이었다.

---

1) 오늘날, 이 연구 분야는 '야생에서의 논리'라는 새롭지만 매우 특이한 이름으로 발견된다.

컴퓨팅의 아버지인 앨런 튜링(Alan Turing)은 그의 1950년 논문 [5]으로 인공지능의 탄생의 첫 걸음을 기록했다. 그 논문에서 컴퓨터가 지능적인지 여부를 결정할 수 있는 튜링 테스트를 소개하였다. 튜링 테스트는 인간(심판 역할을 하는)에 의해 관리되는 자연 언어 테스트이다. 인간은 사람과 컴퓨터와 5분 동안 대화를 하고 둘을 구분하지 못하면 컴퓨터는 튜링 테스트를 통과했고 지능이 있다고 판정한다. 많은 수정안과 비판이 있지만 튜링 테스트는 오늘날까지 가장 많이 사용되는 인공지능 벤치마크이다. 인공지능 탄생의 두 번째 이벤트는 Dartmouth Summer Research Project on Artificial Intelligence였다. 참가자는 John McCarthy, Marvin Minsky, Julian Bigelow, Donald MacKay, Ray Solomonoff, John Holland, Claude Shannon, Nathanial Rochester, Oliver Selfridge, Allen Newell, Herbert Simon 등 이었다. 제안서를 인용하면 **이 컨퍼런스는 학습의 모든 측면이나 지능의 다른 요소가 원칙적으로 정확하게 묘사될 수 있어 기계가 이를 시뮬레이션할 수 있다는 추측을 토대로 진행되었다.**[2] 이 전제는 몇 년 동안 성공했고, 주류 AI는 논리적 인공지능이었다. 이 논리적 인공지능은 몇 년 동안 도전받지 않았는데, 21세기에 딥러닝으로 알려진 새로운 전통에 의해 결국 뒤집히게 된다. 이 전통은 실제로는 10년이나 빠른 1943년 다른 종류의 논리학자와 철학자, 심리학자에 의해 공동으로 쓰여진 논문에서 찾아볼 수 있다. 하지만 계속하기 전에 조금만 뒤로 물러서 보자. 논리적인 규칙과 생각 사이의 상호연결은 유도되는 것으로 보였다. 논리적인 규칙이 생각의 기반이 된다는 것이 일반 상식이다. 인공지능은 논리 규칙을 가진 기계에서 생각을

2) 제안서의 전체 내용은 https://www.aaai.org/ojs/index.php/aimagazine/article/view/1904/1802에서 볼 수 있다.

흉내 낼 수 있는지 여부를 묻는다. 그러나 철학적 논리의 특성인 또 다른 방향이 있다: 우리는 생각을 논리적인 규칙을 가진 인간의 정신 과정으로 모델링할 수 있을까? 이것은 월터 피츠(Walter Pitts)와 워렌 맥컬록(Warren McCulloch)이 간행물 *Mathematical Biophysics*에 발표한 논문 *A Logical Calculus of Ideas Immanent in Nervous Activity*로 신경망 역사가 시작하는 곳이다. 이 논문의 사본은 http://www.cs.cmu.edu/~epxing/Class/10715/reading/McCulloch.and.Pitts.pdf에서 찾을 수 있고, 딥러닝이 어떻게 시작되었는지에 대한 느낌을 받기 위해 독자들이 읽어보기를 권한다.

맥컬록은 철학자, 심리학자 및 정신과 의사였지만 신경 생리학 및 사이버네틱스분야에서 일했다. 그는 활발한 성격이었고, 전형적인 학자였으며, 호기심이 많아 관심사가 학제 간으로 설명될 수 있는 그런 사람이었다. 그는 1942년 시카고 대학 정신 의학과에서 일했을 때, 집이 없던 월터 피츠를 만났으며 피츠를 그의 가족과 함께 살도록 초대했다. 그들은 라이프니츠에 평생 관심을 보였고 논리적 추론을 구현할 수 있는 기계 창조의 결실을 맺고자 했다.[3] 두 사람은 매일 밤, 생물학적 뉴런에 의해 영감을 받은 논리연산(logical calculus)을 가지고 추론을 포착한다는 아이디어에 대해 연구했다. 이것은 튜링 머신의 것과 비슷한 능력을 가진 정형적인 뉴런을 만드는 것을 의미했다. 이 논문은 단지 3개의 참고문헌이 있는데 모두 논리학의 고전적 저작이다: Carnap의 *Logical Syntax of Language*[6], Russell과 Whitehead의 *Principia Mathematica*[7], Hilbert와 Ackermann의 *Grundüge der Theoretischen Logik*. 그 논문 자체는 신경망의 문제

3) 인공지능이 과학 분야로 정의되기까지 15년이 걸렸다.

를 논리적인 문제로 접근하여 정의로부터 보조 정리를 거쳐 정리로 진행했다.

그들의 논문은 오늘날 우리가 당연한 것으로 여기는 정의의 일부뿐만 아니라 인공 신경망에 대한 아이디어를 소개했다. 이 중 하나는 신경망에서 실현 가능한 논리적 술어가 의미하는 것이 무엇인가 하는 것이다. 그들은 뉴런을 두 그룹으로 나누었는데, 하나는 **말초 구심성신경**(*peripheral afferent*)이라고 불리는 것이고(지금은 '입력 뉴런'이라고 부름), 다른 것은 실제 출력 뉴런이었다. 은닉층은 1970년대와 1980년대나 되어서야 중요한 역할을 했으므로 이 당시에는 은닉층은 없었다. 뉴런은 두 가지 상태, 즉 발화(firing) 및 비발화 상태가 가능하며, 입력이 아닌 모든 뉴런 i에 대해 뉴런이 t 순간에 발화할 때 참인 술어를 정의하고 이 술어(predicate)는 $N_i(t)$로 표시된다. 네트워크의 해는 $N_i(t) \equiv B$ 형태의 등가식이며 여기서 B는 말초 구심성신경의 이전 순간으로부터의 발화의 결합(conjunction)이다. 이와 같은 문장은 네트워크가 계산할 수 있을 때만 신경망에서 구현 가능하고, 그것을 계산할 수 있는 네트워크가 존재하는 모든 문장들을 시제 명제식(*TPE, temporal propositional expression*)이라고 한다. TPE에는 논리적 특성이 있다. 논문의 주요 결과(인공 신경망을 정의한 것 말고)는 모든 TPE가 인공 신경망으로 계산될 수 있다는 것이다. 이 논문은 존 폰 노이만(John von Neumann)의 연구에 큰 영향을 미친 것으로 나중에 인용된다. 이것은 흥미진진한 역사적 논문을 짧고 불완전하게 엿본 것에 불과하지만 우리는 두 번째 주인공의 이야기로 돌아가 보자.

월터 피츠는 흥미로운 사람이었으며 인공 신경망의 아버지라고 할 수 있다. 그는 12세 나이에 집에서 도망쳐 도서관에 숨어 유명한 논리학자 러셀(Bertrand Russell)의 *Principia Mathematica*[7]를 읽었다. 피츠는 러셀에게 연락을 취했고, 러셀은 그를 튜터십으로 캠브리지에서 공부하라고 권유했으나 피츠는 여전히 어린 아이였다. 몇 년 후, 십대인 피츠는 러셀이 시카고 대학에서 강연을 하고 있음을 알게 되고 러셀을 직접 만났다. 러셀은 피츠에게 그 대학 교수이자 비엔나에서 온 오래된 친구인 논리학자 루돌프 카르납(Rudolph Carnap)을 만나라고 권한다. 카르납은 피츠에게 큰 영향을 미친 *Logical Syntax of Language*[4)][6]을 주었다. 카르납과 처음 접촉한 후 피츠는 1년 간 사라졌고 카르납은 그를 찾지 못했다. 그러나 그를 찾은 이후에 그는 대학에서 피츠에게 학생 일자리를 주기 위해 학문적 영향력을 행사하여, 피츠는 낮에는 하찮은 일을 할 필요가 없었으며 살아남기 위해 밤에는 학생 논문을 대필했다.

러셀을 만나는 동안 피츠는 그 당시 예비 의대생이었던 제롬 레트빈(Jerome Lettvin)을 만나는데 그는 나중에 신경학자이자 정신과 의사가 되고 철학과 정치 분야의 논문도 쓴다. 피츠와 레트빈은 절친한 친구가 되었고 결국 1959년에 *What the Frog's Eye Tells the Frog's Brain*이라는 영향력 있는 논문을 함께 쓴다(McCulloch와 Maturana도 함께)[8]. 레트빈은 피트를 나중에 사이버네틱스의 아버지라고 불리우는 MIT의 수학자 노버트 위너(Norbert Weiner)에게 소개하게 된다(사이버네틱스는 인공 및 생물 시스템에서 시스템 제어를 연구하는 "조종 과학"으로 알려진 분야임). 위너는 피츠를 MIT로(형식 논리 강사로) 초청했고, 두 사람은 10년 동안 함께 일했다. 그 당시 신경

4) 저자는 이 책에 대한 좋은 기억이 많지만 여기 조심해야 할 것이 있다. 이 책은 구어체 표기법과 오늘날의 논리와는 완전히 다른 체계로 인해 매우 복잡하지만 처음 20페이지를 잘 넘길 수 있다면 읽을 가치가 충분히 있다.

회로망은 사이버네틱스의 일부로 여겨졌고 피츠와 맥컬록(McCulloch)은 이 분야에서 매우 활동적이어서 1967-1968년 맥컬록이 미국 사이버네틱스 학회 회장이 된 Macy 컨퍼런스에 참석했다. 시카고에 머무는 동안 피츠는 이론 물리학자인 라세브스키(Nasolas Rashevsky)를 만났다. 라세브스키는 논리와 물리학의 결합으로 생물학적 과정을 설명하려고 했던 수학적 생물물리학의 선구자였다. 물리학은 신경망과는 거리가 먼 것처럼 보일 수 있지만 실제로 우리는 딥러닝의 역사에서 물리학자가 했던 역할에 대해 곧 얘기 할 것이다.

피츠는 대학과 지속적인 관계를 유지했지만 공식적인 학력이 부족하여 중요하지 않은 일을 하였으며 1944년에는 위너의 도움으로 Kellex Corporation에 채용되어 거기서 맨해튼 프로젝트에 참여하였다. 그는 권위주의자였던 그로브(Groves, Manhattan 프로젝트의 책임지) 장군을 싫어했으며 그가 제정한 엄격하고 때로는 의미없는 규칙을 조롱하기 위해 장난을 치곤했다. 그는 1943년 논문에 대한 인정의 표식으로 시카고 대학에서 준 학사 학위(2년제 학위)를 받았으며, 이 학위는 지금까지 그가 얻은 유일한 학업 학위로 남아 있다. 그는 평범한 학업 절차를 결코 좋아하지 않았으며 이것은 그의 정규 교육에서 중요한 문제를 야기했다. 실례로 피츠는 랠(Wilfrid Rall, 컴퓨터 신경 과학의 선구자) 교수가 진행하는 과정에 참석했는데 랠은 피츠를 '시험 문제에 답하기보다는 시험 문제를 비판하도록 강요당한 듯한 괴짜'라고 기억했다.

1952년 위너는 맥컬록과의 관계를 끊었는데 이는 피츠를 황폐화시켰다. 위너의 부인은 맥컬록의 아이들(피츠와 레트빈)이 딸 바바라 위너를 유혹했다고 비난했다. 피츠는 알코올 중독자가 되어 그의 애완견을 돌볼 수 없게 되었고[5], 1969년 46세에 간경화 합병증에 시달

렸다. 맥컬록은 같은 해 70세에 사망했다. 우리가 언급한 피츠의 두 논문 모두 오늘날 과학에서 가장 많이 인용된 논문들 중 두 개로 남아 있다. 피츠가 인공지능의 개척자들과 직접적 또는 중재된 접촉을 했음에도 불구하고 피츠 자신은 자신의 일이 마음의 기계 복제품을 만드는데 초점이 맞춰 있다고 생각하지 않고 오히려 인간의 사고를 공식화하고 더 잘 이해하기 위한 탐구로서 생각했다[9]. 그리고 그것은 오늘날 철학적 논리로 알려진 영역에 정면으로 자리 잡게 된다.[6)]

월터 피츠의 이야기는 서로 다른 배경의 과학자들 사이의 아이디어와 공동 작업의 영향에 대한 이야기이며, 신경망이 이 상호 작용을 멋지게 상징한다. 이 책의 주된 목표 중 하나는 신경망과 딥러닝을 이 필드의 탄생과 형성에 기여한 모든 학문 분야[7)]에 (다시) 소개하는 것인데 지금은 잠시 벗어나 있다. 우리가 얘기한 월터 피츠에 관한 대부분의 이야기는 Nautilus에 실린 아만다 가프너(Amanda Gefter)의 **세계를 논리로 바꾸려는 사람**(*The man who tried to redeem the world with logic*)[10]이라는 훌륭한 기사와 스마이저(Neil R. Smalheiser)의 월터 피츠 논문 [9]에서 가져온 것이며 둘 다 읽어보기를 권장한다.[8)]

5) 뉴펀들랜드종으로 이름은 알려져 있지 않다.

6) 여기서 또 하나의 요점은 러셀과 카르납의 피츠에 대한 커다란 영향력이다. 오늘날 많은 논리학자가 피츠에 대해 알지 못하는 것은 대단히 유감스러우며 이 책이 이 놀라운 인물에 관한 이야기를 그가 일어난 커뮤니티로 가져와 그가 받아야 할 관심을 받을 수 있기를 바란다.

7) 심층 신경망을 연구하거나 사용하는데 관심이 있는 다른 과학 분야

8) 또한 피츠에 대한 웹페이지 http://www.abstractnew.com/2015/01/walterpitts-tribute-to-unknown-genius.html도 방문할 만하다.

1.2 XOR 문제

1950년대에 Dartmouth 회의가 개최되었고 새로 태어난 인공지능 분야의 신경망에 대한 관심은 회의의 명단에서 분명하게 드러난다. AI 창립자중 한 사람이자 다트머스 회의 참가자인 마빈 민스키(Marvin Minsky)는 1954년 프린스턴 대학에서 박사논문을 마쳤으며 제목은 **신경망과 뇌 모형 문제**(*Neural Nets and the Brain Model Problem*)였다. 민스키의 논문은 몇 가지 기술적인 문제를 다루었지만 신경망에 대한 최신 결과와 정리를 모두 수집한 최초의 간행물이 되었다. 1951년에 민스키는 신경망을 처음으로 구현한 컴퓨터인 SNARC (Stochastic Neural Analog Reinforcement Calculator)라고 불리는 기계(Air Force Office of Scientific Research의 지원으로)를 만들었다. 사소한 얘기지만 민스키는 아서 클라크(Arthur C. Clarke)와 스탠리 큐브릭(Stanley Kubrick)의 2001: *A Space Odyssey* 영화의 자문 위원이었다. 또한 아시모프(Isaac Asimov)는 민스키가 자신의 지능을 능가하는 두 사람 중 한 명(다른 한 명은 Carl Sagan임)이라고 주장했다. 곧 다시 민스키 이야기로 돌아가겠지만, 우선 딥러닝의 또 다른 영웅을 소개한다.

로젠블라트(Frank Rosenblatt)는 1956년 코넬 대학에서 심리학 박사학위를 받았다. 로젠블라트는 신경망의 가중치를 업데이트하는 방법인 **퍼셉트론 학습 규칙**을 발견함으로써 신경망에 중요한 기여를 했다. 자세한 내용은 다음 장들에서 다룰 것이다. 그의 퍼셉트론은 1957년 코넬 항공학 실험실의 IBM 704 컴퓨터에서 처음 개발되었지만 로젠블라트는 결국 퍼셉트론 규칙을 사용하여 신경망을 구현하는 유일한 목적으로 만들어진 Mark I 퍼셉트론을 개발하게 된다. 그러나 로젠블라트는 퍼셉트론을 구현하는 것 이상의 역할을 수행했다. 1962년 그의 책 **신경역학의 원리**(*Principles of Neurodynamics*)[11]에서 많은 구조를 탐구했으며, 그의 논문 [12]은 딥러닝의 이론적 탄생으로 볼 수 있는 *C*-시스템이라고 불리우고 현대의 컨볼루션 네트워크와 유사한 다층 네트워크(multilayered network)의 아이디어를 탐구했다. 로젠블라트는 뱃놀이 사고로 1971년 그의 43번째 생일에 사망했다.

1960년대 연구의 근간을 이루는 두 가지 주요 트렌드가 있었다. 첫 번째는 연역 논리 시스템을 사용하여 기호 추론에서 동작하는 프로그램에서 제공된 결과이다. 가장 주목할 만한 두 가지는 Herbert Simon, Cliff Shaw와 Allen Newell의 논리 이론가(Logic Theorist)와 그들이 나중에 작성한 프로그램인 일반 문제 해결자(General Problem Solver) [13]이다. 두 프로그램 모두 신경망에서는 내놓지 못했던 좋은 결과를 가져왔다. 기호 시스템은 제어력과 쉬운 확장성을 제공하는 듯 보였기 때문에 매력적이었다. 문제는 그 당시 신경망이 어떤 결과도 주지 못했다는 것이 아니라 주어진 결과가 인간 지능의 특징이었던 정리를 증명하고 체스를 하는 기호 시스템과 비교해, 전혀 지능적으로 보이지 않았다는 것이다. 이 정보 체계의 개념은 1980년대 한스 모라벡(Hans Moravec)에 의해 연구되었는데[14], 그는 기호적(symbolic) 사고가 인간에게는 지능의 진귀하고 바람직한 측면으로 간주되지만, 컴퓨터에게는 보다 자연스러운 것이라고 결론지었다. 컴퓨터는 사진 속의 동물이 개라는 것을 인식하거나 물건 집어들기와 같이 인간에게는 쉬운, 낮은 수준의 지능적인 행동을 재현하는데 훨씬 어려움을 겪고 있다.[9)]

두 번째 트렌드는 냉전이었다. 1954년부터 미군은 러시아 문서와 학술 논문을 자동으로 번역하는 프로그램을 원했다. 자금은 풍부했지만, 기술적으로 편향성이 있는 연구자들은 단어의 의미를 추출하는데 필요한 언어적 복잡성을 과소평가했다. 유명한 예가 '정신은 열렬했지만 육체는 약했다(the spirit was willing but the flesh was weak)'라는 문장을 영어에서 러시아어로, 다시 영어로 번역했더니 '보드카는 좋았지만 고기는 썩었다(the vodka was good, but the meat was rotten)'라는 문장이 나온 것이다.

1964년 막다른 골목에서 정부 돈을 낭비한다는 것에 대한 우려가 있었기 때문에 National Research Council은 자동 언어 처리 자문위원회(ALPAC)를 구성했다. 1966년 ALPAC 보고서는 모든 기계 번역 프로젝트에 자금을 지원하지 않았으며, 자금이 없었기 때문에 이 분야는 약해졌다. 이것은 전체 AI 커뮤니티에서 혼란을 야기했다.

그러나 신경망을 거의 없애 버린 마지막 타격은 마빈 민스키와 시모어 파퍼트(Seymour Papert) [15]의 1969년 저서 **퍼셉트론(*Perceptrons*): 전산 기하학 개론(*Introduction to Computational Geometry*)**에서 나왔다. 맥컬록과 피츠가 신경망을 사용하여 여러 가지 논리 함수를 계산할 수 있음을 증명했던 것을 기억하라. 그런데 민스키와 파퍼트가 그들 책에서 보여 주었듯이, 그들은 단순한 논리 함수인 동치(equivalence)를 놓쳤다. 컴퓨터 과학과 인공지능 커뮤니티는 이 문제를 동치의 반대인 XOR 함수로 바라보는 경향이 있는데 단지 어떤 레이블을 사용하는가의 문제이므로 차이는 중요하지 않다.

---

9) 오늘날 사람들은 체스 게임이나 정리 증명을 사소한 잡담을 하는 것보다 더 높은 지능 형태로 생각하는데 이는 그런 지능 형태의 희귀성 때문이다. 지능적 측면의 희귀성은 컴퓨터 속성과 직접적으로 관련이 없다. 왜냐하면 인간(또는 그 기계)에 대한 인지적 희귀성에 관계없이 계산적으로 쉽게 표현되는 것이 풀기가 더 쉽기 때문이다.

퍼셉트론은 그들이 처리하는 데이터의 특유한 표현에도 불구하고 선형 분류기일 뿐이다. 퍼셉트론 학습 과정은 수렴(종료)을 보장하기 때문에 주목할 만하지만 신경망에 비선형 규칙성을 확보할 수 있는 기능은 없다. XOR은 비선형 문제이지만 처음에는 분명하지 않다.[10) 문제점을 알려면 간단한 2D 좌표를 상상해 보라.[11)] 시스템은 두 축 모두에서 0과 1만 사용한다. 0과 0의 XOR는 0이며, 좌표 (0, 0)에 O을 쓰라. 0과 1의 XOR는 1이고 좌표 (0, 1)에 X를 쓰라. XOR (1, 0) = 1 및 XOR (1, 1) = 0을 계속하면 두 개의 X와 두 개의 O가 있어야 한다. 이제 당신이 신경망이라고 상상하고 X를 O에서 분리하는 커브를 그리는 방법을 찾아야 한다. 뭐든지 그릴 수 있다면 쉽다. 하지만 당신은 현대 신경망이 아니라 퍼셉트론이며, 곡선이 아닌 직선을 사용해야 한다. 그렇다면 곧 이것이 불가능하다는 것이 명백해진다.[12)] 퍼셉트론의 문제점은 선형성이었다. 다층 퍼셉트론에 대한 아이디어는 있지만, 퍼셉트론 학습 규칙으로 그러한 장치를 만드는 것은 불가능했다. 그래서 신경망은 기호 시스템이 순식간에 할 수 있는 단순 논리 연산조차 다룰 수(계산하는 것을 배울 수) 없었다. 조용한 어둠이 신경망을 가로 질러 수년간 지속되었다. 이 시점에서 소련에서 무슨 일이 일어났는지 궁금할 수도 있는데 짧게 대답하자면, 신경망이 그랬듯이 이 시기 소련에서는 사이버네틱스는 부르주아 가짜 과학으로 간주되었다. 더 자세한 설명을 원하면 독자에게

---

10) 이 관점은 퍼셉트론이 직관적으로 간단한 논리 작업보다 더 어려울 것으로 보이는 이미지를 처리할 수 있다는 사실(적어도 초보적으로)때문에 점점 사라진다.

11) 펜과 종이를 이용해 그려보라.

12) XOR 대신 동치로 시도하려면 EQUIV (0, 0) = 1, EQUIV (0, 1) = 0, EQUIV (1, 0) = 0, EQUIV (1, 1)) = 1, O를 0으로, X를 1로 유지한다. 그러면 문제의 맥락에서 XOR과 똑같은 것을 알 수 있다.

[16]을 추천한다.

1.3 인지과학에서 딥러닝까지

신경망에 대한 생각은 소수 믿는 사람들의 머릿속에만 머물러 있있다. 그러나 그것이 화려하게 컴백할 수 있도록 하는 프로세스가 시동을 걸고 있었다. 신경 회로망의 맥락에서 1970년대는 대단히 평온했다. 그러나 1980년대의 부흥을 돕는 두 가지 트렌드가 있었는데 첫 번째는 심리학과 철학에서 인지주의(cognitivism)의 출현이었다. 아마도 인지주의가 주류에 가져다 준 가장 기본적인 생각은 많은 상호작용하는 부분들로 구성된 복잡한 시스템으로서의 마음(mind)이 독자적으로 (뇌와는 독립적으로) 탐구되어야 하지만 정형적인 방법으로 탐구되어야 한다는 생각이나.[13] 인식을 결정하는 신경학적 실체를 무시해서는 안 되며, 신경학적 실체의 일부를 재현하려는 시스템을 구축하고 분석하는 것이 도움이 될 수 있고, 동시에 일부 동작을 재현할 수 있어야 한다. 이것은 1950년대 심리학 분야에서 마음의 과학적 연구를 블랙박스 프로세서로서 (다른 모든 것은 순전히 추측이다[14]) 초점을 맞춘 스키너의 행동주의[18]와 철학에서 지식에 대한 엄격한 정형적 연구(특히 Gettier[19]에 대한 응답으로서)로부터 강하게 암시된 마음과 두뇌의 이원론에 대한 응답이다.

아마도 당시 전체 과학 커뮤니티의 핵심 아이디어 중 하나는 1962년 토마스 쿤(Thomas Kuhn)이 제안한 과학의 패러다임 전환(para-

13) 인지 혁명에 대한 위대한 설명은 [17]에서 찾을 수 있다.
14) 스키너는 행동의 객관적이며 측정 가능한 부분에만 집중하여 행동의 과학적 엄격함을 가져 왔는데 이전에는 주로 추측에 근거한 연구 영역이었다.

digm shift)이라는 아이디어일 것이며[20] 이것은 의심할 여지없이 인지과학의 탄생에 도움이 되었다. 패러다임 전환에 대한 아이디어를 이해함으로써 역사상 처음으로 오래되고 저개발된 아이디어에 대한 최첨단 방법을 포기하고 그 아이디어를 깊이 파고 완전히 새로운 수준으로 끌어 올리는 것이 타당하다고 생각했다. 여러 가지 면에서 오래된 행동 및 인과 설명과 달리 인지주의가 제안한 변화는 불변 구조를 연구하는 것으로부터 변경 가능한 변화 연구로 전환하는 것이었다. 이른바 인지과학에서의 진정한 인식 전환은 아마도 언어학에서 만들어진 촘스키의 보편적인 문법[21]과 스키너에 대한 그의 독창적인 공격[22]에 의한 전환일 것이다. 인지 혁명에 대한 다른 초기 기여 가운데, 우리는 오랜 친구들의 가장 흥미로운 논문[23]을 찾는다. 이 패러다임 변화는 6개 학문 분야(인지과학)에 걸쳐 일어났으며 인지과학의 창립 분야가 된다: 인류학, 컴퓨터 과학, 언어학, 신경 과학, 철학 및 심리학.

두 번째는 정부 보고서에 기인한 자금 지원에 대한 또 다른 어려움이었다. 1973년 영국 과학 연구위원회(British Science Research Council)에 제출된 제임스 라이트힐(James Lighthill)[24]의 인공지능 : 일반 서베이(*Artificial Intelligence: A General Survey*) 논문은 라이트힐 보고서로도 널리 알려졌다. 라이트힐 보고서에 이어 영국 정부는 많은 과학자들이 연구 프로젝트를 포기하도록 강요하여 세 개만 빼고 영국의 모든 AI 부서를 폐쇄했다. 살아남은 세 개의 AI 부서 중 하나가 에딘버러(Edinburgh)이다. 라이트힐 보고서는 에딘버러의 한 교수가 성명서를 발표하도록 유도했으며, 이 성명서에서 인지과학이 역사상 처음으로 언급되었고 그 범위가 대략적으로 정의되었다. 그는 왕립 학회의 펠로우이며 화학자였던 크리스토퍼 롱게 히긴스(Christopher Longuet-Higgins)였다. 그는 1967년 에딘버러 대학에 자리를 얻어 이론 교육 심리학과에 조인하면서 인공지능에서 일하기 시작했다. 그의 답신에서[15], 롱게 히긴스는 몇 가지 중요한 질문을 던졌다. 그는 라이트힐이 인공지능 커뮤니티가 AI 연구에 대한 적설한 정당성을 부여하기를 원한다는 것을 이해했다. 논리는 간단했다. 인공지능이 작동하지 않는다면, 왜 우리는 그것을 지키고 싶을까? 롱게 히긴스는 맥컬록과 피츠의 정신에 완전히 부합하는 해답을 제시했다. 기계를 만드는 것이 아니라(물론 가능하다면 좋겠지만) 인간을 이해하기 위해 인공지능이 필요했던 것이다. 그는 그의 보고서에서 신경망의 몇 가지 측면이 과학적으로 유망하다고 인정했다. 그는 신경망의 연구가 **중추 신경계에 대한 컴퓨터 기반의 연구**로 이해되고 재분류될 수 있다고 생각했다. 그러나 신경 과학의 최신 발견과 모델 뉴런을 그대로 따라야 하며, 단순화한 이상한 변형이 아니어야 했다. 이것이 롱게 히긴스가 라이트힐에서 멀어지는 부분이다. 그는 컴퓨터의 하드웨어가 전체 시스템의 한 부분 일뿐인 것처럼 실제 신경 뇌 활동도 그렇다는 흥미로운 은유를 사용했다. 컴퓨터가 하는 일을 연구하기 위해 소프트웨어를 살펴봐야 하는 것처럼 인간이 무엇을 하는지 보기 위해서는 정신적 과정들과 그들이 **어떻게 상호 작용**하는지 살펴봐야 할 필요가 있다고 했다. 그들의 상호 작용은 인지의 기본이며, 모든 과정은 인지 과정이며, AI는 상호 작용의 문제를 정확하고 정형적인 방식으로 해결할 필요가 있다. 이것은 AI 연구에서 얻은 진정한 지식이다: 인지 과정의 상호 작용에 대한 이해, 모델링, 그리고 공식화. 이것이 바로 한 분야로서 인공지능이 필요한 이유이

15) 답변의 전문은 http://www.chilton-computing.org.uk/inf/literature/reports/lighthill_report/p004.htm에 있다.

고 단순하고 때로는 부정확하고 이상한 모델의 모든 것이 필요한 이유이다. 이것이 처음에 펀드를 확보하겠다고 약속한 기술, 군사 및 경제적 이득이 아닌, 진정한 과학적 이득이다.

10년이 되기 전에 또 다른 일이 발생했지만 주목 받지는 못했다. 지금까지 커뮤니티는 단층 신경망을 훈련하는 방법과 은닉 계층이 신경망의 힘을 크게 증가시킬 것을 알고 있었다. 문제는 둘 이상의 층이 있는 신경망을 훈련하는 방법을 알 수 없었다. 1975년 경제학자인 폴 워보스(Paul Werbos)[25]는 오류를 은닉(중간) 계층으로 전파하는 역전파(backpropagation)를 발견했다. 그의 발견은 눈에 띄지 않았고 1985년 결과를 출간한 데이비드 파커(David Parker) [26]에 의해 재발견되었다. 얀 르쿤(Yann Lecun)은 또한 1985년에 역전파를 발견하고 [27]에 발표했다. 역전파는 루멜하트, 힌튼, 윌리엄스 [28]에 의해 샌디에고에서 마지막으로 발견되었는데, 이것은 우리를 우리 이야기의 다음 부분인 1980년대 화창한 샌디에고의 딥러닝의 인지 시대로 안내한다.

샌디에고 서클은 여러 연구자들로 구성되었다. 심리학자인 제프리 힌튼(Geoffrey Hinton)은 에딘버러 인공지능학과의 크리스토퍼 롱게 히긴스의 박사 과정 학생이었다. 그곳에서 그는 신경망을 연구하기를 원했기 때문에 다른 교수진들에 의해 무시당했다. 그래서 그는 문제를 피하기 위해 신경망(neural network)을 최적 네트워크(*optimal network*)라고 불렀다[16]. 졸업 후(1978) 그는 UCSD 인지과학 프로그램의 교환교수로서 샌디에고에 왔다. 거기는 학문적 분위기가 달랐고 신경망 연구도 환영했다. 데이비드 루멜하트(David Rumelhart)는

---

16) 힌튼과 그의 투쟁에 대한 이야기는 http://www.chronicle.com/article/The-Believers/190147에서 찾을 수 있다.

UCSD의 대표 인물 중 한 명이다. 수학 심리학자인 그는 인지과학의 창시자 중 한 사람이며 인공 신경망을 **연결주의**(*Connectionism*)라는 이름으로 인지과학의 주요 토픽으로 소개한 사람이다. 연결주의는 넓은 철학적 호소력을 지녔으며 여전히 마음 철학의 주요 이론 중 하나이다. 물리학자이며 나중에 전산 생물학(Computational Biology) 교수가 되는 테리 세즈노스키(Terry Sejnowski)는 그 당시 UCSD의 또 다른 저명한 인물이었으며 루멜하트와 힌튼과 함께 다수의 학술 논문을 공동 집필했다.

그의 박사 지도교수인 존 홉필드(John Hopfield)는 신경망에 관심을 가진 또 다른 물리학자였으며, **홉필드 네트워크**(*Hopfield network*) [29]라고 불리는 대중화된 **순환 신경망**(*recurrent neural network*) 모델을 개선했다. 2년 후에 엘만 네트워크를 소개할 UCSD의 언어학자이자 인지과학 교수인 제프리 엘만(Jeffrey Elman)과 조던 네트워크를 소개하는 심리학자, 수학자 및 인지과학자인 마이클 조던(Michael I. Jordan) 또한 샌디에고 서클에 속해 있었다. 이 두 네트워크 모두 오늘날의 문헌에서 **단순 순환 신경망**(*simple recurrent networks*)라고 불린다. 이것은 우리를 1990년대 이후로 안내한다. AI 커뮤니티의 일반적 지원이 SVM(*Support Vector Machine*)으로 옮겨감에 따라 1990년대 초반에는 별 이벤트가 없었다. 이러한 기계학습 알고리즘은 주로 심리학자와 인지과학자가 개발하여 철학적 관점에서 흥미로웠던 신경망과는 달리 수학적으로 잘 정립되어 있다. 수학적 정확성을 위한 많은 GOFAI 추진력을 보유한 더 큰 인공지능 커뮤니티에게는, 그들이 흥미롭지 않았으며 SVM이 더 나은 결과를 얻는 것처럼 보였다. SVM에 대한 좋은 참고문헌은 [30]이다. 1990년대 후반에 오늘날의 딥러닝의 특징과 같은 신경회로망을 만드는 두 가지 주요 사건이 발생했다. 1997년 호흐라이터(Hochreiter)와 슈미트후버(Schmidhuber)[31]가 가장 널리 사용되는 순환 신경회로망중의 하나가 된 **장단기메모리**(*long short-term memory, LSTM*)를 고안하였으며 르쿤, 보토우, 벤지오, 하프너는 MNIST 데이터 집합[32]에서 뛰어난 결과를 얻은 LeNet-5라는 최초의 컨볼루션 신경망을 만들었다. LSTM은 인공지능 커뮤니티에 의해 주목받지 못했지만, 신경망으로 한 번 더 돌아오기 위한 몇 가지 사건이 있었다. 신경망 컴백에서의 마지막 사건은 MNIST 데이터 집합에서 훨씬 뛰어난 결과를 생성하는 **심층 신뢰 신경망**(*deep belief network, DBN*)을 소개한 힌튼, 오신데로 및 테[33]의 2006년 논문이었다. 이 논문이 발표된 후 딥 신경망이 딥러닝으로의 전환이 완성되며 AI 역사의 새로운 시대가 시작되었다. 많은 새로운 구조가 뒤따랐으며, 그 중 일부는 이 책에서 탐구할 것이며 일부는 스스로 탐구하도록 독자에게 맡길 것이다. 최근 역사는 현재의 것이고 객관성을 저해하는 많은 요소가 걸려 있기 때문에 최근 역사에 대해 많이 다루지 않을 것이다. 신경망의 역사에 대해 철저히 다루고 싶으면 독자들에게 슈미트후버[34]의 논문을 권한다.

1.4 일반 AI 영역에서의 신경망

우리는 철학적 논리로부터 신경망의 탄생을 살펴봤으며, 심리학과 인지과학이 신경망의 발전 및 컴퓨터과학과 인공지능의 주류로의 거대한 복귀에 어떤 역할을 했는지 살펴보았다. 특히 흥미로운 질문 중 하나는 일반적인 인공지능 환경에서 인공 신경망은 어디에 자리하고 있는가이다. 연구 논문들을 분류하기 위해 출판물에서 사용되는 AI

의 공식 분류를 제공하는 두 개의 주요 소사이어티가 있다: 미국 수학 협회(American Mathematical Society, AMS)와 계산 기계 협회(Association for Computing Machinery, ACM). AMS는 **수학 과목 분류** 2010을 유지하면서 인공지능을 다음과 같은 하위 필드[17]로 구분한다: 일반, 학습 및 적응 시스템, 패턴 인식 및 음성 인식, 이론 증명, 문제 해결, 인공지능의 논리, 지식 표현, 언어 및 소프트웨어 시스템, 불확실성에서의 추론, 로봇 공학, 에이전트 기술, 머신 비전 및 장면 이해, 그리고 자연어 처리. ACM의 AI 분류[18]는 AI의 하위 클래스 외에도 그들의 하위 클래스도 제공한다. 인공지능의 하위 클래스는 다음과 같다: 자연 언어 처리, 지식 표현 및 추론, 계획 및 스케줄링, 탐색 방법론, 제어 방법, AI의 철학적/이론적 기초, 분산 인공지능 및 컴퓨터 비전. 기계학습은 인공지능과 평행한 범주이며 종속적인 것은 아니다.

이 두 가지 분류에서 결론지을 수 있는 것은 AI에는 몇 가지 광범위한 분야가 있으며 그 안에 다른 모든 분야가 포함될 수 있다는 것이다.

- 지식 표현 및 추론
- 자연 언어 처리
- 기계학습
- 계획
- 다중 에이전트 시스템
- 컴퓨터 비전
- 로보틱스

17) http://www.ams.org/msc/
18) http://www.acm.org/about/class/class/2012.

- 철학적 측면

가능한 가장 간단한 관점에서, 딥러닝은 인공 신경망의 특정 클래스에 대한 이름이며 자연 언어 처리, 컴퓨터 비전 및 로봇 공학에 적용할 수 있는 기계학습 알고리즘의 특수 클래스이다. 이것은 매우 단순한 견해이고 이것이 옳지 않다고 생각하는데 이게 사실이 아니라서가 아니고(사실이다) 중요한 측면을 놓치고 있기 때문이다. Good Old-Fashioned AI(GOFAI)를 떠올리고 그것이 무엇인지 생각해보라. 그것은 AI의 하위 분야인가? AI의 세분화를 수직적 구성요소로 생각하고, GOFAI를 컴퓨터 비전에서보다 지식 표현과 추론에서 더 많은 작업을 포함하는 수평적 구성요소로 생각하는 것이 가장 좋다(그림 1.1 참조). 우리의 사고에서 딥러닝은 두 번째 수평 구성요소를 구성하며 GOFAI처럼 학문 분야를 통일하기 위해 노력한다.

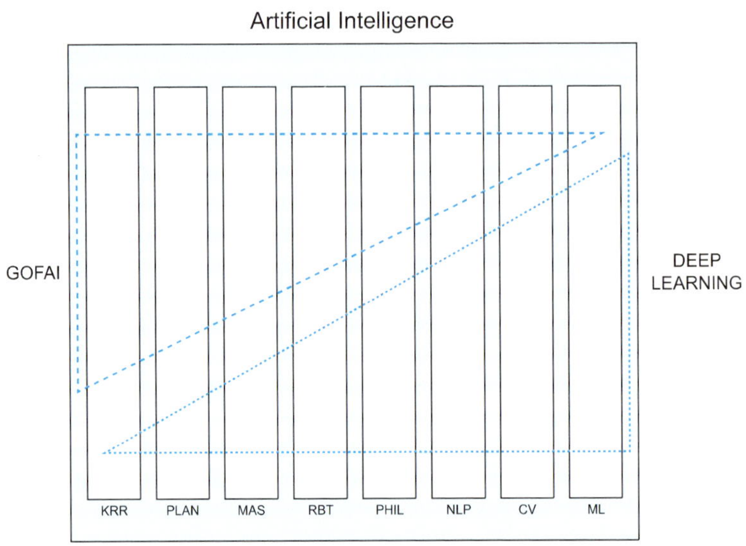

그림 1.1 AI의 수직 및 수평 구성요소들

딥러닝과 GOFAI는 인공지능 전체를 겨냥하여 인공지능에 대한 모든 질문을 그들 각각의 방법으로 해결하고자 한다: 두 가지 모두 그들 나름의 '아성'[19]이 있으나 둘 다 가능한 많은 인공지능을 포함하려고 노력한다. 딥러닝이 별도의 영향을 미친다는 생각은 [35]에서 상세하게 다루어지는데, 여기시 딥러닝 운동은 '연결주의자 집단'이라고 불린다.

1.5 철학적 및 인지적 측면

지금까지 우리는 역사적인 관점에서 신경망을 탐구했지만 아직 설명하지 않은 두 가지 중요한 것들이 있다. 첫째, '인지적'이란 단어가 무엇을 의미하는가. 그 용어 자체는 신경과학으로부터 나오는데[36], 피질에서 생겨나 정신적 행동의 외부적 표시를 특징짓는데 사용되어 왔다. 신경과학은 이것의 근거를 신경 활동에 두기 때문에 무엇이 이러한 능력을 구성하는가는 논쟁의 여지가 없다. 인공지능의 맥락에서 인지 과정은 인간의 피질에서 일어나는 정신 과정의 모방이다. 철학은 또한 뇌로부터 추상화하여 보다 일반적인 설정으로 용어를 정의하고자 한다. '인지 과정'의 실제 정의는 다음과 같을 것이다: 뇌와 기계에서 비슷한 식으로 일어나는 과정. 이 정의는 우리에게 '비슷한 식'을 정의하도록 요구하는데, 인공 신경망을 실제 신경세포의 단순한 버전이라고 하면, 아마도 적절할 것이다.

이것은 우리를 더 큰 문제로 이끈다. 일부 인지 과정은 더 간단하고, 쉽게 모델링할 수 있다. 딥러닝의 발전은 하나씩 인지 과정을 처

19) GOFAI에서는 지식 표현 및 추론, 딥러닝에서는 기계학습

리해 나가지만, 딥러닝이 하지 못하는 중요한 인지 과정이 있다—추론이 그것이다. 추론을 포착하고 설명하는 것은 철학적 논리의 핵심이며, 추론의 엄격한 처리를 위한 주요 방법으로서의 형식 논리는 GOFAI의 초석이었다. 딥러닝이 추론을 극복할 것인가? 아니면 학습은 단순히 추론과 근본적으로 다른 것일까? 이것은 추론이 원칙적으로 학습될 수 없다는 것을 의미할 수 있다. 이 논의는 합리주의자들과 경험주의자들 사이의 오래된 철학적 논쟁을 불러일으켰다. 합리주의자들은 어떤 학습을 하기 전에 우리의 마음속에 논리적인 틀이 있다는 것을 여러 가지 방법으로 주장했다. 기계학습 시스템이 뚜렷한 인간의 인지 과정으로 여겨지는 추론을 배울 수는 없다는 공식적인 증거는 심오한 기술적, 철학적, 심지어 신학적 중요성을 갖는다.

추론을 학습하는 것에 관한 질문은 바꿔 말할 수 있다. 개들은 관계를 배울 수 없다고 널리 알려져 있다.[20] 개는 관계를 학습하는 것이 불가능한 훈련 가능한 인지 시스템의 예이다. 우리가 개에게 '더 작다'라는 관계를 가르치고 싶다고 해보자. 우리는 개에게 두 개의 다른 물건을 건네주고 개가 '더 작은 것'이라는 명령을 들을 때 더 작은 것을 고르는 훈련 환경을 고안할 수 있다(그리고 그는 올바른 선택에 대해 보상받는다). 그러나 개에게 과제는 매우 복잡하다: '더 작다'가 하나의 훈련 표본에서 다음 학습 표본으로의 참조를 변경하는 단일 대상의 이름이 아니라 두 대상이 모두 있을 때 존재하고, 그런 다음 하나의 대상(더 작은 대상)을 가리키도록 하는 실체가 없는

20) 이것이 사실이든 아니든 간에 우리의 논의와는 관련이 없다. 동물 인지 능력에 관한 문헌은 동물의 인지와 윤리를 연결하는 학문적 연구가 부족하기 때문에 찾기가 어렵다고 한다. 우리는 개 학습의 한계를 다루는 논문 [37]을 따로 분리했으므로, 우리는 범주적인 것이 아닌, 단지 가설적인 것을 주장한다.

일을 인식해야 하는 일이라는 것을 알아야 한다. 그렇게 생각하면 관계를 학습하는 것의 어려움이 명백해진다.

논리는 본질적으로 관계형이며 모든 것이 관계이다. 관계형 추론은 정형적 규칙에 의해 완성되기 때문에 문제가 없지만 논리는 문제가 있다(다른 측면에서): 관계에 대한 내용을 어떻게 배울 것인가? 일반적인 절차는 엔티티와 관계를 정의한 다음, 시간이 지남에 따라 이를 수정할 수 있는 동적 요소를 추가하는 것이었다. 그러나 양측에는 패턴과 관계의 구분이 존재한다.

인공 신경망과 연결주의에서의 중요한 철학적 문제를 드러낸 논문은 포도어(Fodor)와 파일리쉰(Pylyshyn)[38]에 의한 세미나 논문이다. 그들은 현상으로서의 사고와 추론은 본질적으로 규칙에 기반한(기호, 관계형) 것이며, 이것은 자연스러운 정신 능력이 아니라 진리를 보존하고 (어느 정도는) 미래의 사건들을 예측하기 위한 도구로 진화된 복잡한 능력이라고 주장했다. 그들은 그것을 연결주의에 대한 도전으로 제기한다: 연결주의가 추론할 수 있다면, 추론은 본질적으로 규칙에 기반하기 때문에 그렇게 할 수 있는 유일한 방법은 규칙 시스템을 생성하는 인공 신경망을 만드는 것이다. 이것은 '연결주의적 추론'이 아니라 기호 추론으로 기호들이 인공 신경망 덕분에 의미있는 것들에 할당되는 것이다. 인공 신경망은 내용을 채우지만 추론 자체는 여전히 기호기반이다.

이 논쟁의 타당성은 생각이 본질적으로 규칙에 기반한 것이라는 아이디어에 달려 있다는 것을 알 수 있다. 따라서 이 도전을 극복하기 위한 가장 쉬운 방법은 이 초기 가정에 이의를 제기하는 것이다. 사고와 추론이 완전히 규칙을 기반으로 하지 않는다면, 규칙에 의해 파생되지 않고 '직관적으로' 처리되는 측면을 갖고 있음을 의미한다.

연결주의자들은 차이를 연결하기 위해 점진적이지만 중요한 단계를 밟았다. 다음과 같은 추측을 생각해 보자: '걷기에 너무 멀면 내 밴을 가져가야 한다', '내 밴이 정비소에 있다는 것을 잊어버렸다. 아내의 차를 가져가는 게 낫다.' 우리는 이것을 고의적으로 고전 삼단 논법으로 만들지는 않았지만, 사람이 실제로 생각하고 추론하는 방식과 유사한 형태라는 걸 주목해야 한다.[21] 이 생각을 타당하게[22] 하는 것은 자동차와 밴을 동일시하는 것이[23] 가능한 것임을 주목하라. Word2vec[39]는 주어진 단어와 문맥(주위의 여러 단어)에 대해 수치적 벡터를 학습하는 신경 언어 모델이며 텍스트로부터 학습한다. 텍스트의 선택이 '큰 그림'이다. word2vec의 가장 큰 특징은 큰 그림에서 의미론적 유사성에 따라 단어를 묶는 것이다. 이것은 의미론적으로 유사한 단어가 유사한 주변 문맥을 공유하기 때문에 가능하다: 밥과 앨리스는 모두 배고플 수 있지만, 숫자 4는 그럴 수 없다. 비슷한 것을 유사하게 대체하는 것은 단지 원시 추론이지만 word2vec에 의해 가능해진 연결주의적 추론으로의 점진적인 진보는 그것이 가능하게 하는 계산이다. $v(x)$가 x(문자열)를 학습된 벡터에 매핑하는 함수라고 가정하자. 일단 훈련되면 word2vec라는 단어 벡터는 $v(\text{king}) - v(\text{man}) + v(\text{woman}) \approx v(\text{queen})$와 같이 계산할 수 있다는 점에서 특

21) 플라톤은 (그의 Sophist에서) 자신과의 영혼의 대화로서의 사고를 정의했고, 이것이 우리가 모델링하고자 하는 것이며 반면에 규칙 기반 접근법은 Organon에서 아리스토텔레스에 의해 옹호되었다. 더 간결하게, 우리는 우세했던 아리스토텔레스 패러다임을 사용하는 대신에 플라톤적 용어로 추론을 재구성하려고 노력하고 있다.

22) 이 시점에서 '타당한 유추'라는 말을 사용하는 것을 의도적으로 피하고 '타당한 사고'라는 용어를 사용한다.

23) 이 호환성은 큰 그림(big picture)에 달려 있음을 유의하라. 피아노를 옮길 필요가 있다면 자동차로 할 수는 없지만 식료품을 가져와야 한다면 차나 밴으로 할 수 있다.

별하다. 이것은 **유추론적 추론** 또는 **단어 유추**라고 하며, 추론에 대한 순수 연결주의적 접근 방식을 개발한 최초의 주요 랜드마크이다.

우리는 이 책의 마지막 장에서 질의 응답의 방식으로 추론을 탐구할 것이다. 우리는 에너지 기반 모델과 메모리 모델을 탐구할 것이나. 추론의 문제에 대한 현재 최선의 의견은 메모리 기반 모델에 있다. 이것은 정상적인 인지환경(의심할 여지없이 GOFAI의 영향을 받고 있는)에서 기억(지식)과 추론을 두 개의 다른 양상으로 간주하지만 신경망과 연결주의는 이 이분법을 공유하지 않는다는 것을 생각하면 조금은 놀라운 일이다.

참고문헌

1. A.M. Turing, On computable numbers, with an application to the entscheidungs problem. Proc. Lond. Math. Soc. **42**(2), 230–265 (1936)
2. V. Peckhaus, Leibniz's influence on 19th century logic. in *The Stanford Encyclopedia of Philosophy*, ed. by E.N. Zalta (2014)
3. J.S. Mill, *A System of Logic Ratiocinative and Inductive: Being a connected view of the Principles of Evidence and the Methods of Scientific Investigation* (1843)
4. G. Boole, *An Investigation of the Laws of Thought* (1854)
5. A.M. Turing, Computing machinery and intelligence. Mind **59**(236), 433–460 (1950)
6. R. Carnap, *Logical Syntax of Language* (Open Court Publishing, 1937)
7. A.N. Whitehead, B. Russell, *Principia Mathematica* (Cambridge University Press, Cambridge, 1913)
8. J.Y. Lettvin, H.R. Maturana, W.S. McCulloch, W.H. Pitts, What the frog's eye tells the frog's brain. Proc. IRE **47**(11), 1940–1959 (1959)
9. N.R. Smalheiser, Walter pitts. Perspect. Biol. Med. **43**(1), 217–226 (2000)

10. A. Gefter, The man who tried to redeem the world with logic. Nautilus **21** (2015)
11. F. Rosenblatt, *Principles of Neurodynamics: perceptrons and the theory of brain mechanisms* (Spartan Books, Washington, 1962)
12. F. Rosenblatt, Recent work on theoretical models of biological memory, in *Computer and Information Sciences II*, ed. by J.T. Tou (Academic Press, 1967)
13. S. Russell, P. Norvig, *Artificial Intelligence: A Modern Approach*, 3rd edn. (Pearsons, London, 2010)
14. H. Moravec, *Mind Children: The Future of Robot and Human Intelligence* (Harvard University Press, Cambridge, 1988)
15. M. Minsky, S. Papert, *Perceptrons: An Introduction to Computational Geometry* (MIT Press, Cambridge, 1969)
16. L.R. Graham, *Science in Russia and the Soviet Union. A Short History* (Cambridge University Press, Cambridge, 2004)
17. S. Pinker, *The Blank Slate* (Penguin, London, 2003)
18. B.F. Skinner, *The Possibility of a Science of Human Behavior* (The Free House, New York, 1953)
19. E.L. Gettier, Is justified true belief knowledge? Analysis **23**, 121–123 (1963)
20. T.S. Kuhn, *The Structure of Scientific Revolutions* (University of Chicago Press, Chicago, 1962)
21. N. Chomsky, *Aspects of the Theory of Syntax* (MIT Press, Cambridge, 1965)
22. N. Chomsky, A review of B. F. Skinner's verbal behavior. Language **35**(1), 26–58 (1959)
23. A. Newell, J.C. Shaw, H.A. Simon, Elements of a theory of human problem solving. Psychol. Rev. **65**(3), 151–166 (1958)
24. J. Lighthill, Artificial intelligence: a general survey, in *Artificial Intelligence: A Paper Symposium*, Science Research Council (1973)
25. Paul J. Werbos, *Beyond Regression: New Tools for Prediction and Analysis in the Behavioral Sciences* (Harvard University, Cambridge, 1975)
26. D.B. Parker, Learning-logic. Technical ReportNo. 47 (MIT Center for Computational Research in Economics and Management Science, Cambridge, 1985)

27. Y. LeCun, Une procédure d'apprentissage pour réseau a seuil asymmetrique. Proc. Cogn. **85**, 599–604 (1985)
28. D.E. Rumelhart, G.E. Hinton, R.J. Williams, Learning internal representations by error propagation. Parallel Distrib. Process. **1**, 318–362 (1986)
29. J.J. Hopfield, Neural networks and physical systems with emergent collective computational abilities. Proc. Natl. Acad. Sci. USA **79**(8), 2554–2558 (1982)
30. N. Cristianini, J. Shawe-Taylor, *An Introduction to Support Vector Machines and Other Kernelbased Learning Methods* (Cambridge University Press, Cambridge, 2000)
31. S. Hochreiter, J. Schmidhuber, Long short-term memory. Neural Comput. **9**(8), 1735–1780 (1997)
32. Y. LeCun, L. Bottou, Y. Bengio, P. Haffner, Gradient-based learning applied to document recognition. Proc. IEEE **86**(11), 2278–2324 (1998)
33. G.E. Hinton, S. Osindero, Y.-W. Teh, A fast learning algorithm for deep belief nets. Neural Comput. **18**(7), 1527–1554 (2006)
34. J. Schmidhuber, Deep learning in neural networks: an overview. Neural Netw. **61**, 85–117 (2015)
35. P. Domingos, *The Master Algorithm: How the Quest for the Ultimate Learning Machine Will Remake Our World* (2015)
36. M.S. Gazzanga, R.B. Ivry, G.R. Mangun, *Cognitive Neuroscience: The Biology of Mind*, 4th edn. (W. W. Norton and Company, New York, 2013)
37. A. Santos, Limitations of prompt-based training. J. Appl. Companion Anim. Behav. **3**(1), 51–55 (2009)
38. J. Fodor, Z. Pylyshyn, Connectionism and cognitive architecture: a critical analysis. Cognition **28**, 3–71 (1988)
39. T. Mikolov, T. Chen, G. Corrado, J, Dean, Efficient estimation of word representations in vector space, *in ICLR Workshop* (2013), arXiv:1301.3781

CHAPTER 2

수학 및 전산학 선행지식

2.1 미분 및 함수 최소화

이 장에서 우리는 뒤에 나오는 장들을 이해하는 데 필요한 수학적 전제의 대부분을 제공한다. 딥러닝의 주요 엔진은 **역전파**(*backpropagation*)라고 하는, 주로 그래디언트를 따라 움직이는 경사 하강법으로 이루어져 있으며 그래디언트는 미분의 벡터이다. 2장의 첫 번째 절은 미분에 관한 것이며 이 장을 마치면 독자는 그래디언트가 무엇이고 경사 하강법이 무엇인지 알게 될 것이다. 우리는 이 주제를 다시 다루지는 않겠지만 이 책의 나머지 모든 장에서 많이 사용하게 될 것이다.

우리가 사용할 기본적인 표기법은 ': ='이다; '$A := xy$'는 'A를 xy로 정의'하거나 'xy를 A라고 한다'이다. 이것을 xy를 A라고 이름짓기라고 한다. 대부분의 다른 개념은 집합을 사용하여 만들거나 설명할 수 있으므로 우리는 집합을 기본 수학 개념으로 사용한다. 집합은 멤버들의 모음인데 집합 멤버나 집합이 아닌 멤버를 가질 수 있다. 집합이 아닌 멤버는 숫자 또는 변수와 같은 **근원소**(*urelement*)로 불리는 요소이다. 집합은 일반적으로 중괄호로 표시되므로 예를 들어 $A = \{0, 1, \{2, 3, 4\}\}$는 0, 1 및 $\{2, 3, 4\}$ 요소를 포함하는 세 개의 요소가 있는 집합이다. $\{2, 3, 4\}$는 부분 집합이 아닌 A의 요소라는 것

을 명심하라. A의 부분집합은 예를 들어 {0, {2, 3, 4}} 이런 것이 될 것이다. 집합은 {−1, 0, 1}과 같이 멤버의 이름을 지정하여 **외연적으로**(*extensionally*) 쓰거나, $\{x \mid x \in \mathbb{Z} \wedge |x| < 2\}$처럼 구성성분이 만족해야 하는 성질을 줌으로써 **내포적으로**(*intensionally*) 쓸 수 있으며, 여기서 $\mathbb{Z}$는 정수의 집합이고 $|x|$는 x의 절대값이다. 이 두 가지는 같은 구성성분을 가지고 있으므로 같은 집합을 나타냄을 인지하자. 이 평등의 원칙을 **외연 공리**(*axiom of extensionality*)라 부르며, 동일한 구성성분이 있는 경우에만 두 집합이 동등하다고 말한다. 이것은 {0, 1}과 {1, 0}뿐 아니라 {1, 1, 1, 1, 0}과 {0, 0, 1, 0}도 동일함을 의미한다(모두 동일한 구성성분 0과 1을 가짐).[1)]

집합은 원소들의 순서 또는 한 원소의 반복을 기억하지 않는다. 만약 우리가 반복을 기억하지만 순서를 기억하지 않는 집합이 있다면 그것은 다중집합 혹은 **주머니**(*bag*)이다. 즉, 다중집합을 고려할 때는 {1, 0, 1} = {1, 1, 0}이지만 {1, 0}과는 같지 않다. 주머니를 집합과 구별하는 일반적인 방법은 원소에 번호를 매기는 것이므로 {1, 1, 1, 0, 1, 0, 0}을 쓰는 대신 {"1" : 5, "0" : 3}이라 쓴다. 주머니는 3장에서 흔히 **단어 주머니**(*bag of words*) 모델이라 일컬어지는 것을 통해 언어를 모델링하는 데 매우 유용할 것이다. 우리가 위치와 반복 모두 신경을 쓴다면, 우리는 (1, 0, 0, 1, 1)이라고 쓰며 이것은 **벡터**라 한다. $(x_1, x_2, \ldots, x_n)$과 같은 변수로 이루어진 벡터가 있다면 우리는 이를 $\mathbf{x}$로 쓴다. 개개의 x_i, $1 \leq i \leq n$을 **구성요소**(*components*)라고 하며(집합에서는 멤버라고 한다), 구성요소의 수를 **벡터 x의 차원**이라고 한다.

1) 그들은 또한 동일한 멤버 수 또는 카디널리티 수, 즉 2를 갖는 것에 주목하자.

튜플과 리스트라는 용어는 벡터와 매우 유사하다. 벡터는 주로 이론적인 논의에 사용되는 반면 튜플 및 리스트는 프로그래밍 코드에서 벡터를 구현하는 데 사용된다. 따라서 튜플 및 리스트의 이름은 항상 myList 또는 vectorAsTuple과 같은 프로그래밍 변수로 지정된다. 따라서 튜플이나 리스트의 예를 들자면 newThing : = (11, 22, 33)이 될 것이다. 튜플과 리스트의 차이점은 리스트는 **변경이 가능**하고(*mutable*) 튜플은 그렇지 않는다는 것이다. 구조의 변경 가능성은 해당 구조의 멤버에게 새로운 값을 할당할 수 있음을 의미한다. 예를 들어, newThing : = (11, 22, 33)을 가지고 newThing[1] ← 99를 하면 ('newThing의 두 번째 아이템을 99로 할당한다'라고 읽는다[2]) newThing : = (11, 99, 33)을 얻는다. 이것은 우리가 리스트를 변형시켰음을 의미한다. 그것이 가능하게 하고 싶지 않다면 튜플을 사용하면 되고 이 경우 튜플은 구성요소를 수정할 수 없다. 우리는 newerThing[0] ← newThing[0], newerThing[1] ← 99 and newerThing[2] ← newThing[2]과 같은 방식으로 새로운 튜플 newerThing을 만들 수 있지만, 값을 **변경**하는 것이 아니고 그냥 복사하고 새 튜플을 구성하는 것이다. 물론 우리가 알 수 없는 데이터 구조를 가지고 있다면, 우리는 어떤 구성요소를 변경하려고 시도함으로써 그것이 리스트인지 튜플인지를 검사할 수 있다. 때로는 벡터를 튜플로 모델링하고 싶을 수도 있지만, 일반적으로 프로그래밍 코드에서는 리스트로 모델링하길 원한다.

이제 함수로 관심을 돌려보자. 우리는 함수의 정의에 계산적으로 접근할 것이다.[3] 함수는 인수(입력)를 받아 값(출력)으로 변환하는

---

2) 카운팅은 0부터 시작하며 책 전체에 걸쳐 이 규칙을 사용한다.

3) 전통적인 정의는 집합을 사용하여 튜플을 정의하고, 튜플을 사용하여 관계를 정

마법같은 인공물이다. 물론, 함수를 사용하는 비결은 마법을 사용하는 대신 입력에서 출력으로, 즉 입력을 출력으로 변환하는 방법을 정의해야 한다는 것이다. x는 입력, y는 출력, f는 함수의 '이름'인 $y = 4x^3 + 18$ 또는 이에 상응하는 $f(x) = 4x^3 + 18$과 같은 함수를 생각해 보자. 출력 y는 f의 x로의 적용, 즉 $y := f(x)$로 정의된다. 우리는 여기서 몇몇 가지는 생략하는데 그것들은 이 책에서는 중요하지 않지만 관심있는 독자에게 [1]을 추천한다.

이와 같은 함수를 생각할 때 우리는 실제로 덧셈, 곱셈 및 지수와 같은 간단한 함수를 사용하여 x를 y로 변환하는 방법에 대한 명령(알고리즘)이 있다. 그들은 다시 더 간단한 함수로 표현될 수 있지만 이 책에서 증명은 필요하지 않다. 독자는 이것이 어떻게 행해지는지에 대한 세부사항을 [2]에서 찾을 수 있다.

2개의 인수[4)]를 가지는 함수 $f(x, y) = x^y$가 있고 (2, 3)값을 전달한다면 우리는 8을 얻는다. 만약 우리가 (3, 2)를 전달하면 우리는 9를 얻을 것이다. 이것은 함수가 순서에 영향을 받는다는 것이다. 즉, 함수는 항상 벡터를 입력으로 사용하며, n차원 벡터를 취하는 함수를 n항 함수(n-ary function)라고 부른다. 이것은 우리가 표기법 $f(\mathbf{x})$를 자유롭게 사용할 수 있다는 것을 의미한다. 0항 함수는 출력을 생성하지만 입력을 받지 않는 함수다. 그러한 함수는 **상수**(*constant*)라고 불린다. 예를 들어, $p() = 3.14159...$ (빈 괄호가 있는 표기법을 주목하라).

의하고, 관계를 사용하여 함수를 정의하지만, 이는 현재 볼륨에서 우리의 요구에 대해 지나치게 논리적인 접근이다. 이 정의는 함수로 간주되는 엔티티의 훨씬 더 넓은 범위의 클래스를 제공한다.

4) n개의 인수가 있는 함수를 n항 함수(n-ary function)라고 부른다.

우리는 함수의 인수 입력 벡터를 가져와 출력을 더해 $(x_1, x_2, \ldots, x_n, y)$를 얻을 수 있다. 이 구조를 입력 x에 대한 함수 f의 그래프라고 한다. 이것을 어떻게 모든 입력으로 확장할 수 있는지 보게 될 것이다. 함수는 매개변수를 가질 수 있으며 함수 $f(x) = ax + b$는 매개변수로 a와 b를 가진다. 그것들은 고정된 것으로 간주되지만 더 나은 버전의 함수를 얻기 위해 조정할 수 있다. 동일한 입력이 주어지고 매개변수를 변경하지 않으면 함수는 항상 동일한 결과를 제공한다. 매개변수를 변경하면 출력을 크게 변경할 수 있다. 딥러닝은 매개변수를 자동으로 튜닝하여 출력을 수정하는 방법이기 때문에 이것은 딥러닝에 있어서 매우 중요한 것이다.

집합 A가 있을 때, A의 멤버인 모든 값에 1을 주고 멤버가 아닌 모든 값에 대해 0을 주는 x의 함수를 생성할 수 있다. 이 함수는 모든 집합 A에서 다른데 이것 빼고는 항상 똑같은 일을 하기 때문에 우리는 A를 포함하는 이름을 지정할 수 있다. 우리는 $\mathbb{1}_A$라는 이름을 선택한다. 이 함수는 **표시 함수**(*indicator function*) 또는 **특성 함수**(*characteristic function*)라고 불리우며 때때로 문헌에서 χ_A로 표시된다. 이것은 다음 장에서 원핫 인코딩이라고 부르는 것에 사용된다.

$y = ax$라는 함수가 있다면, 입력을 받는 집합을 함수의 정의역이라 하고, 출력이 속한 집합을 함수의 공역이라고 한다. 일반적으로 함수 영역의 모든 구성원에 대해 함수를 정의할 필요는 없는데 그럴 경우에는 **전역 함수**(*total function*)라고 한다. 전역 함수가 아닌 모든 함수를 **부분**(*partial*)이라고 한다. 함수는 모든 입력 벡터에 항상 동일한 출력을 할당한다는 것을 기억하자(매개변수가 변경되지 않는 경우). 그렇게 함으로써 함수가 전체 공역을 '소모'하면, 즉 할당 후에 일부 입력의 출력이 아닌 공역의 멤버가 없으면 이 함수를 **전사**

함수라고 한다. 반면에 함수가 동일한 출력을 다른 입력 벡터에 할당하지 않으면 이를 **단사함수**라고 한다. 그것이 단사함수이자 전사함수인 경우, 그것은 **전단사함수**라고 한다. 주어진 입력집합 A에 대한 출력집합 B는 **이미지**라고 불리며 $f[A] = B$로 표시된다. 주어진 출력집합 B에 대한 입력집합 A를 찾으면 $f^{-1}[B] = A$로 표시되는 역이미지를 보는 것이다(개별 요소에 대해서도 $f^{-1}(b) = a$와 같이 동일한 표기법을 사용할 수 있다).

함수 f는 도메인의 모든 x와 y에 대해 $x < y$이면 $f(x) \leq f(y)$ 또는 $x > y$이면 $f(x) \geq f(y)$가 되면 **단조함수**(*monotone*)로 불린다. 방향에 따라 이를 **증가** 또는 **감소함수**라 부르며 $\leq$ 대신 $<$를 사용하면 이를 **엄격하게 증가**(*strictly increasing*) (또는 엄격하게 감소)라고 한다. **연속 함수**는 간격(gap)이 없는 함수이다. 이 정의는 부정확하지만 우리가 지금 필요로 하는 데에는 충분하다. 우리는 명확성을 위해 정확성을 희생하는 것이다. 우리는 나중에 다시 이것을 언급할 것이다.

흥미로운 함수 중 하나는 모든 실수에서 유리수에 대한 특성 함수다. 이 함수는 그것이 선택한 실수가 유리수인 경우에만 1을 반환한다. 이 함수는 아무 곳에서도 연속이 아니다. 다른 함수 중 부분적으로 연속적이지만 모든 곳에서 연속하지는 않은 함수 중 하나는 소위 **계단 함수**(*step function*)이다(우리는 이를 4장에서 다시 간단히 언급할 것이다).

$$step_0(x) = \begin{cases} 1, x > 0 \\ -1, x \leq 0 \end{cases}$$

$step_0$은 0 대신 n을 넣어 $step_n$으로 쉽게 일반화할 수 있다. 또한 1

과 -1은 완전히 임의적이므로 모든 값을 넣을 수 있다. n차원 벡터를 취하는 계단 함수는 때때로 **투표 함수**(*voting function*)라고도 하지만 우리는 계단 함수라고 부를 것이다. 이 버전에서는 함수의 입력 벡터의 모든 구성요소가 임계값 n과 비교되기 전에 더해진다(임계값 n은 신경망 문헌에서는 **바이어스**라고 함). 우리가 계단 함수를 두 가지 경우로 정의했다는 것을 주목하자: 함수가 각각의 경우들로 정의되는 경우, 함수가 연속적이지 않을 수 있다는 중요한 **힌트**이다. 언제나 그런 것은 아니지만 (어느 쪽으로 보든) 그것은 따를 만한 좋은 힌트이며 종종 사실이다.[5)]

미분에 들어가기 전에 우리는 몇 가지 개념을 더 필요로 한다. 함수 f의 출력이 값 c에 가까워지면 (그리고 그 값에 머무는 경우) 함수가 c에 **수렴**한다고 말한다. 그러한 값이 없으면 함수를 발산이라고 한다. 대부분의 수학 교과서에서는 수렴의 정의가 더욱 세밀하지만, 이 책에서는 일반적인 직관 이상의 수학적인 기교가 필요하지는 않다.

우리가 사용할 중요한 상수는 오일러 수 $e = 2.718281828459....$이다. 이것은 상수이며 우리는 그것을 위해 문자 e를 쓸 것이다. 우리는 기본적인 수치 연산을 광범위하게 사용할 것이며 여기에 사용된 동작 및 표기법에 대해 간략하게 설명한다:

- x의 역수는 $\frac{1}{x}$ 또는 등가적으로 x^{-1}이다.
- x의 제곱근은 $x^{\frac{1}{2}}$ 또는 등가적으로 $\sqrt{x}$이다.

---

5) $\rho(x) = \max(x, 0)$로 정의된 ReLU 또는 정류된 선형 유닛은 각 경우들로 정의되더라도(보통) 연속적인 함수의 예이다. 우리는 6장 이후 ReLU를 광범위하게 사용할 것이다.

- 지수 함수에는 다음과 같은 속성이 있다:
  $x^0 = 1,\ x^1 = x,\ x^n \cdot x^m = x^{n+m},\ (x^n)^m = x^{n \cdot m}$
- 로그 함수에는 다음과 같은 속성이 있다:
  $\log_c 1 = 0,\ \log_c c = 1,\ \log_c(xy) = \log_c x + \log_c y,$

  $\log_c(\frac{x}{y}) = \log_c x - \log_c y,\quad \log_c x^y = y \log_c x,$

  $\log_x y = \frac{\log_c y}{\log_c x},\ \log_x x^y = y,\ x^{\log_x y} = y,\ \ln x := \log_e x$

미분을 계속하기 전에 우리가 필요로 하는 마지막 개념은 **극한**(*limit*)의 개념이다. 직관적으로 정의하자면 함수의 극한은 함수의 출력에 접근하지만 결코 도달하지 않는 값이라는 것이다.[6] 함수의 극한이 입력 변화와 관련하여 고려되며 구체적인 값이어야 한다는 것이 요령이다. 즉 극한이 ∞ 또는 −∞이라면 그것을 극한으로 간주하지 않는다. 이는 극한이 존재하기 위해서는 유한 값이어야 함을 의미한다. 예를 들어, $f(x) = 2x$라고 하면 $\lim_{x \to 5} f(x) = 10$이다.

입력이 접근하는 값인 숫자 5와 입력 값이 5로 접근할 때 함수의 출력이 접근하는 극한값 10을 혼동하지 않도록 하는 것이 매우 중요하다.

우리가 정수 입력을 생각한다면 극한의 개념은 자명한 것(그리고 수학적으로 이상하다)이다. 우리는 극한을 생각할 때 실수(연속성의 아이디어가 의미가 있는 곳)를 입력으로 고려하고 있다고 가정해야 한다. 따라서 극한(및 미분)에 대해 말할 때, 입력 벡터는 실수이며, 우리는 함수가 연속적이길 원한다(그러나 때로는 그렇지 않을 수도 있다). 함수의 극한을 알고 싶고 모든 곳에서 연속이라면 입력 값이

6) 0.999.... ≠1인 이유이다.

접근하는 값을 대입하고 출력 값으로 얻은 것을 보면 된다. 이것에 문제가 있는 경우, 우리는 함수 표현식을 단순화하거나 부분적으로 어떤 현상이 발생하는지를 보며 확인할 수 있다. 실제로[7], 문제는 두 가지 방식으로 발생한다: (i) 함수가 각각의 경우로 정의되거나 혹은 (ii) 일부 입력에 대해 숨겨진 0에 의한 나눗셈으로 인해 출력이 정의되지 않은 부분이 있다.

이제 우리는 연속성의 직관적인 아이디어를 더욱 엄격한 정의로 바꿀 수 있다. 다음 조건이 충족될 때만 $x = a$에서 함수 f를 연속적이라고 말할 수 있다:

1. $f(a)$가 정의된다.
2. $\lim_{x \to a} f(x)$이 존재한다.
3. $f(a) = \lim_{x \to a} f(x)$

함수가 모든 점에서 연속적이어야만 함수는 모든 곳에서 연속이라고 한다. 모든 기본적인 함수는 모든 곳에서 연속이고[8] 그러면 다항함수도 마찬가지로 연속임을 주목하자. 유리 함수[9]는 분모의 값이 0인 경우를 제외하고는 어디에서나 연속이다. 극한에 대해 성립하는 몇 가지 식은:

1. $\lim_{x \to a} c = c$

7) 이것은 프로그래밍에서 특히 그렇다. 프로그램할 때 우리는 실수에 대한 함수를 유리수에 대한 함수로 근사해야 한다.

8) 제수가 0인 나눗셈을 제외하고. 이 경우에 나눗셈 함수는 정의되지 않았으므로 연속성이라는 개념은 이 시점에서 아무런 의미가 없다.

9) 유리수 함수는 $f(x)/g(x)$의 형태이며, f와 g는 다항식 함수이다.

2. $\lim_{x \to 0+} \frac{1}{x} = \infty$

3. $\lim_{x \to 0-} \frac{1}{x} = -\infty$

4. $\lim_{x \to \infty} \frac{1}{x} = 0$

5. $\lim_{x \to \infty} (1 + \frac{1}{x})^x = e$

이제 우리는 미분을 향한 여정을 계속 이어 나갈 준비가 됐다.[10] 우리는 함수의 미분이 주어진 점에서 그 함수의 그래프의 기울기로 생각할 수 있다는 것을 지적함으로써 미분에 대한 약간의 직관을 얻을 수 있다. 그림 2.1이 이것을 나타낸다. 함수 $f(x)$ (정의역이 X인 경우)가 모든 점 $a \in X$에서 미분 값을 가지면 X의 모든 값을 미분 값으로 매핑하는 새로운 함수 $g(x)$가 존재한다. 이 함수를 f의 **도함수** (*derivative*)라고 한다. $g(x)$가 f와 x에 의존하기 때문에 $f'(x)$(Lagrange 표기) 표기법을 사용하거나, $f(x) = y$를 기억한다면 표기법 $\frac{dy}{dx}$ 또는 $\frac{df}{dx}$(Leibniz 표기)를 사용할 수 있다. 어떤 아이디어는 하나의 표기법으로 표현될 때 더 직관적이고 또 어떤 것에서는 다른 표기법을 사용하는게 더 직관적이기 때문에 우리는 이 책에서 의도적으로 이 두 표기법을 모두 사용할 것이다. 그리고 우리는 표기법상의 깔끔함이 아니라 근본적인 수학 현상에 초점을 맞추기를 원한다.

10) 도함수를 찾는 과정을 '미분(differentiation)'이라고 한다.

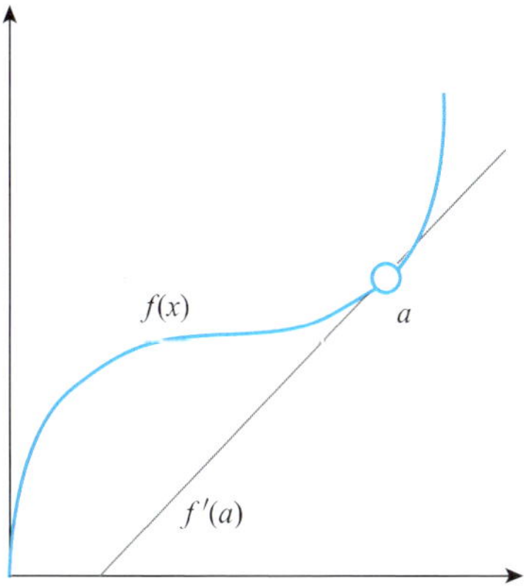

그림 2.1 점 a에서의 f(x)의 미분

여기에 대해 더 자세히 다루어 보자. $f(x) = \frac{x}{2}$인 함수가 있다고 가정하자. 이 함수의 기울기는 두 점을 선택하여 구할 수 있다, 예를 들어 $t_1 = (x_1, y_1)$ 및 $t_2 = (x_2, y_2)$이다. 일반성을 잃지 않고, t_1이 t_2 이전에 온다고 가정할 수 있다. 즉, $x_1 < x_2$ 및 $y_1 < y_2$라고 가정할 수 있다. 기울기는 $\frac{y_2 - y_1}{x_2 - x_1}$과 같으며, 이는 수직 및 수평 부분의 비율이다. 우리가 $f(x) = ax + b$ 형태의 선형 함수에 집중한다면, 우리는 몇 가지를 알 수 있다. 첫째로, 기울기는 실제로 a가 되고(쉽게 검증할 수 있다) 모든 점에서 동일하며, 둘째, 상수[11]의 기울기는 0이어야 하고 상수는 b가 된다.

$f(x) = x^2$와 같은 좀 더 복잡한 예를 들어 보자. 여기에서 기울기는 모든 점에서 동일하지 않으며 위 계산에 의해 우리는 많은 것을 얻을 수 없고 미분을 사용해야 한다. 그러나 미분은 여전히 기울기 아이디어의 정교화다. 우리가 그것을 공식화하려 할 때 기울기 공식으로 시작하여 그것이 우리를 어디로 이끄는지 보도록 하자. 그래서 우

11) 이것은 입력에 관계없이 같은 값을 제공하는 0항 함수이다.

리는 $\frac{y_2-y_1}{x_2-x_1}$로 시작한다. 우리는 x_1에서 x_2를 얻는 x의 변화를 h로 나타낼 수 있다. 그러면 분자가 $f(x+h) - f(x)$로 쓰일 수 있고, 분모는 h의 정의에 의해 그냥 h가 된다. 미분은 h가 0에 접근할 때의 극한으로 정의된다. 즉,

$$f'(x) = \frac{dy}{dx} = \lim_{h \to 0} \frac{f(x+h) - f(x)}{h} \tag{2.1}$$

함수 $f(x) = 3x^2$의 미분 $f'(x)$를 어떻게 얻을 수 있는지 보자. 미분을 계산하는 규칙을 제공하고 이러한 규칙을 사용하여 $f(x) = 6x$를 빨리 찾을 수 있지만 미분의 정의만 사용하여 이를 얻을 수 있는 방법을 지금 볼 것이다:

1. $f(x) = 3x^2$ [초기 함수]
2. $f'(x) = \lim_{h \to 0} \frac{(f(x+h)-f(x))}{h}$ [도함수 정의]
3. $f'(x) = \lim_{h \to 0} \frac{(3(x+h)^2-3x^2)}{h}$ [2행 수식에 1을 대입하여 얻는다.]
4. $f'(x) = \lim_{h \to 0} \frac{(3(x^2+2xh+h^2)-3x^2)}{h}$ [3행에서 합을 제곱하여]
5. $f'(x) = \lim_{h \to 0} \frac{(3x^2+6xh+3h^2-3x^2)}{h}$ [4행에서 곱하여]
6. $f'(x) = \lim_{h \to 0} \frac{6xh+3h^2}{h}$ [5행에서 $+3x^2$과 $-3x^2$을 상쇄하여]
7. $f'(x) = \lim_{h \to 0} \frac{h(6x+3h)}{h}$ [6행 분자를 h로 묶어서]
8. $f'(x) = \lim_{h \to 0} (6x + 3h)$ [7행에서 분자와 분모의 h를 상쇄하여]
9. $f'(x) = 6x + 3 \cdot 0$ [8행에서 h를 0(근접하는)으로 대치하여]
10. $f'(x) = 6x$ [9행으로부터]

우리의 관심을 미분의 규칙으로 돌려보자. 이러한 모든 규칙은 위에서 사용한 규칙과 마찬가지로 유도될 수 있지만 규칙의 실제 유도보다는 규칙을 기억하는 것이 더 쉽다. 특히 이 책의 초점은 미적분에 관한 것이 아니기 때문에 더욱 그렇다. 미분과 관련된 가장 기본적인 사항 중 하나는 상수의 미분이 항상 0이라는 것이다. 또한, 미분 변수의 미분은 항상 1, 기호로 보면 $\frac{dy}{dx}x = 1$이 된다. 상수는 기울기 0을 가져야 하고 함수 $f(x) = x$는 수직 성분과 동일한 수평 성분을 가지며 기울기는 1이 된다. 또한, $f(x) = ax + b$로부터 $f(x)$를 얻으려면, a는 x를 두기 위해 1이어야 하고 b는 0이 되어야 한다.

다음 규칙은 소위 지수 규칙이다. 우리는 위의 예제에서 이 규칙을 보았다: $\frac{d}{dx}a \cdot x^n = a \cdot n \cdot x^{n-1}$. 우리는 가능한 인자가 어떻게 작용하는지 보여주는 a를 넣었다. 덧셈과 뺄셈에 대한 규칙은 다소 간단하다: $\frac{dy}{dx}(k + j) = \frac{dy}{dx}k + \frac{dy}{dx}j$와 $\frac{dy}{dx}(k - j) = \frac{dy}{dx}k - \frac{dy}{dx}j$. 곱셈과 나눗셈의 경우 미분 법칙은 더 복잡하다. 우리는 두 가지 예를 제시하고 규칙의 일반적 형태를 독자에게 추정하게 맡긴다. $y = x^3 \cdot 10^x$이면 $y' = (x^3)' \cdot 10^x + x^3 \cdot (10^x)'$가 되며, $y = \frac{x^3}{10^x}$이면 $y = \frac{(x^3)' \cdot 10^x - x^3 \cdot (10^x)'}{(10^x)^2}$가 된다. 우리가 알아야 하는 마지막 규칙은 소위 체인 규칙(지수를 위한 체인 규칙과 혼동하면 안 됨)이다. 체인 규칙에 따르면 어떤 u에 대하여 $\frac{dy}{dx} = \frac{dy}{du} \cdot \frac{du}{dx}$가 된다. 직관적으로 분수와 유사한 면이 있다.[12] 예를 보자. $h(x) = (3-2x)^5$라 하자. 이 함수는 마치 두 개의 함수인 것처럼 볼 수 있다: 첫 번째는 $g(u)$다. 이는 $y = u^5$(이 경우 $u = 3-2x$임)을 제공하고, u에 대한 두 번째 함수는 $f(x) = 3-2x$이다. 체인

12) Lagrange 표기법의 체인 규칙은 더 어색하고 분수와 직관적인 유사성이 없다.

규칙에 따르면 y를 x로 미분하기 위해 (즉, $\frac{dy}{dx}$를 얻으려면) y를 u로 ($\frac{dy}{du}$), u를 x로 ($\frac{du}{dx}$)로 대신 미분하고 두 가지를 단순히 곱하면 된다.[13)]

적용되는 체인 규칙을 보기 위해 함수 $f(x) = \sqrt{3x^2 - x}$(즉 $y = \sqrt{3x^2 - x}$)를 보자. 그러면 $f'(x) = \frac{dy}{du} \cdot \frac{du}{dx}$가 되는데 $y = \sqrt{u}$가 돼서 $\frac{dy}{du} = \frac{1}{2}u^{-\frac{1}{2}}$이 된다. 반면에 $u = 3x^2 - x$가 되고 $\frac{du}{dx} = 6x - 1$가 된다. 이것을 통해 우리는 $\frac{dy}{du} \cdot \frac{du}{dx} = \frac{1}{2}u^{-\frac{1}{2}} \cdot (6x - 1) = \frac{1}{2} \cdot \frac{1}{\sqrt{u}} \cdot (6x - 1) = \frac{6x-1}{2\sqrt{u}} = \frac{6x-1}{2\sqrt{3x^2-x}}$를 얻을 수 있다.

체인 규칙은 역전파의 핵심이며, 이것은 다시 딥러닝의 핵심이 된다. 이것은 함수 최소화를 통해 이루어지며, 경사 하강을 설명할 다음 절에서 자세히 다룰 것이다. 우리가 말한 것을 요약하고 우리가 필요로 하는 몇 가지 간단한 규칙[14)]을 추가하기 위해 우리는 '이름'과 간단한 설명과 함께 다음 규칙 리스트를 제공한다:

- LD: 미분은 선형이므로 별도로 피가수들을 구별하고 상수 요소를 추출할 수 있다: $[a \cdot f(x) + b \cdot g(x)]' = a \cdot f'(x) + b \cdot g'(x)$
- Rec: 역수 규칙 $[\frac{1}{f(x)}]' = -\frac{f'(x)}{f(x)^2}$
- Const: 상수 규칙 $c' = 0$
- ChainExp: 지수를 위한 체인 규칙 $[e^{f(x)}]' = e^{f(x)} \cdot f'(x)$
- DerDifVar: 미분 변수 미분 $\frac{dy}{dz}z = 1$

---

13) $h(x) = g(f(x)) = (g \circ f)(x) = g(u) \circ f(x)$ 이는 h가 함수 g와 f의 합성임을 의미함을 명심하라. $f(x) = (3 - 2x)^5$와 같은 함수의 합성을 $f(x) = 3 - 2x^5$와 같은 일반 함수 또는 $f(x) = \sin x \cdot x^5$와 같은 곱으로 혼동하지 않는 것이 매우 중요하다.

14) ChainExp와 Exp는 모두 CHAINRULE의 결과이므로 이 규칙은 독립적이지 않다.

- Exp: 지수 규칙 $[f(x)^n]' = n \cdot f(x)^{n-1} \cdot f'(x)$
- CHAINRULE: 체인 규칙(u에 대해) $\frac{dy}{dx} = \frac{dy}{du} \cdot \frac{du}{dx}$

2.2 벡터, 행렬 및 선형 프로그래밍

계속하기 전에 우리는 유클리드 거리라는 개념을 하나 더 정의해야 한다. 우리가 2차원 좌표계를 가지고 있고 두 점 $p_1 := (x_1, y_1)$ and $p_2 := (x_2, y_2)$가 안에 있다고 하자. 우리는 그들 사이의 거리를 $d(p_1, p_2) := \sqrt{(x_1 - x_2)^2 + (y_1 - y_2)^2}$라 나타낼 수 있다. 이 거리는 유클리드 거리라고 불리며 전체 공간의 행동을 정의한다; 어떤 의미에서 공간에서의 거리는 공간의 전체 행동의 근본이다. 우리가 공간을 논할 때 유클리드 거리를 이용하면 유클리드 공간을 얻을 것이다. 유클리드 공간은 가장 일반적인 유형이다: 그것은 우리의 공간적 직관을 따른다. 이 책에서는 유클리드 공간만을 사용할 것이다.

이제 우리는 벡터 도구 개발에 관심을 돌릴 것이다. n차원 벡터 $\mathbf{x}$는 $(x_1, \cdots x_n)$이고 모든 개별 x_i는 구성요소라고 부른다. n차원 공간에서 점으로 존재하는 n차원 벡터를 상상하는 것은 꽤 일반적인 일이다. 이 공간(완전히 갖춰진 공간)은 벡터 공간이라고 부르지만 나중에 이 주제로 돌아갈 것이다. 지금 우리는 오직 $\mathbb{R}_n$의 n차원 벡터들만 가지고 있다.

이제 **스칼라**의 개념을 소개할 것이다. 스칼라는 숫자일 뿐이며 $\mathbb{R}_1$에서의 '벡터'로 생각할 수 있다. 그리고 n차원 벡터는 단순히 n개 스칼라의 연속일 뿐이다. 우리는 항상 벡터에 스칼라를 곱할 수 있다. 예를 들어 $3 \cdot (1, 4, 6) = (3, 12, 18)$가 된다. 벡터의 덧셈은 아주 간단하다. 우리가 두 개의 벡터 $\mathbf{a} = (a_1, \cdots, a_n)$과 $\mathbf{b} = (b_1, \cdots, b_n)$을 더하고 싶다면 그들은 동일한 수의 성분을 가져야 한다. 그렇게 되면 $\mathbf{a} + \mathbf{b} := (a_1 + b_1, \cdots, a_n + b_n)$가 된다. 예를 들어 $(1, 2, 3) + (4, 5, 6) = (1 + 4, 2 + 5, 3 + 6) = (5, 7, 9)$가 된다. 이것은 우리에게 동일한 차원의 벡터를 사용해야 한다는 힌트를 준다(기술적으로 1차원 벡터인 스칼라를 포함한다). 일단 우리가 스칼라 곱셈과 벡터의 덧셈을 가지면 **벡터 공간**을 갖는 것이다.[15)]

벡터가 있는 공간에 대해 자세히 살펴보자. 쉽게 설명하기 위해 우리는 3차원 객체에 대해 이야기할 것이지만 우리가 말할 수 있는 모든 것을 n차원 모델로 쉽게 일반화할 수 있다. 요약하자면, 3차원 공간은 3차원 벡터가 존재하는 곳이다: 3차원 벡터는 3차원 공간에서 점으로 표현된다. 3차원 벡터의 전체 벡터 영역을 '정의'하는 최소 벡터 집합이 있는지가 궁금할 것이다. 이 질문은 다소 모호하지만 대답은 '예'이다. 우리가 세 개[16)]의 벡터, $\mathbf{e}_1 = (1, 0, 0)$, $\mathbf{e}_2 = (0, 1, 0)$ 및 $\mathbf{e}_3 = (0, 0, 1)$를 생각해보면 다음과 같은 공식으로 이 공간에서 벡터를 나타낼 수 있다:

$$s_1\mathbf{e}_1 + s_2\mathbf{e}_2 + s_3\mathbf{e}_3 \tag{2.2}$$

여기서 s_1, s_2 및 s_3은 우리가 원하는 벡터를 얻을 수 있도록 선택된 스칼라다. 이것은 스칼라가 얼마나 강력하며 그들이 일어나는 모든 것을 어떻게 제어하는지 보여준다—그들은 소위 벡터 영역에서 귀족이다. 예로 돌아가자. 이런 식으로 벡터 $(1, 34, -28)$을 나타내려

15) 우리는 단지 $\mathbb{R}$을 사용하기 때문에 의도적으로 여기에서 필드에 대해 이야기하는 것을 피하고, 설명을 복잡하게 할 이유가 없다.

16) 각 차원당 하나

면, $s_1 = 1$, $s_2 = 34$, $s_3 = -28$을 취하고 식 2.2에 대입하면 된다. 이 방정식을 **선형 조합**이라고 한다: 벡터 공간의 모든 벡터는 벡터 $\mathbf{e}_1$, $\mathbf{e}_2$ 및 $\mathbf{e}_3$와 적절하게 선택된 스칼라의 (선형)조합으로 정의될 수 있다. 집합 $\{\mathbf{e}_1, \mathbf{e}_2, \mathbf{e}_3\}$는 3차원 벡터 공간(일반적으로 $\mathbb{R}^3$로 표시됨)의 **표준 기저**(*standard basis*)라 불린다.

독자는 기저(basis)가 무엇인지 정의하지 않고 표준 기저에 대해 말하고 있다는 것을 알아챘을 것이다. V가 공간 벡터이고 $B \subseteq V$라 하자. B는 B의 모든 벡터가 **선형으로 독립적**이고(즉, 서로의 선형 결합이 아니며), B가 V의 부분 집합을 최소한으로 생성하는 경우에만 기저라고 한다(즉, 식 2.2의 도움으로 V의 모든 벡터를 생성할 수 있는 최소의[17] 부분집합이어야 한다).

우리는 이 책에서 필요로 하는 벡터로 하는 가장 중요한 연산인 **내적**(*dot product*)을 정의하는데 집중할 것이다. 두 벡터(같은 차원을 가져야 함)의 내적은 스칼라다. 이것은 다음과 같이 정의된다:

$$\mathbf{a} \cdot \mathbf{b} = (a_1, \ldots, a_n) \cdot (b_1, \ldots, b_n) := \sum_{i=1}^{n} a_i b_i = a_1 b_1 + a_2 b_2 + \ldots a_n b_n \tag{2.3}$$

이는 $(1, 2, 3) \cdot (4, 5, 6) = 1 \cdot 4 + 2 \cdot 5 + 3 \cdot 6 = 32$가 됨을 의미한다. 두 벡터의 내적이 0인 경우, 이들은 **직교**(*orthogonal*)한다고 한다. 벡터에는 길이도 있다. 벡터의 길이를 측정하기 위해서는 L_2 또는 **유클리드 놈**(norm)을 계산한다. 벡터의 L_2 놈 표준은 다음과 같이 정의된다:

17) 특성 P가 성립하는 최소 부분집합은 P가 여전히 성립하는 진부분집합을 취할 수 없는 부분집합이다.

$$||\mathbf{a}||_2 := \sqrt{a_1^2 + a_2^2 + \ldots + a_n^2} \tag{2.4}$$

놈에 대한 표기법과 절대값 표기법을 혼동하지 않도록 유의하자. 다음 장에서 L_2 놈에 대해 더 많이 알아 볼 것이다. 우리는 벡터 a를 L_2 놈으로 나눔으로써 소위 정규화된 벡터로 변환할 수 있다:

$$\hat{\mathbf{a}} := \frac{\mathbf{a}}{||\mathbf{a}||_2} \tag{2.5}$$

정규화되고 직교할 경우 두 벡터를 **직교정규**(*orthonormal*)라 한다. 이 개념은 3장과 9장에서 필요하게 된다. 이제 벡터의 자연스러운 확장인 행렬에 대해 알아보자. 행렬은 행과 열로 이루어진 테이블과 비슷한 구조다. 행렬이 무엇인지 이해하기 위해 다음 행렬을 예를 들어 벡터에 대해 이야기할 때 이미 다루었던 내용을 토대로 이해하자:

$$A = \begin{bmatrix} a_{11} & a_{12} & a_{13} \\ a_{21} & a_{22} & a_{23} \\ a_{31} & a_{32} & a_{33} \\ a_{41} & a_{42} & a_{43} \end{bmatrix}$$

우선, 행렬의 엔트리는 a_{jk}로 나타내며 j는 주어진 엔트리의 행을, k는 열을 나타낸다. 행렬은 벡터와 비슷하게 차원을 갖지만 두 개가 있어야 한다. 행렬 A는 4×3 차원 행렬이다. 이것은 3×4 차원 행렬과 같지 않음에 유의하자. 행렬을 벡터의 벡터로 볼 수 있다(이 아이디어는 다루어야 하는 몇 가지 표면적인 문제가 있지만 좋은 직관이 된다). 여기서 우리는 두 가지 옵션이 있다. $\mathbf{a_{1x}} = (a_{11}, a_{12}, a_{13})$, $\mathbf{a_{2x}} = (a_{21}, a_{22}, a_{23})$, $\mathbf{a_{3x}} = (a_{31}, a_{32}, a_{33})$과 $\mathbf{a_{4x}} = (a_{41}, a_{42}, a_{43})$가 쌓여서 새 벡터 $A = (\mathbf{a_{1x}}, \mathbf{a_{2x}}, \mathbf{a_{3x}}\ \mathbf{a_{4x}})$가 되는 것으로 해석할 수 있고 $\mathbf{a_{x1}} = (a_{11}, a_{21}, a_{31}, a_{41})$, $\mathbf{a_{x2}} = (a_{12}, a_{22}, a_{32}, a_{42})$ 및 $\mathbf{a_{x3}} = (a_{13}, a_{23}, a_{33},$

a_{43})을 묶어서 $A = (\mathbf{a_{x1}}, \mathbf{a_{x2}}, \mathbf{a_{x3}})$가 되는 것으로 해석될 수 있다.

무엇이 수직이고 수평인지 기억해야 하기 때문에 어느 쪽으로 보든 무언가가 빠진 것이다. **행 벡터**(이제 행렬의 꺼내진 행은 벡터이다)라고 불리는 $1 \times n$ 차원 행렬인 수평 벡터를

$$\mathbf{a_h} = (a_1, a_2, a_3, \ldots, a_n) = \left\lfloor a_1\ a_2\ a_3\ \cdots\ a_n \right\rfloor$$

$n \times 1$ 차원 행렬인 **열 벡터**라 불리는 수직 벡터로부터 구별할 필요가 있음은 분명하다:

$$\mathbf{a_v} = \begin{bmatrix} a_1 \\ a_2 \\ a_3 \\ \vdots \\ a_n \end{bmatrix}$$

행과 열의 순서를 유지하면서 $m \times n$ 차원 행렬을 $n \times m$ 차원 행렬로 변환하기 위해 행 벡터를 열 벡터로 변환하는 연산이 필요하다. 이러한 작업을 **전치**(*transposition*)라고 하며, 행렬이 적힌 세로 방향으로 된 A4 용지 투명 시트의 왼쪽 상단 모서리를 잡고 가로 방향으로 넘기는 것으로 상상할 수 있다(그리고 종이에 적힌 순서대로 번호를 읽는다). 정식으로, 우리가 $n \times m$의 행렬 A를 가지고 있다면, 또다른 행렬 B를 A로부터 각각의 a_{jk}를 취해 그것을 b_{kj}의 자리에 놓음으로써 구성된 행렬로 정의할 수 있다. B는 A의 **전치**(*transpose*)라고 부르며 A^{T}로 표시된다. 열 벡터를 전환하면 표준 행 벡터가 되고 그 반대의 경우도 된다. 전치는 모든 학습이 원활하고 신속하게 진행될 수 있도록 딥러닝에 많이 사용된다. $A = A^{\mathrm{T}}$가 성립하는 $n \times n$ 행렬 A(**정방 행렬**이라고 부름)가 있는 경우, 그러한 행렬을 **대칭**이라고

한다.

이제 행렬 연산을 보자. **스칼라 곱셈**으로 시작한다. 우리는 행렬에 있는 각 항목에 스칼라를 곱하여 행렬 A에 스칼라 s를 곱할 수 있다:

$$sA = \begin{bmatrix} s \cdot a_{11} & s \cdot a_{12} & s \cdot a_{13} \\ s \cdot a_{21} & s \cdot a_{22} & s \cdot a_{23} \\ s \cdot a_{31} & s \cdot a_{32} & s \cdot a_{33} \\ s \cdot a_{41} & s \cdot a_{42} & s \cdot a_{43} \end{bmatrix}$$

그리고 행렬과 스칼라의 곱셈이 교환 가능함에 주목하자(행렬과 행렬의 곱셈은 교환 가능하지 않다). 함수 $f(x)$를 행렬 A에 적용하려면 모든 요소에 함수를 적용하면 된다:

$$f(A) = \begin{bmatrix} f(a_{11}) & f(a_{12}) & f(a_{13}) \\ f(a_{21}) & f(a_{22}) & f(a_{23}) \\ f(a_{31}) & f(a_{32}) & f(a_{33}) \\ f(a_{41}) & f(a_{42}) & f(a_{43}) \end{bmatrix}$$

이제 행렬 덧셈을 보자. 두 개의 행렬 A와 B를 더하려면, 그들은 같은 차원을 가져야 한다. 즉, 두 행렬은 모두 $n \times m$이어야 하며, 그런 다음 해당 항목을 더한다[18]. 결과는 $n \times m$ 행렬이 된다. 예를 들면:

$$A + B = \begin{bmatrix} 3 & -4 & 5 \\ -19 & 10 & 12 \\ 1 & 45 & 9 \\ -45 & -1 & 0 \end{bmatrix} + \begin{bmatrix} 4 & -1 & 2 \\ -3 & 10 & 26 \\ 13 & 51 & 90 \\ -5 & 1 & 30 \end{bmatrix} = \begin{bmatrix} 7 & -5 & 7 \\ -22 & 20 & 38 \\ 14 & 96 & 99 \\ -50 & 0 & 30 \end{bmatrix}$$

이제 행렬 곱셈을 보자. 행렬의 곱셈은 교환 가능하지 않으므로 $AB \neq BA$다. 두 개의 행렬을 곱하려면, 그들은 매치되는 차수를 가져

18) 행렬 뺄셈은 더하기 대신 빼기만 다르고 똑같이 동작한다.

야 한다. 따라서 A와 B를 곱하고 싶으면 (즉 AB를 계산할 때) A는 $m \times q$ 차원이어야 하고 b는 $q \times t$ 차원이어야 한다. 결과 행렬 AB는 $m \times t$ 차원이 된다. '차원성 일치'라는 이 아이디어는 행렬 곱셈이 작동하기 위해 매우 중요하다. 이것은 관례의 문제지만, 이 관례에 따라 이것이 행렬이 곱해지는 방식이라 하고 그것이 항상 빠르게 계산된다면 그만한 가치가 있을 것이다. 두 개의 행렬 A와 B를 곱하면 우리는 결과로 위에서 말한 차원의 행렬 $C(= AB)$를 얻을 것이다. 행렬 C는 요소 c_{ij}로 구성된다. 모든 요소 c_{ij}에 대해 우리는 두 벡터의 내적을 계산함으로써 그것을 얻는다: A로부터의 행 벡터 i와 B로부터의 열 벡터 j (열 벡터는 표준 행 벡터를 얻기 위해 전치되어야 함). 직관적으로, 이것은 완벽하게 이해된다: 원소 c_{km}가 있을 때, k는 행이고 m은 열이다. 따라서 이 원소는 A의 k번째 행과 B의 m번째 열에서 온다. 예를 들면 다음과 같다:

$$AB = \begin{bmatrix} 4 & -1 \\ -3 & 0 \\ 13 & 6 \\ -5 & 1 \end{bmatrix} \cdot \begin{bmatrix} 3 & -4 & 5 \\ 9 & 1 & 12 \end{bmatrix}$$

차원을 먼저 확인해 보자: 행렬 A는 4×2 차원이고 행렬 B는 2×3 차원이다. 그들은 '연결'하는 2를 가지므로 이 두 행렬을 곱하면 결과적으로 4×3 차원 행렬을 얻을 수 있다.

$$AB = \begin{bmatrix} 4 & -1 \\ -3 & 0 \\ 13 & 6 \\ -5 & 1 \end{bmatrix} \cdot \begin{bmatrix} 3 & -4 & 5 \\ 9 & 1 & 12 \end{bmatrix} = \begin{bmatrix} 3 & -17 & 8 \\ -9 & 12 & -15 \\ 93 & -46 & 137 \\ -6 & 21 & -13 \end{bmatrix}$$

우리는 결과 4×3 차원 행렬을 C라고 부를 것이다. 모든 항목 c_{ij}

에 대한 계산을 보자:

- $c_{11} = 4 \cdot 3 + (-1) \cdot 9 = 3$
- $c_{12} = -3 \cdot 3 + 0 \cdot 9 = -9$
- $c_{13} = 13 \cdot 3 + 6 \cdot 9 = 93$
- $c_{14} = -5 \cdot 3 + 1 \cdot 9 = -6$
- $c_{21} = 4 \cdot (-4) + (-1) \cdot 1 = -17$
- $c_{22} = -3 \cdot (-4) + 0 \cdot 1 = 12$
- $c_{23} = 13 \cdot (-4) + 6 \cdot 1 = -46$
- $c_{24} = 5 \cdot (-4) + 1 \cdot 1 = 21$
- $c_{31} = 4 \cdot 5 + (-1) \cdot 12 = 8$
- $c_{32} = -3 \cdot 5 + 0 \cdot 12 = -15$
- $c_{33} = 13 \cdot 5 + 6 \cdot 12 = 137$
- $c_{34} = -5 \cdot 5 + 1 \cdot 12 = -13$

행렬 곱셈의 다른 예를 보자:

$$AB = \begin{bmatrix} 0 & 1 & 2 & 3 \\ 4 & 5 & 6 & 7 \end{bmatrix} \cdot \begin{bmatrix} 8 & 9 & 0 \\ 1 & 2 & 3 \\ 4 & 5 & 6 \\ 7 & 8 & 9 \end{bmatrix} = \begin{bmatrix} 30 & 36 & 42 \\ 110 & 132 & 114 \end{bmatrix}$$

C의 모든 요소에 대한 계산을 보자:

- $c_{11} = 0 \cdot 8 + 1 \cdot 1 + 2 \cdot 4 + 3 \cdot 7 = 30$
- $c_{12} = 0 \cdot 9 + 1 \cdot 2 + 2 \cdot 5 + 3 \cdot 8 = 36$
- $c_{13} = 0 \cdot 0 + 1 \cdot 3 + 2 \cdot 6 + 3 \cdot 9 = 42$
- $c_{21} = 4 \cdot 8 + 5 \cdot 1 + 6 \cdot 4 + 7 \cdot 7 = 110$
- $c_{22} = 4 \cdot 9 + 5 \cdot 2 + 6 \cdot 5 + 7 \cdot 8 = 132$

- $c_{23} = 4 \cdot 0 + 5 \cdot 3 + 6 \cdot 6 + 7 \cdot 9 = 114$

더 나아가기 전에 우리는 두 개의 행렬을 더 정의해야 한다. 첫 번째는 **영 행렬**이다. 영행렬은 임의의 크기일 수 있고 그 원소들은 모두 0이다. 그것의 차원은 우리가 그것으로 무엇을 하고 싶은지에 달려있다. 즉, 곱해 줄 행렬의 차원에 따라 달라진다. 두 번째(그리고 훨씬 더 유용함)는 **단위행렬**(*unit matrix*)이다. 단위행렬은 항상 정사각형 행렬이다(즉, 두 차수가 동일 함). 그것은 대각선을 따라 값 1을 갖고, 다른 모든 원소는 0, 즉, $j = k$일 경우에만 $a_{jk} = 1$이고, 그렇지 않은 경우에는 $a_{jk} = 0$이다. 단위행렬은 대칭 행렬이다. 모든 차원에 대해 하나의 단위행렬만 있으므로 $\mathbf{I}_{n,n}$이라는 이름을 지정할 수 있다. 정방행렬($n \times n$ 행렬)이기 때문에 두 차원을 모두 지정할 필요가 없으므로 $\mathbf{I}_n$이라 쓸 수도 있다. 이들은 다음과 같다:

$$\mathbf{I}_1 = \begin{bmatrix}1\end{bmatrix}, \mathbf{I}_2 = \begin{bmatrix}1 & 0\\0 & 1\end{bmatrix}, \mathbf{I}_3 = \begin{bmatrix}1 & 0 & 0\\0 & 1 & 0\\0 & 0 & 1\end{bmatrix}, \mathbf{I}_n = \begin{bmatrix}1 & 0 & \cdots & 0\\0 & 1 & \cdots & 0\\\vdots & \vdots & \ddots & \vdots\\0 & 0 & \cdots & 1\end{bmatrix}$$

이제 행렬에 대한 **직교성**(*orthogonality*)을 정의할 수 있다. $n \times n$ 정사각 행렬 A는 $AA^{\mathrm{T}} = A^{\mathrm{T}}A = \mathbf{I}_n$인 경우에만 직교라고 한다.

벡터는 하나의 차원을 가졌고 n차원 벡터에 대해 논해보았다. 행렬에는 2D 매개변수를 가지므로 $n \times m$ 행렬에 대해 논한다. 우리가 또 하나의 차원을 더한다면? $n \times k \times j$ 차원 객체는 무엇이 될까? 이러한 객체는 **텐서**(*tensors*)라고 불리며 행렬과 유사하게 동작한다. 텐서는 딥러닝에서 중요한 주제이지만 유감스럽게도 이 책의 범위를 벗어난다. 관심 있는 독자들은 [3]을 참고하라.

지금까지 우리는 미분과 벡터에 대해 개별적으로 이야기했지만, 그 둘을 결합하여 딥러닝에서 가장 중요한 구조 중 하나인 **그래디언트**를 어떻게 만들 수 있는지 보아야 할 때이다. 우리는 하나의 변수 $f(x)$의 함수의 미분을 계산하는 방법을 보았지만, 이 개념을 여러 변수로 확장할 수 있을까? 정의하는데 두 변수가 필요한 수학적 객체의 한 점에서 기울기를 얻을 수 있을까? 대답은 '예'이며 우리는 편미분을 사용하여 이를 얻을 수 있다. 예를 들어보자. $f(x, y) = (x - y)^2$의 간단한 경우를 생각해보자. 먼저 이 함수를 $x^2 - 2xy + y^2$로 변환한다. 이제는 이 식을 다른 변수는 상수로 취급하는 변수 하나의 함수로 본다: $f_y(x) = x^2 - 2xy + y^2$ 또는 $f_a(x) = x^2 - 2xa + a^2$라 보자. 우리는 이제 x에 대한 f의 편미분을 찾는 데 전념할 것이다. 즉 우리는 $f(x) = x^2 - 2xa + a^2$에 대해 $\frac{df}{dx}$를 풀고 있는 것이다. 우리는 혼동을 피하기 위해 $\frac{df}{dx}$ 표기법을 쓴다. 미분은 선형이기 때문에 이전 절에서 LD 규칙에 의해 $\frac{df}{dx}x^2 - 2a\frac{df}{dx}x + \frac{df}{dx}a^2$를 얻는다. 첫 번째 항에 지수 규칙 Exp를, 두 번째 항에 미분 변수 규칙 DerDifVar와 세 번째 항에 상수 규칙 Const를 사용하면 $2x - 2a + 0$이 되고 $2(x - a)$로 단순화된다. 우리가 지금까지 한 것을 보자: 우리는 $f_a(x)$의 미분(y 대신에 상수 a를 가짐)를 구했고, 이것이 $f(x, y)$의 편미분이다. 식에서 우리는 $\frac{df_y(x)}{dx}$를 계산했고 해당 편미분은 $\frac{\partial f(x,y)}{\partial x}$로 표시되며 우리가 가져온 변수를 우리가 넣은 상수로 다시 대체함으로써 편미분이 얻어진다. 즉 $\frac{\partial f(x,y)}{\partial x} = 2(x - y)$가 된다.

물론, $f(x, y)$가 x에 대해 편미분을 갖는 것과 마찬가지로, y에 대해서도 편미분을 갖는다: $\frac{\partial f(x,y)}{\partial y} = 2(y - x)$. 그래서 함수 f가 인수 x_1,

x_2, ⋯ x_n을 가진다면 (또는, 우리는 f가 n차원 벡터를 취한다고 말할 수도 있다), 우리는 편미분 $\frac{\partial f(x_1, x_2, \ldots, x_n)}{\partial x_1}$, $\frac{\partial f(x_1, x_2, \ldots, x_n)}{\partial x_2}$, $\ldots$, $\frac{\partial f(x_1, x_2, \ldots, x_n)}{\partial x_n}$를 가질 것이다. 그것들을 벡터에 저장하면 다음과 같다:

$$(\frac{\partial f(\mathbf{x})}{\partial x_1}, \frac{\partial f(\mathbf{x})}{\partial x_2}, \ldots, \frac{\partial f(\mathbf{x})}{\partial x_n})$$

우리는 이 구조를 함수 $f(x)$의 그래디언트라 하고 이것을 $\nabla f(x)$라고 쓴다. 그래디언트의 i번째 구성요소를 나타내기 위해 $\nabla_i f(\mathbf{x}) = \frac{\partial f(\mathbf{x})}{\partial x_i}$로 쓴다. 우리가 n개의 변수로 이루어진 함수 f를 가졌다면 그래디언트는 $n + 1$ 차원 표면으로 $n + 1$ 차원 공간에 있어야 한다. 3차원 공간에서의 표면을 **평면**(*plane*)이라고 부르며, 4차원 이상의 표면에서 이것을 **초평면**(*hyperplane*)이라고 부른다. 즉 그래디언트는 단순히 $n + 1$ 차원에서의 기울기 리스트이다.

그래디언트가 기울기의 리스트라는 아이디어를 바탕으로 그래디언트를 사용하여 n항 함수의 최솟값을 찾는 방법을 살펴보자. 함수의 각 입력 구성요소는 최종 함수가 입력을 매핑하는 좌표다(주어진 입력의 초평면이 어디에 있는지 보여준다). 그래디언트의 각 구성요소는 초평면의 각 차원에 따른 기울기이기 때문에 각 입력 구성요소에서 그래디언트 구성요소를 빼고 함수를 다시 계산할 수 있다. 그렇게 하면 새 값이 함수에 전달되므로 함수의 최솟값에 더 가까운 새 출력을 얻게 된다. 이 기술을 **경사 하강**(*gradient descent*)이라고 하며, 자주 사용하게 될 것이다. 4장에서 간단한 경우에 대한 전체적인 계산을 제공할 것이며 모든 딥러닝 모델은 매개변수를 업데이트하는 데 경사 하강을 사용할 것이다.

경사 하강으로 하는 함수 최소화가 어떤지 예를 들어 보자. 간단한 함수 $f(x) = x^2 + 1$가 있다 가정하자. 우리는 최소의 $f(x)$를 갖는 x의 값을 찾아야 한다.[19] 기본 수학에서 이 점은 (0, 1)이 될 것이다. f의 그래디언트는 x에 해당하는 단일 구성요소 $\nabla f(\mathbf{x}) = (\frac{\partial f(x)}{\partial x})$를 갖는다.[20] x의 임의 시작 값을 선택하여 $x = 3$이라고 하자. $x = 3$일 때, $f(x) = 10$이고 $\frac{\partial f}{\partial x} = \frac{df}{dx} = f'(x) = 6$이다. 추가적으로 비율 인자 0.3을 취한다. 이것은 우리가 일반적으로 취할 수 있는 그래디언트를 따르는 단계의 30%만 취하게 하고, 이는 결국 우리가 최소화를 추구함에 있어 더 정밀하게 할 수 있게 한다. 나중에 이 인자를 **학습률***(learning rate)*이라고 부르며 이는 우리 모델의 중요한 부분이 될 것이다.

최소 $f(x)$(또는 보다 정확하게는 실제 최소점의 좋은 근사치[21])를 생성할 x 방향으로 일련의 단계를 만들 것이다. 초기 x를 $x^{(0)}$로 표시하고, 최솟값으로 가는 다른 모든 x를 유사한 방식으로 나타낸다. 따라서 $x^{(1)}$을 구하기 위해 $x^{(0)} - 0.3 \cdot f'(x^{(0)})$ 또는 $x^{(1)} = 3 - 0.3 \cdot 6 = 1.2$를 계산한다. 이제 $x^{(2)} = x^{(1)} - 0.3 \cdot f'(x^{(1)}) = 1.2 - 0.3 \cdot 2.4 = 0.48$을 계산한다. 동일한 과정을 거쳐 우리는 $x^{(3)} = 0.19$, $x^{(4)} = 0.07$, $x^{(5)} = 0.02$까지 계산하고 그만 하기로 한다.[22] 우리는 더 좋은 근사를 계속해서 얻을 수 있지만, 결국 멈춰야 한다. 경사 하강으로 함수 f가 최솟값을 갖는 x의 값에 점점 더 가깝게 가게 되며, 우리 예시의 경우 $x^{(5)} \approx \text{argmin } f(x) = 0$가 된다. 우리가 $f(x) = x^2 + 1$에서 이

19) 실제 $f(x)$를 얻으려면 최소 x를 대입하고 $f(x)$를 계산하면 된다.

20) 다중 차원의 경우, x_i와 $\Delta_i f(x)$의 모든 쌍에 대해 동일한 계산을 수행해야 한다.

21) 함수는 많은 지역 최소 또는 최소 포인트를 가질 수 있지만 하나의 전역 최소만 가질 수 있다. 경사 하강은 지역 최솟값에서 '고정(stuck)'될 수 있지만 예제에는 실제로는 전역 최솟값인 지역 최솟값이 하나만 있다.

22) 우리는 그것이 '충분히 좋은 것'이라고 생각하기 때문에 간단하게 멈춘다. 여기서 멈추는 수학적 이유는 없다.

argmin 값을 x로 대입하면 f의 최솟값은 실제로 1이다. 관심 있는 독자는 뺄셈 대신에 덧셈을 사용하면 어떤 일이 일어날 지 궁금해 할 것이다: 그렇게 되면 우리는 최소가 아닌 최대를 구하게 될 것이지만 과정의 메카니즘은 동일하게 유지될 것이다.

우리는 통계와 확률로 넘어가기 전에 짧은 언급을 할 것이다. 수학 지식은 흔히 일반 지식으로 간주되며 인용되지 않는다. 대부분의 훌륭한 수학 교과서는 증명된 아이디어와 정리에 대한 역사적 발언을 인용하고 제공한다. 그러나 이 책은 수학 서적이 아니기 때문에 여기서는 하지 않고 대신 독자들에게 역사적인 개요를 제공하는 다른 교과서를 알려줄 것이다. 미적분에 관심이 있는 독자는 [4]로, 선형대수학에 대해서는 [5]를 추천한다. 모든 딥러닝 연구자가 읽어 봐야 한다고 믿는 환상적인 책은 [6]이며 강력히 추천한다.

2.3 확률 분포

이 절에서는 딥러닝을 위해 필요하게 될 통계 및 확률 이론의 다양한 개념을 탐구한다. 우리는 딥러닝을 위해 필요한 부분만 탐색할 것이며 관심있는 독자에게는 두 개의 훌륭한 교과서인 [7][23]과 [8]을 소개한다.

통계는 데이터 분석의 정수이다. 특정 속성들을 가진 구성원들의 **모집단**을 분석한다. 이 모든 용어는 나중에 기계학습을 소개할 때 엄격하게 정의될 것이며 지금은 우리는 직관적인 그림을 사용할 것이다: 모집단이 도시의 거주자라고 상상해보자. 그리고 그 속성[24]은

23) 이 책은 https://www.probabilitycourse.com/에 무료로 제공된다.

24) 속성은 기계학습에서 특징(feature)이라고 불리는 반면, 통계에서는 변수라고 불

키, 몸무게, 교육, 발 크기, 관심사 등일 수 있다. 그러면 통계는 모집단의 평균치, 예를 들어 평균 키 또는 가장 일반적인 직업과 같은 모집단의 속성을 분석한다. 통계 분석을 위해 우리는 양질의 읽을 수 있는 데이터를 가지고 있어야 하지만, 딥러닝은 꼭 그렇지 않다는 것을 주목하자.

모집단의 평균 키를 구하기 위해 우리는 모든 주민의 키를 합산하여 주민 수로 나눈다:

$$MEAN(height) := \frac{\sum_{i=1}^{n} height_i}{n} \tag{2.6}$$

평균 키는 신장의 **평균**(*mean*)이라고도 하며, 체중, 체질량 지수 등과 같은 수치로 되어 있는 특징에 대한 평균을 구할 수 있다. 수치 값을 갖는 특징을 **수치적 특징**이라고 한다. 그래서 평균은 '수치 중간 값'이지만, 예를 들어 모집단의 직업과 같은 것에 대한 '중간 값'이 필요할 때 우리는 무엇을 할 수 있을까? 그러면 우리는 최빈값(mode)을 사용할 수 있는데 이것은 '분석가' 또는 '제빵사' 등 가장 자주 발생하는 값을 반환하는 함수이다. 최빈값이 수치적 특징에 사용될 수 있지만 최빈값은 19.01, 19.02 및 19.000034 값을 '동등하게 다름'으로 취급한다. 즉, 의미있는 최빈값을 취하고 싶으면 예를 들어 '월급'이라면 급여를 가장 가까운 천 단위로 반올림하여 2345가 2000이 되고 3987이 4000이 되어야 한다. 이 프로세스는 소위 데이터 저장소(bin, 데이터를 모음)를 만들며 이러한 데이터 사전 처리(preprocessing)를 비닝(*binning*)이라고 한다. 비수치 문제의 복잡성을 대폭 줄이고 데이터에서 일어나는 일을 보다 명확하게 파악할 수

리는데, 이것은 매우 혼란스럽지만 표준 용어이다.

있기 때문에 매우 유용한 기법이다.

평균과 최빈값을 제외하고, 중심성을 바라보는 세 번째 방법이 있다. 시퀀스 1, 2, 5, 6, 10000이 있다고 상상해 보자. 이 시퀀스를 사용하면 아무 두 값도 반복하지 않기 때문에 비닝을 수행할 명확한 방법이 없으므로 최빈값이 전혀 쓸모가 없다. 평균을 취하는 것이 가능하지만 평균은 2002.8인데 이것은 시퀀스의 어떤 부분에 대한 정보도 아니므로 형편없는 정보이다.[25] 그러나 평균이 실패한 이유는 시퀀스의 10000이라는 이례적인 값 때문이다. 이러한 이례적인 값을 이상치(*outlier*)라고 한다. 우리는 이상치를 나중에 더 엄격하게 정의할 것이다. 그러나 여기에 세운 이상치에 대한 이 간단한 직관은 모든 기계학습에서 매우 유용할 것이다. 이상치는 반드시 큰 값이 아닌 이례적인 값이라는 것을 기억하자. 10000 대신에 0.0001이 있어도 똑같이 이상치이다.

1, 2, 5, 6, 10000 시퀀스가 주어지면 우리는 이상치에 민감하지 않은 중심성의 좋은 척도를 원한다. 가장 잘 알려진 방법을 **중앙값**(*median*)이라고 한다. 우리가 분석하는 시퀀스에 홀수 개의 요소가 있다면, 시퀀스의 중앙값은 정렬된 시퀀스의 중간 요소 값이다.[26] 우리의 경우, 중앙값은 5이다. 시퀀스 2, 1, 6, 3, 7일 때, 중앙값은 정렬된 순서 1, 2, 3, 6, 7의 중간 요소가 될 것이다. 시퀀스에 홀수 개의 요소가 필요하다는 것을 알았지만, 우리가 짝수 개의 요소를 가지고 있을 경우를 처리하기 위해 중앙값을 조금 수정할 수 있다: 시퀀스를 정렬하고, 두 개의 '중간' 요소를 취해 그 평균으로 중앙값을 정의한

25) 처음 4개의 멤버와 분리된 마지막 멤버를 설명하는 데 평균은 똑같이 쓸모가 없다는 점에 유의하라.

26) 시퀀스는 오름차순, 혹은 내림차순으로 정렬될 수 있으며 그것은 상관없다.

다. 우리가 4, 5, 6, 2, 1, 3을 가졌다고 가정하면, 우리가 필요로 하는 두 요소는 3과 4이고, 평균과 전체 시퀀스의 중앙값은 3.5이다. 이 경우 홀수 개의 요소가 있는 경우와 달리 중앙값은 시퀀스의 구성원이 아니지만 대부분의 기계학습 응용 프로그램에서는 중요하지 않다.

우리는 중심 경향의 측정을 다루었다.[27] 이제 우리는 기댓값, 바이어스, 분산 및 표준 편차의 개념에 주의를 돌린다. 그러나 그 전에 우리는 기본적인 확률 계산과 확률 분포를 다루어야 할 필요가 있다. 한 걸음 뒤로 물러나서 확률을 고려해 보자. 가장 간단한 경우인 동전 던지기를 생각해보자. 이 과정은 실제로 간단한 **실험**(*experiment*)이다: 우리는 가능한 결과들이 무엇인지 알고 있고, 현재의 동전 던지기 결과를 기다리고 있다. 가능한 결과는 앞면과 뒷면 두 가지이다. 모든 가능한 결과의 수는 기본 확률을 계산하는 데 중요하다. 우리가 필요로 하는 두 번째 요소는 원하는 결과가 몇 번이나 나오는지 이다(모든 가능한 결과 중에서). 간단한 동전 던지기에는 두 가지 가능성이 있으며 그 중 하나만 앞면이므로 $\mathbb{P}(\text{앞면}) = \frac{1}{2} = 0.5$이고 앞면의 확률이 0.5임을 의미한다. 이것은 특별한 예처럼 보일지 모르지만 보다 복잡한 예를 들어 명확하게 설명하겠다. 일반적으로 x의 확률은 $P(x)$ 또는 $p(x)$로 표시되지만 이 책에서는 표기법 $\mathbb{P}(x)$을 선호한다. 확률은 매우 중요한 속성인데 다른 술어(predicates)와 쉽게 혼동해서는 안 되며 이 표기법은 혼란을 피할 수 있기 때문이다.

우리가 한 쌍의 D6 주사위를 가지고 있다고 가정하고, 그들로부터 5[28]를 얻을 확률을 알고 싶다. 이전과 마찬가지로 $\frac{A}{B}$를 계산해야 한

27) 이것은 평균, 중앙값, 그리고 최빈값에 대한 '공식적인' 이름이다.
28) 한 주사위에서의 5가 아니라, 모노폴리에서 두 개의 주사위를 굴렸을 때 필요한 5.

다. 여기서 B는 총 결과 수이고 A는 원하는 결과가 발생하는 수이다. A를 계산하자. 다음과 같은 경우에 D6 주사위 두 개로 5를 얻을 수 있다:

1. 제1 주사위 (4), 제2 주사위 (1)
2. 제1 주사위 (3), 제2 주사위 (2)
3. 제1 주사위 (2), 제2 주사위 (3)
4. 제1 주사위 (1), 제2 주사위 (4)

따라서 우리는 4가지 경우에 5를 얻을 수 있으며 $A = 4$이다. 이제 B를 계산해 보자. 우리는 두 개의 D6 주사위에서 얼마나 많은 결과가 가능한지 세고 있다. 첫 번째 주사위에 1이 있으면 두 번째 주사위에 6가지 가능성이 있다. 첫 번째 주사위에 2가 있을 경우 두 번째 주사위에 6가지 가능성이 있고, 이런 식으로 첫 번째 주사위 6가지 경우에 대해 마찬가지이다. 이것은 $6 \cdot 6 = 6^2$개의 가능성이 있음을 의미하고,[29] 따라서 $\mathbb{P}(5) = \frac{4}{36} = 0.11$이다. 모든 간단한 확률은 원하는 결과가 발생할 횟수를 계산하고 가능한 모든 결과의 수로 나눔으로써 이와 같이 계산된다. 한 가지 흥미로운 사실에 주목하자: 첫 번째 주사위가 6이고 두 번째 주사위가 1이면 이것은 하나의 결과가 되고, 첫 번째 주사위가 1이고 두 번째 주사위가 6인 경우 이것은 또 다른 결과이다. 또한 2를 주는 조합은 하나뿐이다. 즉 첫 번째 주사위도 1이고 두 번째 주사위도 1이다.

29) 6^2에서, 6은 각 주사위의 숫자의 개수이고, 2는 사용된 주사위의 개수이다.

이제 기본 확률 계산에 직관이 생겼으므로[30] 확률 분포에 대해 생각해 보자. 확률 분포는 무엇인가가 단순히 얼마나 자주 발생하는지를 알려주는 함수이다. 확률 분포를 정의하기 위해 먼저 랜덤 변수를 정의해야 한다. 랜덤 변수는 확률 공간에서 실수의 집합으로의 매핑 또는 간단히 말해서 임의의 값을 취할 수 있는 변수이다. 랜덤 변수는 일반적으로 X로 표시되며 값은 일반적으로 x_1, x_2 등으로 표시된다. 이 '랜덤'은 보다 구체적인 확률 분포로 대체될 수 있으며 어떤 값에 대해서는 더 높은 발생 가능성을 주는 것이다(다른 것들에 대해서는 랜덤보다 낮은 가능성). 간단하고 진짜로 무작위인 경우는 다음과 같다. 확률 공간에 10개의 요소가 있는 경우 랜덤 변수가 각 0.1의 확률을 할당한다. 이것은 **균일 분포**(*uniform distribution*)라 불리는 사실상 첫 번째 확률 분포이며, 이 분포에서 확률 공간의 모든 구성원은 동일한 값을 가지며 n이 요소의 수일 때, 그 값은 $\frac{1}{n}$이다. 동전 던지기를 분석할 때 *Bernoulli* **분포**라고 불리는 확률 분포를 보았다. 베르누이 분포는 확률 p로 값 1을 취하고 확률 $1 - p$로 값 0을 취하는 랜덤 변수의 확률 분포이다. 우리의 경우, $p = \mathbb{P}(heads) = 0.5$이지만, 우리는 똑같이 다른 p를 선택할 수도 있다.

계속하려면 **기대값**(*expected value*)을 정의해야 한다. 직관력을 높이기 위해 두 개의 D6 주사위 예제를 사용한다. D6 주사위 하나가 있다면, 우리는

$$\mathbb{E}_P[X] = x_1 \cdot p_1 + x_2 \cdot p_2 + \ldots + x_6 \cdot p_6 \tag{2.7}$$

여기서 X는 랜덤 변수이고 P는 X의 분포이다(x는 X에서 나오고 p

30) 우리가 여기에서 '기본 확률'이라고 부른 것을 사실상 문헌에서 사전확률(*priors*)이라고 부르며, 나중 장들에서 언급할 것이다.

들은 P에 속한다). 6개의 결과가 있기 때문에, 각각 1의 확률은 $\frac{1}{6}$이 되므로,

$$\mathbb{E}_{uniform}[X] = 1 \cdot \frac{1}{6} + 2 \cdot \frac{1}{6} + 3 \cdot \frac{1}{6} + 4 \cdot \frac{1}{6} + 5 \cdot \frac{1}{6} + 6 \cdot \frac{1}{6} \quad (2.8)$$

다소 사소한 것처럼 보이지만 두 개의 D6 주사위를 사용하면 확률이 지저분하며 분배가 더 이상 균일하지 않기 때문에 더 복잡해진다(두 개의 D6에서 5를 얻을 확률은 $\frac{1}{36}$이 아님).

$$\mathbb{E}_{newDistribution}[X] = 2 \cdot \frac{1}{36} + 3 \cdot \frac{2}{36} + 4 \cdot \frac{3}{36} + 5 \cdot \frac{4}{36} + 6 \cdot \frac{5}{36} + 7 \cdot \frac{6}{36} + 8 \cdot \frac{5}{36} + 9 \cdot \frac{4}{36} + 10 \cdot \frac{3}{36} + 11 \cdot \frac{2}{36} + 12 \cdot \frac{1}{36} \quad (2.9)$$

그러나 우리가 기대값에 대해 이야기할 때 배경에서 어떤 일이 일어나고 있는지 살펴보자. 우리는 실제로 우리에게 미래에 무엇을 기대할지를 알려주는 **함수**인 **추정자**(*estimator*)[31]를 산출하고 있다. 미래가 실제로 가져올 것은 또 다른 문제이다. '현실'(확률 분포라고 알려진)은 일반적으로 X와 같은 알파벳 뒤쪽의 대문자로 표시되는 반면, 그 확률 분포에 대한 추정치는 대개 문자 위에 작은 모자로 표시된다. 예를 들어, $\hat{X}$. 추정치와 미래에 우리가 얻게 될 실제 값[32] 사이의 관계는 두 가지 주요 개념인 **바이어스**(*bias*)와 **분산**(*variance*)으로 특징지어진다. X에 대한 $\hat{X}$의 바이어스는 다음과 같이 정의된다.

$$BIAS(\hat{X}, X) := \mathbb{E}_P[\hat{X} - X] \quad (2.10)$$

---

31) 모든 기계학습 알고리즘은 추정자이다.

32) 이상적으로 우리는 모든 경우에 있어서 추정치를 미래의 완벽한 예측자로 하고 싶다. 그러나 이것은 선견지명을 갖는 것과 동일할 것이다. 과학적으로 말하자면, 우리는 모델을 가지고 있으며 가능한 한 정확한 모델을 만들려고 노력하지만, 완벽한 예측은 불가능하다.

직관적으로, 바이어스는 추정치가 목표를 얼마나 벗어났는지 (평균적으로) 보여준다. 관련 아이디어로는 분산이 있는데, 실제 미래 값과 비교하여 추정치가 얼마나 넓은가 또는 좁은가를 알려준다.

$$VAR(\hat{X}) := \mathbb{E}_P[(\hat{X} - \mathbb{E}_P[\hat{X}])^2] \tag{2.11}$$

표준편차는 다음과 같이 정의된다:

$$STD(\hat{X}) := \sqrt{VAR(\hat{X})} \tag{2.12}$$

직관적으로, 표준편차는 분산으로부터 나온 정보를 유지하지만 직접적으로 사용될 수 있도록 재조정한다.

이제 우리는 확률 계산으로 되돌아간다. 우리는 $\mathbb{P}(A)$와 같은 기본 확률(prior, 사전확률)을 계산하는 방법을 보았지만 확률에 대한 계산법을 개발해야 한다. 이 절에서는 집합 이론 표기법과 논리 표기법을 모두 제공하는데, 나중에는 덜 직관적이지만 표준인 집합 이론 표기법을 고수할 것이다. 가장 기본적인 방정식은 두 개의 독립적인 사건의 결합 확률의 계산이다:

$$\mathbb{P}(A \cap B) = \mathbb{P}(A \wedge B) := \mathbb{P}(A) \cdot \mathbb{P}(B) \tag{2.13}$$

서로 배타적인 두 사건의 확률을 구하려면 다음을 사용한다.

$$\mathbb{P}(A \cup B) = \mathbb{P}(A \oplus B) := \mathbb{P}(A) + \mathbb{P}(B) \tag{2.14}$$

반드시 배반(disjoint)[33]일 필요가 없는 사건이라면, 다음 식을 사용한다.

$$\mathbb{P}(A \vee B) := \mathbb{P}(A) + \mathbb{P}(B) - \mathbb{P}(A \wedge B) \tag{2.15}$$

---

33) '배반'은 $A \cap B = \varnothing$를 의미한다.

마지막으로 두 사건의 조건부 확률을 정의할 수 있다. B가 주어졌을 때 A의 조건부 확률(또는 논리 표기에서 $B \rightarrow A$의 확률)은 다음과 같이 정의된다.

$$\mathbb{P}(A|B) = \mathbb{P}(B \rightarrow A) := \frac{\mathbb{P}(A \cap B)}{\mathbb{P}(B)} \tag{2.16}$$

이제 우리는 베이즈 정리를 증명하기 위한 충분한 정의를 가졌다:

정리 2.1 $\mathbb{P}(X|Y) = \frac{\mathbb{P}(Y|X)\mathbb{P}(X)}{\mathbb{P}(Y)}$

증명 위의 조건부 확률 (식 2.16)의 정의에 의해 $\mathbb{P}(X|Y) = \frac{\mathbb{P}(X \cap Y)}{\mathbb{P}(Y)}$가 된다. 이제 우리는 $\mathbb{P}(X \cap Y)$를 재구성해야 하며 조건부 확률의 정의를 다시 사용한다. 식 2.16에서 B를 X로, A를 Y로 대입하면 다음을 얻는다: $\mathbb{P}(Y|X) = \frac{\mathbb{P}(Y \cap X)}{\mathbb{P}(X)}$. $\cap$는 교환 가능하기 때문에 $\mathbb{P}(Y|X) = \frac{\mathbb{P}(X \cap Y)}{\mathbb{P}(X)}$와 동일하다. 이제 이 식을 $\mathbb{P}(X)$와 곱하여 $\mathbb{P}(Y|X)\ \mathbb{P}(X) = \mathbb{P}(X \cap Y)$. 이제 우리는 $\mathbb{P}(X \cap Y)$가 무엇인지 알고 그것을 $\mathbb{P}(X|Y) = \frac{\mathbb{P}(X \cap Y)}{\mathbb{P}(Y)}$에 대입하여 $\mathbb{P}(X|Y) = \frac{\mathbb{P}(Y|X)\mathbb{P}(X)}{\mathbb{P}(Y)}$를 얻고, 이는 증명을 결론짓는다. ■

이것은 이 책에서 처음이자 유일한 증명이다.[34] 그러나 우리는 기계학습 문화의 매우 중요한 부분이기 때문에 그것을 포함시켰다. 그리고 우리는 모든 독자가 그것을 유도할 줄 알아야 한다고 생각한다. $Y_1, \cdots, Y_n$의 조건부 독립성을 가정하면 여러 조건(Y_{all}은 $Y_1 \wedge \cdots \wedge Y_n$으로 구성된다)을 설명하는 베이즈 정리의 일반화된 형태가 있다:

34) 다른 것들도 있지만 그것들은 숨은 형태이다.

$$\mathbb{P}(X|Y_{all}) = \frac{\mathbb{P}(Y_1|X)\cdot\mathbb{P}(Y_2|X)\cdot\ldots\cdot\mathbb{P}(Y_n|X)\cdot\mathbb{P}(X)}{\mathbb{P}(Y_{all})} \quad (2.17)$$

다음 장에서는 이 방법이 기계학습에 어떻게 유용한지를 설명한다. 베이즈 정리는 처음으로 증명한 토마스 베이즈의 이름을 따서 명명된 것인데, 결과는 사후인 1763년에 출판되었다.[35] 정리는 공식화를 거쳤으며 철저한 공식화는 라플라스에 의해 1774년 그의 역확률에 대한 **회고록**(*Memoir on Inverse probability*)과 나중에 1812년 **확률 해석론**(*Théorie analytique des probabilités*)에서 주어진다. 우리가 언급한 Laplace의 공헌에 대한 완전한 내용은 [9, 10]에서 볼 수 있다.

논리와 연산성의 황량한 산과 확률의 초원을 떠나기 전에, 정규 확률 분포 또는 가우시안 확률 분포를 간단히 다뤄야 한다. 가우시안 분포는 다음 공식으로 특징지어 진다:

$$\frac{1}{\sqrt{2\cdot VAR\cdot\pi}}e^{-\frac{(x-MEAN)^2}{2\cdot VAR}} \quad (2.18)$$

꽤 이상한 방정식이지만 가우시안 분포의 주된 점은 계산의 우아함이 아니라 다양한 방식으로 사용될 수 있는 자연스럽고 멋진 그래프 모양이다. 평균 0과 표준 편차 1의 가우시안 분포가 어떻게 보이는지 볼 수 있다(그림 2.2a 참조).

가우시안 분포 배후의 아이디어는 많은 자연 현상이 그것을 따르는 것처럼 보인다는 것이며, 기계학습에서는 무작위이지만 어떤 값을 중심으로 값을 초기화하는 데 매우 유용하다. 이 값은 평균이며 일반적으로 0으로 설정되지만 어떤 값도 될 수 있다. 관련된 개념으

35) 베이즈의 원본 버전은 http://www.stat.ucla.edu/history/essay.pdf에서 찾을 수 있다.

로는 가우시안 구름이 있다. 평균 0으로 가우시안 분포를 샘플링하여 두 값을 얻고 그 값을 좌표 (x, y)의 점에 더한 것이다(결과를 그려보자). 그것은 시각적으로 오래된 그래픽 편집 프로그램의 스프레이 페인트 도구로 만든 '점'처럼 보인다(그림 2.2b 참조).

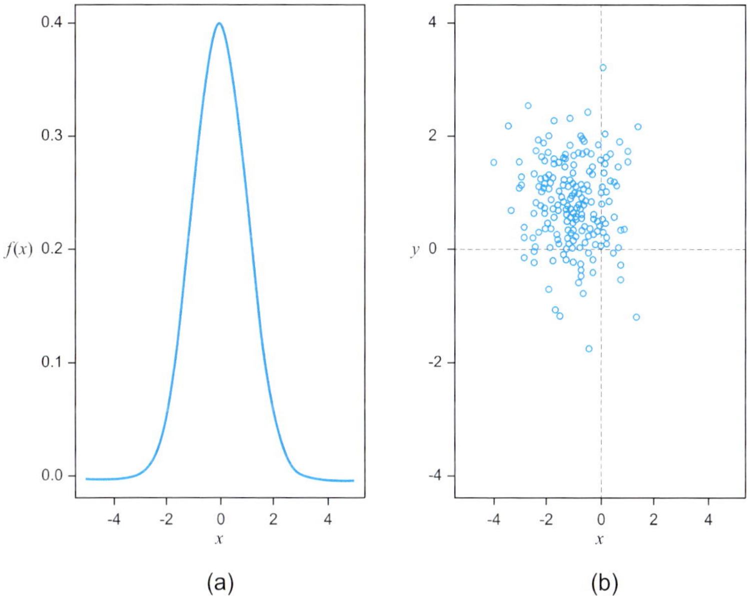

그림 2.2 가우시안 분포와 가우시안 구름

2.4 논리 및 튜링 머신

우리는 이미 인공 신경망의 시작에서 논리에 직면했고 XOR 문제도 있었지만 실제로 논의하지는 않았다. 논리는 고도로 진화되고 수학적인 과학이기 때문에 논리에 대한 심층적인 소개는 이 책의 범위를 훨씬 뛰어 넘는 것이며, 우리는 독자들에게 [11] 또는 [12]를 추천한다. 여기서는 아주 빠른 여행을 할 것이다. 딥러닝에 직접적인 이론적, 실제적 의미가 있는 부분에만 집중할 것이다.

논리학은 수학의 근원에 대한 연구이며, 따라서 정의되지 않는 것이 필요하다. 이를 **명제**(*proposition*)라고 한다. 명제는 기호 A, B, C, P, Q, ⋯, A_1, B_1, ⋯로 표현된다. 일반적으로 첫 글자들은 원자적 명제를 위해 예약되어 있고, 반면에 P와 Q는 모든 명제, 원자적 명제 또는 복합 명제 등을 나타내기 위해 예약되어 있다. 복합 명제는 원자적 명제를 논리적인 연결 요소인 ∧('and'), ∨('or'), ¬('not'), → ('if ⋯ then')과 ≡ ('if and only if') 등으로 연결한 것이다. 따라서 A와 B가 명제라면 $A \rightarrow (A \vee \neg B)$도 명제이다. 모든 연결 기호는 단항인 부정을 제외하고는 이항이다. 또 다른 중요한 측면은 진리 함수이다. 직관적으로, 원자 명제는 0 또는 1로 지정되고 복합 명제는 구성 요소가 0인지 1인지에 따라 0 또는 1이 된다. 즉 $t(X)$가 진리 함수이면 $t(A) = 1$ 및 $t(B) = 1$인 경우에만 $t(A \wedge B) = 1$, $t(A) = 1$ 또는 $t(B) = 1$일 때만 $t(A \vee B) = 1$, $t(A) = 0$ 및 $t(B) = 1$인 경우에만 $t(A \rightarrow B) = 0$, $t(A) = 1$ 및 $t(B) = 1$ 또는 $t(A) = 0$ 및 $t(B) = 0$인 경우에만 $t(A \equiv B) = 1$, $t(A) = 0$인 경우에만 $t(\neg A) = 1$이 된다. 우리의 오랜 친구인 *XOR*은 여기서 $XOR(A, B) := \neg(A \equiv B)$이다.

위에 설명된 시스템을 명제 논리라고 하며 우리는 이를 약간 수정할 수도 있다. 첫 번째 수정인 **퍼지 논리**를 간단히 설명해보자. 직관적으로, 진리값이 0 또는 1이 아니라 실제로 0과 1 사이의 값이 되도록 허용한다면, 우리는 퍼지 논리 영역에 있다. 즉, 명제 A(A는 '가파른 경사'를 의미)가 단순히 1('참')이 아니라 0.85('"다소" 참')일 수 있음을 의미한다. 우리는 이 일반적인 개념이 필요할 것이다. 퍼지 논리와 인공 신경망 사이의 연결은 활발한 연구의 광범위한 영역을 형성하지만 여기서는 자세히 설명할 수 없다.

그러나 명제 논리의 주요 확장은 명제를 속성, 관계 및 객체로 분해하는 것이다. 그래서 명제 논리에서 단순히 A였던 것이 $A(x)$ 또는 $A(x, y, z)$가 된다. x, y, z는 변수라고 부르며 도메인이라고 불리는 유효한 객체 세트가 필요하다. $A(x, y)$는 'x는 y 위에 있다'를 의미할 수 있으며, x와 y가 무엇인가에 따라 true 또는 false가 된다. 따라서 주 옵션은 'lamp'와 'table'과 같이 도메인의 특정 구성원을 나타내는 두 개의 상수 c와 d를 제공하는 것이다. 그러면 $A(c, d)$가 참이다. 그러나 ∃('exist')와 ∀('for all')를 사용하여 'blue'인 객체가 존재한다고 말할 수 있으며, $\exists xB(x)$라고 쓸 수 있다. 도메인에 파란 개체가 있으면 true이다. ∀에 대해서도 같으며 구문은 동일하지만 도메인의 모든 구성원이 파란색이면 true이다. 물론 $\exists x(\forall yA(x, y) \wedge \exists zC(x, z))$와 같은 문장을 작성할 수도 있다. 원칙은 동일하다.

퍼지 1차 논리를 간략하게 살펴보자. 여기서 우리는 술어 P($P(x)$는 '연약한'을 의미한다)과 c(화분을 나타내는)라는 용어가 있다고 가정한다. 그러면, $t(P(c)) = 0.85$는 화분이 '다소' 약하다는 것을 의미한다. 우리는 이것을 퍼지 집합과 같은 또 다른 관점에서 볼 수 있다: P를 모든 연약한 것들의 집합이라고 하면, c는 0.85의 정도로 퍼지 집합 P에 속한다.

논리로부터 우리가 다루어야 할 중요한 주제는 튜링 머신이다. 이것은 앨런 튜링[13]에 의해 이전에 언급된 논문에 있는 보편 기계의 원본 시뮬레이터이다. 튜링 머신은 테이프와 헤드의 두 부분으로 구성된 간단한 외관을 가진다. 테이프는 무한히 길며 셀로 분리된 가상의 종이조각이다. 각 셀은 구분 기호 (#) 또는 공백 (B)과 함께 한 점

(•)으로 채울 수 있다. 헤드는 단일 심볼을 읽고 기억할 수 있으며 테이프의 셀에서 심볼을 쓰거나 지울 수 있다. 테이프의 모든 셀로 이동할 수 있다. 아이디어는 이 간단한 장치가 계산될 수 있는 모든 함수를 계산할 수 있다는 것이다. 다시 말해, 기계는 명령문에 따라 작동하며, 계산 가능한 모든 함수는 이 기계의 명령문으로 다시 쓸 수 있다. 5와 2의 덧셈을 계산하려면 다음과 같이 하면 된다:

1. 첫 번째 셀에 공백을 쓴다. 다섯 개의 점, 분리 기호, 두 개의 점을 쓴다.
2. 첫 번째 빈 칸으로 돌아간다.
3. 다음 기호를 읽고 그것이 점이라면 그것을 지우고, 공백을 찾을 때까지 오른쪽으로 가서 점을 써 넣는다. 그렇지 않고 다음 기호가 분리 기호이면 처음으로 돌아가서 중지한다.
4. 이 명령어의 2단계로 돌아가서 다시 시작한다.

논리 게이트의 정의로 결론을 맺는다. 논리 게이트는 논리 결합의 표현이다. AND 게이트는 두 개의 입력을 취하고 두 개가 모두 1이면 1을 출력한다. XOR 게이트는 1이 한쪽에서 오는 경우 1을 제공하고 아무 것도 오지 않거나 둘 다 1이 오는 경우에 0을 제공하는 게이트이다. 특별한 종류의 논리 게이트가 투표 게이트이다. 이 게이트는 단지 2개의 입력이 아니라 n개의 입력을 가져 와서 입력의 절반 이상이 1이면 1을 출력한다. 투표 게이트의 일반화는 임계값을 갖는 **임계 게이트**이다. T가 임계값이면 임계 게이트는 T보다 많이 입력되면 1을 출력하고 그렇지 않으면 0을 출력한다. 이것은 모든 단순한 인공 뉴런의 이론적인 모델이다: 이론적인 컴퓨터 과학의 관점에서, 그것들은 단순히 임계 논리 게이트이고 동일한 계산 능력을 가진다.

논리 게이트에 대한 자연스러운 물리적 해석은 그것들이 전기를 위한 일종의 스위치라는 것이다. 여기서 1은 전류를, 0은 전류가 없는 것을 나타낸다.[36] 대부분의 것들이 작동되지만(일부 게이트는 불가능하지만 다른 것들의 조합으로 얻을 수 있다) 0이 올 때 부정 게이트에 무슨 일이 생기는지 생각해보자: 1을 생산해야 한다. 그러나 이것은 전류에 대한 우리의 직관을 벗어난다(같은 줄에 두 스위치를 넣고 하나를 닫으면, 다른 하나를 닫는 것이 1을 생성하지 않는다). 이것은 규칙 $\neg\neg P \rightarrow P$가 성립되지 않는 직관론적 논리의 한 강력한 사례이다.

2.5 파이썬 코드 작성

오늘날 기계학습은 컴퓨터와 분리할 수 없는 프로세스이다. 이것은 모든 알고리즘이 프로그램 코드로 작성된다는 것을 의미하며 이것은 우리가 언어를 선택해야 한다는 것을 의미한다. 우리는 파이썬을 선택했다. 모든 프로그래밍 언어는 단지 코드의 사양이다. 이것은 단순히 텍스트 파일을 열고 올바른 코드를 작성한 다음 파일의 확장자를 `.txt`에서 적절한 것으로 변경하는 프로그램을 작성하는 것을 의미한다. ANSI C의 경우 이것은 `.c`이고 파이썬의 경우 이것은 `.py`이다. 유효한 코드는 주어진 언어에 의해 정의되지만 모든 프로그램 코드는 단지 텍스트일 뿐이며 어떤 텍스트 편집기로도 편집할 수 있다는 것을 기억하라.[37]

---

36) 이것은 정확하게는 이들이 동작하는 방식은 아니지만, 우리의 필요를 위해서는 충분한 단순화이다.

37) 텍스트 편집기는 메모장, Vim, Emacs, Sublime, Notepad ++, Atom, Nano, cat

프로그래밍 언어는 컴파일되거나 해석될 수 있다. 컴파일 언어는 코드를 컴파일하여 처리되는 반면, 해석된 언어는 '인터프리터'라는 프로그램을 플랫폼으로 사용한다. 파이썬은 인터프리터 방식 언어이다(ANSI C는 컴파일 언어이다). 이것은 우리가 파이썬 프로그램을 실행하기 위해 인터프리터가 필요하다는 것을 의미한다. 파이썬 인터프리터는 `python.org`에서 구할 수 있지만 www.continuum.io/downloads의 Anaconda를 사용하는 것이 좋다. 현재 Python 3 및 Python 2.7의 두 가지 버전이 있다. 파이썬의 최신 버전인 Python 3.6을 사용하는 것이 좋다. Anaconda를 설치할 때 Anaconda를 경로 앞에 추가할 것인지 묻는 것을 제외한 모든 기본 옵션을 사용하라. 이것이 의미하는 것이 확실하지 않은 경우 'yes'(기본값은 'no')를 선택하라. 그렇지 않으면 중간에 멈출 수 있다. Anaconda 웹 페이지에 Anaconda를 설치하는 방법에 대한 자세한 지침이 있으며 이를 참조하면 된다.

Anaconda가 설치되면 Anaconda 환경을 만들어야 한다. 명령 프롬프트(Windows) 또는 터미널(OSX, Linux)을 열고 `conda create -n dlBook01 python = 3.5`를 입력하고 enter 키를 누른다. 이것은 Python 3.5와 함께 `dlBook01`이라는 Anaconda 환경을 만든다. TensorFlow을 위해 이 버전이 필요하다. 이제 명령 줄에 `activate dlBook01`을 입력하고 enter 키를 눌러 Anaconda 환경을 활성화해

및 기타 많은 편집기이다. 자유롭게 실험하고 가장 좋아하는 것을 찾으라. 대부분은 무료이다. 이른바 IDE 또는 통합 개발 환경에 대해 들어 봤을 것이다. 기본적으로 추가 기능이 있는 텍스트 편집기이다. 당신이 알만한 IDE는 Visual Studio, Eclipse 및 PyCharm이다. 텍스트 편집기와 달리 대부분의 IDE는 무료로 사용할 수 있는 것은 아니지만 무료 버전과 평가판이 있으므로 구매하기 전에 실험해 볼 수 있다. 텍스트 편집기는 할 수 없고 IDE만 할 수 있는 필수적인 것은 없지만 IDE는 추가적인 편의를 제공한다. 개인적으로 Vim 사용을 선호한다.

야 한다(프롬프트가 환경 이름을 포함하도록 변경된다). 환경은 명령 프롬프트가 열려있는 한 활성 상태를 유지한다. 그것을 닫으면, 또는 컴퓨터를 다시 시작하면 `activate dlBook01`을 다시 입력하고 enter 키를 눌러야 한다.

이 환경에서는 https://www.tensorflow.org/install/에서 TensorFlow를 설치해야 한다. 환경을 활성화한 후에 `pip install -upgrade tensorflow` 명령을 쓰고 enter 키를 눌러야 한다. 이 작업에 실패하면 `pip3 install -upgrade tensorflow`을 넣고 enter 키를 누른다. 그래도 동작하지 않으면 문제를 해결하라. 문제를 해결하는 일반적인 방법은 응용 프로그램의 공식 웹 페이지를 열어 지침을 따르고, 실패하면 FAQ를 참조하라. 그래도 문제를 해결할 수 없으면 `stackoverflow.com`에서 답을 찾으라. 좋은 답변을 찾을 수 없다면 커뮤니티에 도움을 요청할 수 있으며 대개 2시간 내에 답변을 받게 된다. 마지막 단계는 Keras를 설치하는 것이다. `keras.io/#installation`을 확인하여 의존성이 필요한지를 확인하고 계속할 수 있다면 `pip install keras`를 입력하라. Keras가 설치되지 않으면 `keras.io`의 설명서를 참조하라. 도움이 되지 않으면 다시 StackOverflow를 찾으라.

일단 모든 것을 설치했다면, 명령행 `python`을 입력하고 enter 키를 누르라. 이렇게 하면 파이썬 인터프리터가 열릴 것이고, 파이썬 인터프리터는 'Python 3.5'와 'Anaconda'가 쓰여 있는 한 줄 또는 두 줄의 텍스트를 표시한다. 작동하지 않으면 컴퓨터를 다시 시작한 다음 Anaconda 환경을 다시 활성화하고 `Python`을 다시 입력하여 문제가 해결되는지 확인하라. 그렇지 않으면 StackOverflow를 찾으라.

Python 인터프리터('Python 3.5' 및 'Anaconda ...'가 쓰여있는)를

열면 >>>와 같은 새 프롬프트가 나타난다. 이것은 유효한 파이썬 코드를 해석할 표준 파이썬 프롬프트이다. 2 + 2를 입력하고 enter 키를 눌러 보라. 그런 다음 '2' + '2'를 입력하여 '22'가 나오는 것을 보라. 이제 `import tensorflow`를 입력하라. 단지 새 프롬프트 >>>에 입력하면 된다. 오류가 발생하면 StackOverflow를 찾으라. 다음으로 Keras 설치를 확인하기 위해 동일한 작업을 수행하라. 이 작업을 완료하면 설치가 완료된 것이다.

이 책의 모든 절에는 조각 코드들이 들어 있다. 각 절에 대해 하나의 파일을 만들어 해당 절의 코드를 해당 파일에 저장해야 한다. 유일한 예외는 신경 언어 모델 장의 절이다. 두 절의 코드가 모두 하나의 파일에 있어야 한다. 일단 코드를 파일에 저장하고, 명령 행을 열고, 코드 파일(`myFile.py`라고 부르자)이 들어있는 디렉토리로 이동하고, `dlBook01` 환경을 활성화하고, `python myFile.py`를 입력한 다음 enter를 누르라. 파일이 실행되고 화면에 무언가를 인쇄하고 코드에 따라 추가 파일을 만들 수 있다. `python`과 `python myFile.py`의 차이점에 주목하라. 전자는 Python 인터프리터를 열고 코드를 입력할 수 있게 해주고, 후자는 지정한 파일에서 Python 인터프리터를 실행한다.

2.6 파이썬 프로그래밍의 개요

마지막 절에서는 파이썬, TensorFlow 및 Keras의 설치와 빈 파이썬 파일을 만드는 방법에 대해 설명했다. 이제 코드를 작성할 시간이다. 이 절에서는 파이썬의 기본 데이터 구조와 명령을 살펴보자. 이 절에서 살펴볼 모든 것을 단일 파이썬 파일에 넣을 수 있다(`testing.`

py라고 부를 것이다). 프로그램을 실행하기 위해서는, 우선 저장을 하고, 파일이 있는 곳에서 명령 행을 열고 python testing.py를 입력하라. 파일의 첫 번째 행을 작성하여 시작한다:

```
print ("Hello, world!")
```

이 행에는 문자열(일련의 단어와 동일한 간단한 데이터 구조) "Hello world!"와 함수 print() 두 가지 구성요소가 있다. 이 함수는 **내장 함수**이며, 이는 파이썬과 함께 제공되는 미리 패키지화된 함수들을 지칭하는 멋진 이름이다. 이 함수들을 사용하여 좀 더 복잡한 함수를 정의할 수 있는데 곧 배우게 될 것이다. https://docs.python.org/3/library/functions.html에서 모든 내장 함수 목록 및 설명을 찾을 수 있다. 이 링크나 다른 링크가 더 이상 사용되지 않으면 검색 엔진을 사용하여 올바른 웹 페이지를 찾는다.

파이썬에서 가장 기본적인 개념 중 하나는 타입의 개념이다. 파이썬에는 여러 가지 유형이 있지만 가장 기본적인 것은 **문자열**(str), **정수**(int) 및 **실수**(float)이다. 이전에 언급했듯이 문자열은 단어 또는 일련의 단어이고 int는 단순히 정수이며 float는 실수이다. 명령 줄에 python을 입력하면 파이썬 인터프리터가 열린다. "1"==1을 입력하면 False가 반환된다. 이 관계(==)는 '항등'을 의미하며 파이썬이 "1"(문자열)이 1(정수)인지 여부를 평가하도록 알려준다. == 대신 '같지 않음'을 의미하는 !=를 넣으면 Python은 True를 반환한다.

문제는 파이썬이 int를 문자열로 또는 그 반대로 변환할 수 없다는 것이다. 그러나 파이썬에게 int("1")==1 또는 "1"==str(1)을 알려주고 무슨 일이 일어나는지 보라. 흥미롭게도, 파이썬은 int를 float로 또는 그 반대로 변환할 수 있으므로 1.0==1은 True로 평가된다. 연산 +는 두 개의 의미를 가지고 있는데 int와 float의 경우에는 덧셈이며 문자열인 경우에는 두 개의 문자열의 연결이다(두 문자열을 붙임): "2"+"2"=="22"는 True를 반환한다.

testing.py 파일로 돌아가 보자. 기본 함수를 사용하여 다음과 같이 더 복잡한 함수를 정의할 수 있다:

```
def subtract_one(my_variable): #this is the first line of code
␣␣␣␣return (my_variable - 1)#this is the second line……
print(subtract_one(53))
```

이것은 더 복잡한 파이썬 코드의 기초이기 때문에 이 코드의 구조를 파헤쳐 보자. 첫 번째 줄은 (def 명령으로) my_variable이라고 하는 단일 값을 취하는 subtract_one이라는 새 함수를 정의한다. 이 줄은 콜론으로 끝나며 파이썬에게 더 많은 지시 사항이 주어질 것이다. 기호 #는 주석을 시작하며 줄의 끝까지 지속된다. 주석은 Python 코드 파일 안에 있는 텍스트 조각이며 인터프리터가 무시할 것이고 메모부터 대체 코드까지 무엇이든 넣을 수 있다.

두 번째 줄은 ␣ 4개로 시작한다. 그것들은 공백 문자(스페이스 바를 누르면 입력되는, 텍스트의 단어들 사이에 있는 문자)를 나타낸다. 4개의 블록으로 나오는 공백은 **들여쓰기**(*indentation*)라고 한다. 또 다른 방법은 4개의 공백 블록 대신 하나의 탭을 사용하는 것이지만 일관성을 가져야 한다. 하나의 파일에 공백을 사용하는 경우 해당 파일 전체에 공백을 사용해야 한다. 이 책에서는 공백을 사용한다. 공백 뒤에 라인에는 함수를 끝내고 return 문 다음에 오는 것을 반환하라는 return 명령이 있다. 이 경우 이 함수는 (my_variable-1)을 반환한다(괄호는 파이썬이 함수로부터 무엇을 가져올지를 오해하지 않도록 한다). 이후, 코멘트가 있고 인터프리터가 무시할 것이므로 우리는 거기에 무엇이든 쓸 수 있다.

세 번째 줄은 함수의 정의 밖에 있으므로 들여쓰기가 없으며 53의 값으로 정의된 함수를 수행하고 내장 함수 print를 호출한다. print가 없어도 함수가 실행되지만, 함수 자체가 아무 것도 인쇄하지 않기 때문에 화면에 아무것도 볼 수 없으므로 print를 추가해야 했다. 무언가를 인쇄하기 위해 정의된 함수를 수정할 수 있지만 먼저 정의하고 그 후에 사용해야 한다. 이렇게 하면 `print`와 `return` 사이의 상호작용에 대한 느낌을 얻을 수 있을 것이다. 모든 들여쓰기 된 전체는 파이썬에서 들여쓰기 앞에 오는 줄(함수 정의)과 함께 코드 블록이라고 부른다. 지금까지 우리는 정의 블록만을 보았지만, 다른 블록도 같은 방식으로 동작한다. 다른 블록에는 `for`-loop, `while`-loop, `try`-loop, `if`-문[38] 등이 있다.

파이썬에서 가장 기본적이고 중요한 연산 중 하나는 변수 할당 연산이다. 이는 단순히 새 변수에 값을 배치하는 것이다. `newVariable = "someString"` 명령으로 수행된다. 할당을 사용하여 변수(임의의 string, float, int, list, dictionary 등)에 값을 할당할 수 있으며 변수를 재사용할 수도 있다(변수의 이름을). 그러나 변수는 가장 최근의 할당 값만 유지한다.

문자열을 다시 살펴보자. `'testString'` 문자열을 예로 들자. 파이썬은 문자열을 작은 따옴표나 큰 따옴표로 묶을 수 있다. 하지만 항상 시작한 것과 같은 기호로 끝내야 한다. 빈 문자열은 `''` 또는 `""`로 표시되며, 이것은 모든 문자열의 하위 문자열(substring)이다. 파이썬 인터프리터를 열고 `"test" in 'testString'`, `"text"`

38) if-loop이라고 절대 부르지 말라. 완전히 틀린 것이다.

in 'testString', "" in "testString"과 "" in ""를 쓰고 어떻게 동작하는지 보라. len("Deep Learning") 및 len("") 도 사용해보라. 이것은 *iterable*의 길이를 리턴하는 내장 함수이다. iterable은 문자열 리스트, 딕셔너리 및 부분을 갖는 다른 모든 데이터 구조이다. float, int 및 문자는 iterable이 아니며, 파이썬의 다른 대부분의 것들은 iterable이다.

문자열의 하위 문자열을 얻을 수도 있다. 변수에 문자열을 지정하고 변수로 작업하거나 문자열로 직접 작업할 수 있다. 인터프리터에 myVar = "abcdef"를 쓴다. 이제 파이썬에게 myVar[0]을 말하라. 문자열의 첫 번째 문자가 반환된다. 왜 0일까? 파이썬은 iterable을 0부터 인덱싱하기 시작한다. 이것은 iterable의 첫 번째 요소를 얻으려면 인덱스 0을 사용해야 함을 의미한다. 이는 N = len(string)인 각 문자열이 인덱스로 N−1값을 갖는 것을 의미한다. myVar에서 f를 얻으려면 myVar[-1] (이것은 '마지막 요소'를 의미) 또는 더 복잡하게는 myVar[(len(myVar)-1)]를 사용할 수 있다. 항상 −1 변형을 사용할 것이지만, 이 표현이 동등하다는 것을 아는 것이 중요하다. 이 표기법을 사용하여 문자열의 문자를 변수에 저장할 수도 있다. 변수에 "c"를 저장하려면 thirdLetter = myVar[2]를 입력한다. 다음과 같이 하위 문자열을 가져올 수도 있다. sub_str = myVar[2 : 4] 또는 sub_str = myVar[2 : -2]을 입력한다. 이것은 단순히 2에서 4까지 (또는 2에서 −2까지) 인덱스를 가져오는 것을 의미한다. 이것은 리스트 및 딕셔너리를 포함하여 Python의 iterable에서 작동한다.

*list*는 다양한 개별 데이터를 보유할 수 있는 Python 데이터 구조이다. list는 사각 괄호를 사용하여 개별 값을 묶는다. 예를 들어 [1,

2, 3, ["c", [1.123, "something"]], 1,3,4]는 list의 예이다. 이 list에는 다른 list가 요소 중 하나로 포함되어 있다. 또한 list는 반복되는 값을 생략하지 않고, list 안의 순서가 중요하다. 1.234의 값을 myList에 추가하려면 myList.append (1.234) 함수를 사용하면 된다. 빈 list가 필요한 경우 새로운 변수로 초기화하면 된다, 예를 들어 newList = []. len()과 문자열에 대한 색인 표기법을 list에 대해 모두 사용할 수 있다. 구문은 동일하다.[39] 빈 list를 초기화한 다음 항목을 추가하고 또한 우리가 보여준 방법대로 list를 초기화해보라(문자열이나 숫자처럼 코드의 여러 행에 걸쳐 작업할 수 있도록 list를 변수에 지정해야 함을 기억하라). 또한 공식 Python 문서나 StackOverflow에서 append()와 같은 메소드를 찾아서 테스트 파일이나 파이썬 인터프리터에서 여러 가지 방법으로 사용해보자. 중요한 것은 파이썬에 익숙해지고 점차적으로 지식을 확장하는 것이다. 프로그래밍은 매우 지루하고 처음에는 힘들지만, 노력을 기울이면 곧 쉽고 재미있게 되며, 이것은 매우 귀중한 기술이다. 또한 처음에 일부 코드가 작동하지 않으면 포기하지 말라: 모든 부분에 print()를 사용하고 잘 연결되었나 확인하고, StackOverflow를 뒤져라. 풀타임 코딩을 시작하면 하루에 최대 2시간 동안 코드를 작성하고 나머지 시간을 수정하여 디버깅하는데 쓸 것이다. 그것은 극히 정상이며 코드를 디버깅하고 작동시키는 것이 코딩의 필수 요소이므로 나쁘게 생각하거나 포기하지 말라.

list에는 요소가 있으며 해당 요소의 색인을 사용하여 list의 요소를 검색할 수 있다. 이것이 유일한 방법이다. list과 같은 다른 데이터 구

39) 프로그래밍 전문 용어에서 '구문이 동일하다' 또는 '유사한 구문을 사용할 수 있다'라고 말하면 동일한 스타일을 새로운 값이나 객체로 재현해야 함을 의미한다.

조가 있는데 이것은 색인을 사용하는 대신 사용자 정의 키워드를 사용하여 요소를 가져온다. 이 데이터 구조를 *dictionary*이라고 한다. dictionary의 예는 `myDict = {"key_1": "value_1", 1 : [1, 2, 3, 4, 5], 1.11 : 3.456, 'c': {4 : 5}}`이다. 이것은 네 개의 요소를 가진 dictionary이다(`len()`은 4이다). 첫 번째 요소를 취해 보자: 두 개의 구성요소 즉, 키(*key*)(list에서 색인과 동일한 역할을 수행하는 키워드)와 list의 요소와 동일한 값(*value*)이 있다. 값으로 무엇이든 넣을 수 있지만 키로 사용할 수 있는 것에는 제한이 있다. 문자열, 문자, 정수 및 부동 실수만 사용할 수 있다. dictionary나 list를 키로 사용할 수 없다. 위의 dictionary(키 `'c'`가 있는 dictionary)의 마지막 요소를 가져오려고 한다고 가정해보라. 이렇게 하려면 `retrieve_value = myDict['c']`라고 쓰면 된다. 새로운 요소를 삽입하고 싶다면 키를 지정해야 하므로 `append()`를 사용할 수 없다. 새로운 요소를 삽입하기 위해서 우리는 단순히 Python에게 `myDict['new_key'] = 'new_value'`라고 말한다. 값으로는 아무거나 사용할 수 있지만 키에는 제한이 있음을 기억하라. list처럼 공백 dictionary로 초기화할 수 있으나 중괄호를 사용한다.

앞에서 우리는 list로 벡터를 나타낼 수 있다고 말한 것을 기억하라. 트리를 (수학적 구조) 표현하기 위해 list를 사용할 수도 있지만 그래프에는 dictionary가 필요하다. 레이블이 있는 트리는 다양한 방법으로 표현될 수 있지만 가장 일반적인 방법은 list의 멤버를 사용하여 분기를 나타내는 것이다. 즉, 전체 list는 루트를 나타내며, 그 요소는 루트 다음에 오는 노드를 나타내며 그 요소의 요소는 이후에 오는 노드, 등등 이다. 즉, `tree_as_list [1][2][3][0][4]`는 분기를 나타낸다. 즉, 루트에서 두 번째 분기를 취할 때의 분기, 그 뒤의 세 번째 분기, 그 뒤의 네 번째 분기, 그 뒤의 첫 번째 분기, 그리고 그 뒤의 다섯 번째 분기(파이썬이 0으로 인덱싱을 시작한다는 것을 기억하자)이다. 그래프의 경우, 노드 레이블을 키로 사용하고 값으로는 주어진 노드에서 액세스할 수 있는 모든 노드를 포함하는 list를 전달한다. 따라서 dictionary에 `3 : [1,4]`의 요소가 있으면 3이라는 레이블이 붙은 노드에서 1과 4 레이블이 붙은 노드에 액세스할 수 있음을 의미한다.

파이썬에는 내장 함수와 정의된 함수가 있지만 다른 많은 함수, 데이터 구조 및 메서드가 있으며 외부 라이브러리에서 사용할 수 있다. 그 중 일부는 모듈 `time` 같은 기본 파이썬 번들의 일부이므로 파이썬 파일의 시작 부분이나 파이썬 인터프리터 명령 행을 시작할 때 `import time`을 작성하기만 하면 된다. 일부는 `pip`를 통해 먼저 설치해야 한다. 우리는 Anaconda를 설치하도록 권고했다. Anaconda는 가장 일반적인 과학 라이브러리가 미리 설치된 Python이다. Anaconda에는 유용한 라이브러리가 많이 있지만 TensorFlow와 Keras가 필요하므로 `pip`로 설치했다. 코드를 작성할 때 그것들을 `import numpy as np`로 가져 오는데, 전체 Numpy 라이브러리(배열로 빠른 계산을 하기 위한 라이브러리)를 가져오며 Python 파일 전체에 대해 빠르게 사용할 이름으로 `np`를 할당한다.[40] import 문을 생략하는 경우가 많으므로 사용 중인 모든 import 문을 확인해야 한다.

---

40) 비록 우리가 라이브러리에 할당한 이름이 임의이지만 파이썬 공동체에서 사용되는 표준 약어가 있다. 예 : Numpy는 `np`, TensorFlow는 `tf`, Pandas는 `pd`이다. StackOverflow에서 import 문이 없는 솔루션들이 있을 수 있기 때문에 이것을 아는 것이 중요하다. 솔루션이 어딘가에 `np`를 가지고 있다면 numpy를 `np`라는 이름으로 import하는 행이 있어야 한다.

매우 중요한 블록인 if 블록을 보도록 하겠다. if 블록은 코드에서 분기하는 데 사용되는 간단한 코드 블록이다. 이 유형의 블록은 매우 간단하고 자체적으로 설명이 되므로 예제로 진행하겠다:

```
if condition==1:
␣␣␣␣return 1
elif condition==0:
␣␣␣␣print("Invalid input")
else:
␣␣␣␣print("Error")
```

모든 if 블록은 명령문에 따라 다르다. 여기서는 condition이라는 변수에 값 0 또는 1이 할당되어 있다. 그런 다음 명령문 condition==1(condition의 값이 1인지 여부를 확인하기 위해)을 평가하고, 참이면 들여쓰기 부분으로 계속 진행한다. 이 함수는 단지 1을 반환하도록 지정했으므로 이 if 블록이 있는 전체 함수의 출력은 1이 된다. condition==1이 거짓이면 Python은 elif 부분으로 계속 진행한다. elif는 'else-if'일 뿐으로 검사할 다른 명령문을 줄 수 있고 condition==0을 전달한다. 이 문장이 true로 평가되면, 문자열 "Invalid input"을 출력하고 아무 것도 돌려주지 않을 것이다.[41] if 블록에서는 반드시 하나의 if, 0 또는 하나의 else, 그리고 우리가 원하는 만큼의 elif가 있어야 한다(없음 포함). else는 우리의 조건(두 조건은 condition==0과 condition ==1이다) 중 어느 것도 만족하지 못하면 무엇을 해야 할지 파이썬에

41) 파이썬에서 말하자면 모든 함수는 무언가를 반환한다. 리턴 명령이 없으면 함수는 None을 리턴한다. 이것은 'nothing'에 대한 특별한 파이썬 키워드이다. 이것은 미묘한 점이지만 또한 많은 중급 레벨 오류의 원인이기도 하므로 지금 주목할 가치가 있다.

게 말한다. 변수 이름 condition과 조건 자체는 전적으로 임의적이므로 프로그램에 적합한 모든 것을 사용할 수 있다. 또한 각각은 :로 끝나고, 콜론을 생략하는 것은 초보자가 자주 범하는 버그이다.

for-loop는 iterable의 모든 멤버에게 동일한 프로시저를 적용하는데 사용되는 Python의 기본 루프이다. 예를 들어 보자:

```
someListOfInts = [0,1,2,3,4,5]
for item in someListOfInts:
␣␣␣␣newvalue = 10*item
␣␣␣␣print(newvalue)
print(newvalue)
```

첫 번째 줄은 루프를 정의한다: 그것이 for 루프라는 것을 Python에게 알려주는 for 부분과 직후에 item이라는 더미 변수를 가진 부분이 루프에 정의되어 있다. 이 변수의 값은 각 패스 후에 변경되며 이후 루프가 끝나면 None 값이 할당된다. someListOfInts는 int의 list이다. 함수 범위 (k, m)를 가지는 int의 리스트를 작성하는 것이 통상적인데 여기서 k는 시작점(생략 가능하고 디폴트는 0), m는 바운드이다. range(2, 9)는 list [2,3,4,5,6,7,8]을 생성한다.[42] 들여쓰기 된 코드 줄은 각 item에 대해 무언가를 한다. 우리의 경우에는 10을 곱하여 출력한다. 코드의 마지막 들여쓰기가 없는 행은 전체 for-loop 다음에 newvalue의 마지막 (현재) 값을 표시한다. for 루프에서 someListOfInts를 range(0,6) 또는 range(6)로 대체해도 코드가 정확히 동일하게 작동한다(물론

42) 파이썬 3에서, 이것은 더 이상 정확하게 리스트는 아니지만, 파이썬을 배우는 이 단계에서 이것은 사소한 문제이다. 알아야 할 것은 list와 똑같이 행동하도록 기대할 수 있다는 것이다.

someListOfInts=[0,1,2,3,4,5] 라인을 지우고). for 루프를 자유롭게 실험해보라. 이 루프는 매우 중요하다.

for 루프가 어떻게 작동하는지 보았다. iterable(또는 range() 함수로 하나 생성)을 취하고, iterable의 요소를 사용하여(들여쓰기 된 블록으로 지정되는) 작업을 수행한다. while 루프라고 하는 다른 루프가 있다. while 루프는 반복문을 사용하지 않고 문장이 true인 동안 들여쓰기 된 블록의 명령을 실행한다. '문장이 true인 동안'은 들리는 것보다 덜 이상하다. 왜냐하면 들여쓰기 된 블록에서 수정될 문장을 사용할 것이기 때문이다(그리고 진리 값은 이후의 패스에서 변경될 것이므로). 방을 20도까지 데우는 간단한 온도 조절기 프로그램을 생각해보자:

```
room_temperature = 14
while room_temperature != 20:
␣␣␣␣room_temperature = room_temperature + 2
␣␣␣␣print(room_temperature)
```

이 코드의 취약성에 주목하라. room_temperature를 15로 설정하면 코드가 영원히 실행된다. 이것은 약간의 매개변수를 약간 변경하면 발생할 수 있는 거대한 오류를 피하기 위해 얼마나 주의해야 하는지를 보여준다. 이것은 while 루프만의 고유한 특징이 아니며 보편적 프로그래밍 문제이지만 이 함정을 쉽게 표시하고 쉽게 수정할 수 있다. 이 버그를 해결하려면[43] while room_temperature < 20:이나 온도 업데이트 단계를 2 대신 1로 사용할 수 있는데 앞의 방법 (! = 대신 <)이 더 강력하다.

43) 현재 코드는 이 문제를 가지고 있지 않지만, 실온이 짝수가 아니라 홀수라면 문제가 발생하기 때문에 버그이다.

일반적인 컴퓨터 과학 용어로, 유효한 파이썬 dictionary을 JSON 객체라고 한다.[44] 이상하게 보일 수 있지만 dictionary는 다양한 응용 프로그램과 언어에 정보를 저장하는 좋은 방법이며 Python이나 JavaScript를 사용하지 않는 다른 응용 프로그램에서도 JSON에 저장된 정보로 작업할 수 있다. JSON 객체를 만들려면 `something.json`이라는 일반 텍스트 파일에 유효한 dictionary을 작성하라. 다음 코드를 사용하여 이를 수행할 수 있다.

```
employees={"Tom":{"height":176.6}, "Ron":{"height":
180, "skills":["DIY", "Saxophone playing"], "room":12},
"April":"Employee did not fill the form"}
with open("myFile.json", "w") as json_file:
␣␣␣␣json_file.write(str(employees))
```

추가로 파일 경로를 지정할 수 있으므로 `Skansi/Desktop/myFile.json`을 작성할 수 있다. 경로를 지정하지 않으면 현재 폴더에 파일이 기록된다. 파일 열기에 대해서도 마찬가지이다. JSON 파일을 열려면 다음 코드를 사용한다(파일을 쓰거나 읽을 때 encoding 인수를 사용할 수 있음).

```
with open("myFile.json", ''r'', encoding=''utf-8'') as text:
␣␣␣␣for line in text:
␣␣␣␣␣␣␣␣wholeJSON = eval(line)
```

이 코드를 수정하여 JSON 뿐만 아니라 모든 텍스트를 작성할 수 있다. `"a"`를 인수로 사용하면 기존 파일에 추가할 수 있으며 `"w"`를

44) JSON은 JavaScript Object Notation의 약자이며 JSON(즉, Python dictionary)은 JavaScript에서 객체라고 한다.

사용하면 덮어쓴다. 이것으로 파이썬에 대한 간단한 개요를 마친다. 인터넷과 실습으로 약간의 도움을 받으면 사전지식없이 시작할 수 있지만 파이썬에 대한 자세한 소개는 이 책의 범위를 벗어나기 때문에 초보자를 위한 온라인 코스를 찾아보기 바란다. 우리는 Udacity (www.udacity.com, 컴퓨터 과학 개론)에서 David Evans의 무료 코스를 추천하지만 다른 어떤 좋은 입문 코스도 그 목적을 달성할 것이다.

참고문헌

1. J.R. Hindley, J.P. Seldin, *Lambda-Calculus and Combinators: An Introduction* (Cambridge University Press, Cambridge, 2008)
2. G.S. Boolos, J.P. Burges, R.C. Jeffrey, *Computability and Logic* (Cambridge University Press, Cambridge, 2007)
3. P. Renteln, *Manifolds, Tensors, and Forms: An Introduction for Mathematicians and Physicists* (Cambridge University Press, Cambridge, 2013)
4. R. Courant, J. Fritz, *Introduction to Calculus and Analysis*, vol. 1 (Springer, New York, 1999)
5. S. Axler, *Linear Algebra Done Right* (Springer, New York, 2015)
6. P.N. Klein, *Coding the Matrix* (Newtonian Press, London, 2013)
7. H. Pishro-Nik, *Introduction to Probability, Statistics, and Random Processes* (Kappa Books Publishers, Blue Bell, 2014)
8. D.P. Bertsekas, J.N. Tsitsiklis, *Introduction to Probability* (Athena Scientific, Nashua, 2008)
9. S.M. Stigler, Laplace's 1774 memoir on inverse probability. Stat. Sci. **1**, 359–363 (1986)
10. A. Hald, *Laplace's Theory of Inverse Probability*, 1774–1786 (Springer, New York, 2007), pp.33–46
11. W. Rautenberg, *A Concise Introduction to Mathematical Logic* (Springer, New York, 2006)
12. D. van Dalen, *Logic and Structure* (Springer, New York, 2004)

13. A.M. Turing, On computable numbers, with an application to the Entscheidungsproblem. Proc.Lond. Math. Soc. **42**(2), 230–265 (1936)

CHAPTER 3

기계학습 기초

기계학습은 인공지능과 인지과학의 하위 분야이다. 인공지능 분야에서 기계학습은 감독학습, 비감독학습, 강화학습의 세 가지 주요 분야로 나뉜다. 딥러닝은 기계학습의 특수한 접근 방법으로 세 가지를 모두 다루고 지식 표현, 추론, 계획 등과 같은 기계학습에 일반적으로 포함되지 않는 인공지능의 다른 문제를 해결하기 위해 그것들을 확장한다. 이 책에서는 감독 및 비감독학습을 다룰 것이다.

이 장에서는 일반적인 기계학습의 기초를 제공할 것이다. 이것들은 딥러닝의 일부는 아니지만, 딥러닝에 필요한 기본 개념을 쉽고 빠르게 이해할 수 있도록 신중히 선별된 전제 조건이다. 이는 완전한 해결책은 아니고, 보다 종합적인 해결책을 위해서는 독자에게 [1] 또는 다른 고전 기계학습 교재를 추천한다. 지식 표현과 추론에 대한 GOFAI 접근에 관심이 있는 독자는 [2]를 참고해야 한다. 이 장의 첫 부분은 감독학습과 그의 용어에 할애되는 반면, 뒷부분은 비감독학습에 대한 것이다. 우리는 강화학습을 다루지 않을 것이고 종합적인 해결책을 위해 독자에게 [3]을 추천한다.

3.1 기본적인 분류 문제

감독학습은 단지 분류일 뿐이다. 중요한 것은 엄청난 양의 문제들이 분류 문제로 간주될 수 있다는 것이다. 예를 들어 이미지에서 차량을 인식하는 문제는 '차량이 있다' 또는 '차량이 있지 않다'라는 두 클래스 중 하나에서 이미지를 분류하는 것과 같이 볼 수 있다. 예측도 마찬가지이다: 주식의 포트폴리오를 만들어야 할 필요가 있다면, 그것을 다음과 같은 형식의 분류 문제로 재구성할 수 있다: '승리자! 400% 이상 오를 것이다' 또는 '아니오, 그냥 통과'가 될 것이다.

물론 비결은 충분히 좋은 분류기를 만드는 것이다. 우리는 두 가지 옵션이 있다. 하나는 수동으로 몇 가지 속성 또는 속성 조합을 선택하는 것이다(예를 들어, 주가 최저점과 RSI 괴리도를 가지고 지난 이틀간의 저점과 고점에 따라 거래를 하는 것). 또 다른 옵션은 우리가 필요로 하는 속성에 대해 상관하지 않고 간단히 '나는 좋은 것에 대한 예제 5000개, 나쁜 것에 대한 예제 5000개를 가지고 있는데, 그것들을 알고리즘에 제공하고 10001번째 예제가 그것이 가지고 있는 속성의 관점에서 좋은 것과 유사한지 혹은 나쁜 것과 유사한지 결정하라'고 하는 것이다. 후자는 전형적인 기계학습 접근 방식이다. 전자는 **지식 공학** 또는 **전문가 시스템 공학** 또는 (역사 용어) 해킹으로 알려져 있다. 여기서 우리는 기계학습 접근에 초점을 맞출 것이다.

'분류'가 무엇을 의미하는지 보자. 우리가 '개'와 '개가 아닌 동물'의 두 종류의 동물 클래스를 가지고 있다고 가정하자. 그림 3.1에서 개는 X로 표시되고 모든 '개가 아닌 동물'('고양이'라고 생각할 수 있음)에는 O로 표시되어 있다. 우리는 두 가지 속성, 길이와 체중을 가진다. 각각의 특정 동물은 그것과 관련된 두 속성을 가지며 데이터포인트(축이 속성인 공간의 한 점)를 형성한다. 기계학습에서 속성은 **특징**(*feature*)이라고 한다. 동물은 그것이 무엇인지 말하는 라벨이나 목표를 가질 수 있다: 라벨은 '개'/'개가 아닌 동물' 또는 단순히 '1'/'0'일 수 있다. 다중클래스 분류(예: '개', '고양이', '오셀롯') 문제가 있는 경우, 먼저 '개'/'개가 아닌 동물' 분류를 수행한 다음 '개가 아닌 동물' 데이터포인트에서 '고양이'/'고양이가 아닌 동물' 분류를 수행할 수 있다. 그러나 이것은 다소 번거롭기 때문에 우리는 $n-1$ 바이너리 분류로 변환할 필요없이 즉시 할 수 있는 다중클래스 분류 기술을 구축할 것이다.

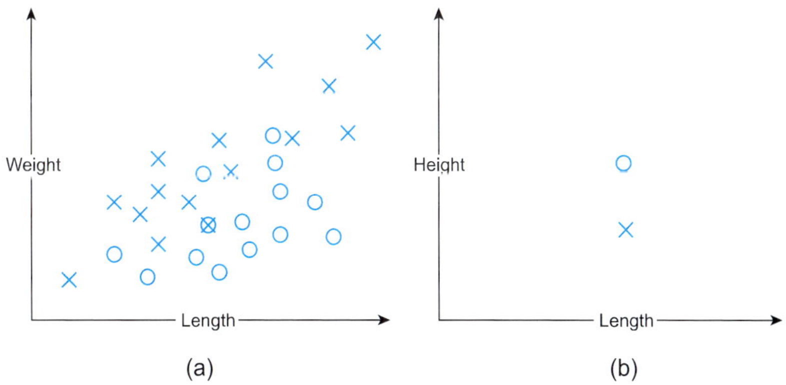

그림 3.1 새로운 차원 추가하기

그림 3.1로 돌아가서 세 개의 속성이 있다고 상상해보자. 세 번째 속성은 높이이다. 그러면 우리는 3D 좌표계 또는 공간이 필요하다. 일반적으로 n개의 속성이 있다면 n차원 시스템이 필요하다. 이것은 상상하기 어려울 것 같지만 2D 대 3D 경우에서 무슨 일이 일어나고

있는지 알아본 후, 이를 일반화한다: 2D 좌표 (38, 7)를 가진 두 동물을 보자(그림 3.1a에서 *X*와 *O*가 겹치는 곳이다). 우리는 그것들을 구별할 수 없을 것이며, 새로운 동물이 이 길이와 무게를 가지면 우리는 그것이 무엇인지 결론지을 수 없을 것이다.

그러나 *z*축을 추가한 그림 3.1b의 '상단 보기(top view)'를 살펴보자: 하나는 높이(좌표 *z*)가 20이고 다른 것은 30인 경우, 이 3차원에서는 쉽게 분리할 수 있다. 그러나 만약 우리가 그들 사이에 경계를 그리기 원한다면(경계선은 실제로 분류의 본질이다) 우리는 선 대신에 평면이 필요할 것이다. 핵심은 새 특징을 추가하고 그래프를 새로운 차원으로 확장하면 적은 수의 차원에서 매우 어렵거나 불가능했던 것을 분리하는 새로운 방법을 제공한다는 것이다. 이것은 37차원 공간을 상상하는 동안 계속 지켜야 할 좋은 직관이다: 36차원 공간에서 구별할 수 없는 것을 더 잘 구분할 수 있게 해주는 속성을 추가하여 36차원 공간을 확장하는 것이다. 4D 이상의 공간에서 고양이와 개를 나누는 이 평면을 **초평면**(*hyperplane*)이라고 부르며 기계학습에서 가장 중요한 개념 중 하나이다. 일단 *n*차원 공간에서 두 클래스를 분리하는 초평면을 얻은 후에는, 레이블이 안 된 새로운 데이터포인트를 그것이 '개' 측면 혹은 '개가 아닌 동물' 측면에 떨어지는지를 보는 것만으로 알 수 있다.

자, 어려운 부분은 좋은 초평면을 그리는 것이다. 단지 선(그러나 우리는 용어를 심어주기 위해 초평면이라고 부를 것이다)을 가지고 있는 2D 세계로 돌아가서 몇 가지 예를 살펴보자. *X*와 *O*는 각각 개와 고양이(데이터포인트로 표시)를 나타내고 작은 사각형은 레이블이 없는 새 데이터포인트를 나타낸다. 우리는 이 새로운 데이터포인트에 대한 모든 속성을 가지고 있지만 레이블은 없으며 그것을 찾아야 한다. 우리는 그것을 찾는 방법조차 알고 있다: 데이터포인트가 초평면의 어느 측면에 있는지 확인한 다음, 그 측면의 레이블을 붙인다.[1)] 이제, 초평면을 정의하는 방법을 찾아야 한다. 우리는 근본적인 선택을 해야 한다: 레이블된 데이터포인트을 무시하고 다른 방법으로 초평면을 그려야 할까? 아니면 존재하는 레이블된 데이터포인트에 잘 맞도록 초평면을 그려야 할까? 전자의 접근법은 비이성의 전형으로 보이고, 후자가 기계학습 접근법이다.

그림 3.2에서 그려진 여러 초평면에 대해 코멘트해 보자. 초평면 A는 다소 쓸모가 없다. '개' 측면에는 개가 더 많고 '개가 아닌' 측면에는 개가 아닌 동물이 더 많도록 데이터포인트를 분리하기 때문에 어느 정도 호소력이 있다. 그러나 데이터를 전혀 사용하지 않아도 이 작업을 수행할 수 있었던 것으로 보인다. 초평면 B는 비슷하지만 재미있는 특징이 있다. 즉, '개가 아닌' 측면에서는 모두 데이터포인트가 개가 아니라는 점이다. 새로운 데이터포인트가 여기에 떨어지면 우리는 그것이 고양이라는 것을 매우 확신하게 될 것이다. 다른 측면에서는 상황이 좋지 않다. 그러나 O가 제품을 가장 많이 구매할 사람들을 대표하는 마케팅 환경에서 이 문제를 재조명하면 B와 같은 초평면이 매우 유용한 분리를 제공한다. 초평면 E는 초평면 A보다 훨씬 더 나쁘지만 그것을 정의하는 데에는 $Weight > 5$와 같이 하나의 임계값만 있으면 된다. 이것은 다른 매개변수와 쉽게 결합하여 순

1) 측면에 레이블이 붙는 방법을 궁금해 할 수 있다. 이 과정은 다양한 기계학습 알고리즘에 따라 다르며 여러 가지 특징이 있다. 하지만 지금은 측면에 속한 데이터포인트의 대다수가 갖는 레이블을 얻게 된다고 생각할 수 있다. 이것은 대부분 사실일 것이지만 우아한 정의는 아니다. 이것이 사실이 아닌 한 가지 경우는, 단 한 마리의 개와 겹쳐진 2마리 고양이가 (2D 공간에서) 있고 다른 4 마리의 고양이가 있는 경우이다. 대부분의 분류기들은 한 마리의 개와 두 마리의 고양이를 '개'라는 범주에 배치한다. 이런 경우는 드물지만 꽤 의미있을 수 있다.

전히 논리적인 방법(산술 연산은 없고, 단지 관계 <, > 및 =와 논리적인 연결 기호 ∧, ∨, ¬)으로 더 나은 분리를 찾을 수 있다. 이것은 정확히 어떻게 동작하고 수동으로 조정할지를 알기 때문에 **초평면이 무엇을 의미하는지**에 대한 통찰력을 제공할 수 있다. 민감한 문제(예: 원자로의 오류 예측)에 기계학습을 사용하는 경우, 결과에 대한 이유를 이해할 수 있기를 원한다. 이는 **의사결정 트리 학습**의 기초인데 [4], 이는 알 수 없는 데이터 집합[2]을 다룰 때 매우 유용한 첫 번째 모델이다.

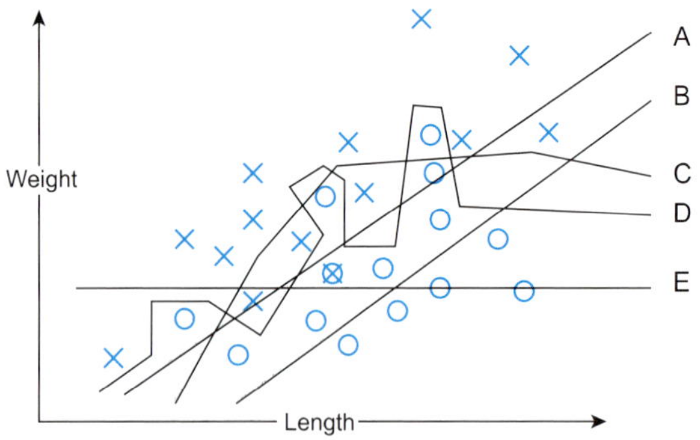

그림 3.2 여러 가지 초평면들

초평면 D는 멋지게 보인다 — 한 측면에는 모든 *X*를, 다른 한 측면에는 모든 *O*를 잡는다. 왜 그것을 사용하지 않을까? 중간에 있는 *O*를 잡으려고 어떻게 노력하는지 주목하라. 기존 데이터에 완벽한 적합성을 제공하는 초평면에 대해 걱정할 수도 있다. 이유는 데이터에는 항상 약간의 노이즈[3]가 있기 때문에 여기에 떨어지는 새로운 데

2) 데이터 집합은 단지 일부는 레이블된, 일부는 레이블되지 않은 데이터포인트들의 집합이다.

3) 노이즈는 단지 데이터에 존재하는 임의의 움직임에 대한 이름이다. 이러한 불완

이터포인트가 X일 가능성도 있기 때문이다. 여기에 O가 없다면 여전히 같은 루프를 정당화할 수 있을까? 아마 아닐 것이다. 전체 O의 25%가 여기에 있었다면 이 같은 루프를 정당화할 수 있을까? 아마 그럴 것이다. 따라서 그러한 루프를 정당화하기 위해 우리가 원하는 O의 수에 퍼지 한계가 있는 것으로 보인다. 중요한 점은 우리는 새로운 데이터에 잘 동작하는 분류기를 원하는데, 이전 예제들의 100%에서 작동하는 분류기는 데이터포인트의 중요하고 필요한 정보와 함께 노이즈도 학습하고 있다는 것이다. 초평면 C는 상당히 좋으며 초평면 D보다 정밀도에 덜 관심있는 듯한 적절한 분리이다. 완벽하지는 않지만 데이터에서 다소 일반적인 추세를 포착한 것 같다.

그러나 초평면 A, B, 특히 E에는 우리가 갖고 싶어 하는 단순함이 있다. 우리가 그렇게 할 수 있는지 알아보자. 우리가 만들어야 하는 새로운 특징을 사용하는 기능을 사용한다면 어떨까? 우리는 높이와 같은 새로운 특징을 추가할 수 있다는 것을 보았지만 단지 우리가 갖고 있는 것만을 사용하고 무언가를 만들 수 있을까? 새로운 특징 $\frac{length}{weight}$를 축 z에 그려보자(그림 3.3, Top view). 이제 실제로는 두 개의 클래스를 3D로 단순한 직선 평면으로 분리할 수 있다. n차원 공간에서 두 개의 클래스를 '직선형' 초평면으로 분리[4]할 수 있을 때 클래스가 **선형 분리 가능**(*linearly separable*)하다고 한다. 일반적으로, 두 클래스를 (거의) 선형 분리할 수 있도록 하는 새로운 차원으로 추가되는 특징을 찾을 수 있다. 수동으로 특징을 추가할 수 있는데 이 경우 특징 공학이라고 부르지만 우리는 알고리즘이 자동으로

전함은 발생하게 마련이고, 우리는 노이즈를 예측하는 것을 학습하지 않고 우리가 원하는 것과 실질적으로 관련된 요소를 학습하고자 한다.

4) 완벽한 분리일 필요는 없고 좋은 분리이면 된다.

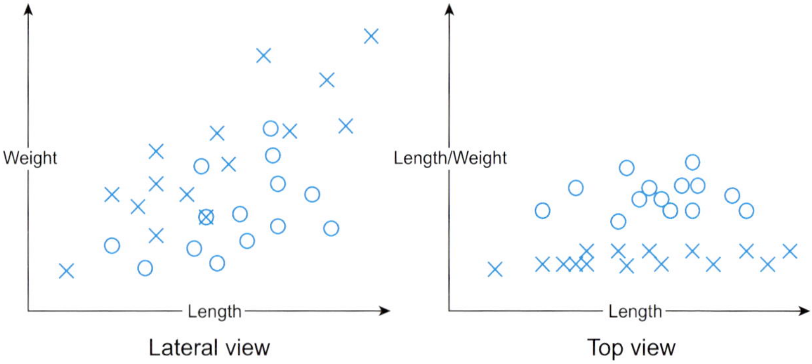

그림 3.3 특징 공학

이를 수행하기를 원한다. 기계학습 알고리즘은 이 아이디어를 활용하여 작동하며 프로세스를 자동화한다: 선형 분리자가 있는 경우, 추가하면 클래스가 선형 분리될 수 있는 특징을 찾는다. 딥러닝도 예외는 아니며 특징을 자동으로 찾는 가장 강력한 방법 중 하나이다. 나중에 딥러닝이 우리를 위해 이것을 해주더라도, 딥러닝을 이해하기 위해서는 수동 과정을 이해하는 것이 중요하다.

지금까지 높이, 무게 및 길이와 같은 수치적인 특징을 탐구했다. 그들은 두 가지 면에서 특별하다. 우선, 순서가 있다: 1이 3보다 앞에 있고 3이 14보다 앞에 있으며 1이 14보다 앞에 있음을 유도할 수 있다. '보다 작다' 대신 '~앞에'를 사용하는 것은 신중해야 된다. 두 번째로 더하고 곱할 수 있다는 것이다. 다른 종류의 특징은 **서수 특징**(*ordinal feature*)이다. 여기서 우리는 수치 특징 중 '~앞에'라는 첫 번째 속성을 갖지만 두 번째 속성은 아니다. 경주에서 결과 위치를 생각해 보자: 누군가가 두 번째이고, 누군가 세 번째이고 누군가 네 번째라는 것이 두 번째와 세 번째 사이의 거리가 세 번째와 네 번째 사이의 거리와 같음을 의미하지는 않지만 순서는 여전히 유지된다

(두 번째는 세 번째 앞에 오고 세 번째는 네 번째 앞에 온다). 그것도 없다면, 우리는 **범주적 특징**(*categorical feature*)을 사용하고 있다. 여기서 우리는 범주의 이름만 갖고 있으며 그 범주에서 유추할 수 있는 것은 없다. 예를 들면 개의 색깔 등이 있다. 그 안에 "중간" 또는 순서는 없고 단지 범주만 있다.

범주형 특징은 매우 보편적이다. 기계학습 알고리즘은 범주형 특징을 그대로 받아들일 수 없으며 변환해야 한다. 우리는 초기 테이블을 범주 'Colour'로 채운다:

Length	Weight	Colour	Label
34	7	Black	Dog
59	15	White	Dog
54	17	Brown	Dog
78	28	White	Dog
…	…	…	…

그리고 그것을 변환하여 초기 범주 이름들로 열을 확장하고 주어진 개가 가지고 있는 색을 나타내는 열에 이진 값만을 허용한다. 이를 **원핫 인코딩**(*one-hot encoding*)이라고 하며 데이터의 차원[5]을 증가시키지만 이제 기계학습 알고리즘[6]이 범주형 데이터를 처리할 수 있다. 수정된 표[7]는 다음과 같다:

5) 원핫 인코딩이 *n*차원 공간의 이해를 어떻게 향상시킬 수 있는지 생각해보라.
6) 딥러닝도 예외가 아니다.
7) 원핫 인코딩을 수행하려면 데이터를 두 번 패스해야 한다. 첫 번째는 새 열들의 이름을 수집하고 열들을 만들고 다음 패스에서 데이터를 채운다.

Length	Weight	Brown	Black	White	Label
34	7	0	1	0	Dog
59	15	0	0	1	Dog
54	17	1	0	0	Dog
78	28	0	0	1	Dog
…	…	…	…	…	…

우리는 입출력 측면에서 모든 감독 기계학습 알고리즘에 대한 간략한 설명을 제공함으로써 이 절을 결론짓는다. 모든 감독 기계학습 알고리즘은 일련의 학습 데이터포인트 및 레이블(행 벡터)을 입력받는다. 이 단계에서 알고리즘은 내부 매개변수를 조정함으로써 초평면을 만든다. 이 단계를 학습 단계라고 부른다: 입력으로 해당 레이블이 있는 행 벡터(학습 샘플이라고 함)를 받고 출력은 제공하지 않는다. 대신, 훈련 단계에서 알고리즘은 단순히 내부 매개변수를 조정한다(그렇게 함으로써 초평면을 만든다). 다음 단계는 예측 단계라고 한다. 이 단계에서 훈련된 알고리즘은 레이블이 없는 여러 개의 행 벡터를 받아들이고 초평면으로 레이블을 만든다(행 벡터가 어느 초평면의 어느 측면에 속하는지에 따라). 행 벡터 그 자체는 위의 테이블과 같은 테이블의 행이므로 3행의 학습 샘플에 해당하는 행 벡터는 간단하게 (54, 17, 1, 0, 0, *Dog*)이다. 레이블을 예측해야 하는 행 벡터인 경우 끝에 'Dog' 태그가 없는 것을 제외하고는 동일하게 보인다.[8]

---

8) 엄밀히 말하자면, 이 벡터들은 정확히 같게 보이지 않을 수도 있다: 훈련 샘플은 길이가 6인 행 벡터 (54, 17, 1, 0, 0, Dog)이고 우리가 레이블을 예측하고자 하는 벡터는 길이가 5(레이블인 마지막 구성요소가 없는)인 행 벡터이다(예 : (47, 15, 0, 0, 1)).

3.2 분류 결과 평가하기

이전 절에서 우리는 분류의 기초를 탐구했고 어려운 부분(초평면 생성)을 크게 건드리지 않고 남겨 두었다. 우리는 이것을 다음 절에서 다룰 것이다. 이 절에서는 작동하는 분류기가 있다고 가정하고 그것이 어떻게 작동하는지 보고자 한다. 그림 3.4를 살펴보자.

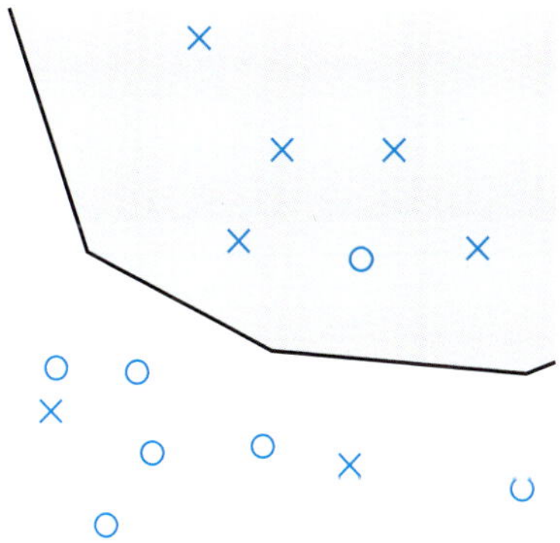

그림 3.4 X들을 분류하기 위한 분류기 C

이 이미지는 X를 분류하는 C라는 분류기를 보여준다. 이것이 이 분류기의 일이라는 것을 항상 염두에 두는 것이 중요하다. 검은 선이 초평면이고, 회색 영역은 C가 X의 영역이라고 생각하는 것이다. C의 관점에서 보면 회색 영역 내부의 모든 것은 X이며 외부는 모두 X가 아니다. 실제로 X 또는 O인지 여부에 따라 개별 데이터포인트를 X 또는 O로 표시했다. 우리는 C가 생각하는 것과 실제가 다르다는 것을 바로 알 수 있고 이것은 우리가 경험적 분류 작업을 할 때의 일반적인 시나리오이다. 직관적으로, 우리는 초평면이 의미가 있음을 알지만, 우리는 분류기가 얼마나 훌륭한지를, 혹은 두 개 이상의 분류기가 있다면 어떤게 가장 좋은지 알려주는 객관적인 분류 측정 지표를 정의하고 싶다.

이제 우리는 진짜 긍정(true positive), 가짜 긍정(false positive), 진짜 부정(true negative) 및 가짜 부정(false negative)의 개념을 정의할 수 있다. 진짜 긍정은 분류기가 *X*라고 말하는 데이터포인트가 진짜 *X*인 경우이다. 가짜 긍정은 분류기가 *X*라고 생각하지만 *O*인 경우이다. 진짜 부정은 분류기가 *X*가 아니라고 생각하는데 실제로 *X*가 아닌 경우이고 가짜 부정은 분류기가 *X*가 아니라고 생각하는데 실제는 *X*인 데이터포인트이다. 그림 3.4에는 5개의 진짜 긍정(회색의 *X*), 하나의 가짜 긍정(회색의 *O*), 6개의 진짜 부정(흰색의 *O*) 및 2개의 가짜 부정(흰색의 *X*)이 있다. 회색 영역은 분류기 *C*가 모두 *X*라고 생각하는 영역이고 흰색 영역은 분류기가 모든 *O*라고 생각하는 영역이다.

가장 기본적인 분류 지표는 **정확도**(*accuracy*)이다. 정확도는 단순히 *X*와 *O*를 분류하는 것에 분류기가 얼마나 좋은지 알려준다. 다시 말해, 그것은 진짜 긍정의 수와 진짜 부정의 수를 더한 다음, 데이터포인트의 총 수로 나눈 것이다. 이 경우 $\frac{5+6}{14} = 0.785714...$가 되는데 우리는 소수점 네 자리까지 반올림한다.[9)]

우리는 거짓 알림을 피하는데 분류기가 얼마나 좋은지에 관심이 있을 수 있다. 이를 계산하는 데 사용되는 지표를 **정밀도**(*precision*)라고 한다. 데이터 집합의 분류기의 정밀도는 $\frac{truePositives}{truePositives+falsePositives} = \frac{5}{5+1} = 0.8333$에 의해 계산된다. 우리가 *X*를 놓치는 것을 걱정하고 가능한 많은 *X*를 잡으려면 성공을 측정하기 위해 **재현율**(*recall*)이

9) 더 많이 필요하다면, 우리는 더 많은 소수를 유지할 수 있지만, 이 책에서 우리는 보통 4자리로 반올림 할 것이다.

라고 하는 다른 지표가 필요하다. 재현율은 $\frac{truePositives}{truePositives+falseNegatives}$ $= \frac{5}{5+2} = 0.7142$에 의하여 계산된다.

좀 더 시각적으로 진짜 긍정(TP), 가짜 긍정(FP), 진짜 부정(TN) 및 가짜 부정(FN)의 수를 표시하는 표준 방법이 있으며 이 방법을 **혼동 행렬**(*confusion matrix*)이라고 한다. 2-클래스 분류(이진 분류라고도 함)의 경우, 혼동 행렬은 다음과 같은 형식의 2 × 2 테이블이다:

	Classifier says YES	Classifier says NO
In reality YES	Number of true positives	Number of false negatives
In reality NO	Number of false positives	Number of true negatives

일단 혼동 행렬이 있으면, 정밀도, 재현율, 정확도와 그 밖의 다른 평가 지표는 그것으로부터 계산될 수 있다.

모든 분류기 평가 지표에 대한 값의 범위는 0에서 1까지이며 확률로 해석할 수 있다. 정밀도 또는 재현율이 100%에 도달할 수 있는 자명한 방법이 있다는 것에 있다는 것에 (동시에 둘 다 가능하지는 않음) 주목하라. 정밀도가 1이 되기를 원한다면 아무 데이터포인트도 *X*로 선택하지 않는 분류기를 만들면 된다. 반대의 경우는 재현율 작업이다. 모든 데이터포인트를 X로 선택하면 재현율이 1이 된다. 분류기가 얼마나 좋은지와 두 분류기를 비교하는 방법에 대해 의미있는 통찰력을 얻으려면 세 가지 지표가 모두 필요한 이유이다.

이제 평가 지표에 대해 알았으므로 절차적 관점에서 분류기 성능을 평가하는 문제로 돌아가 보자. 분류 작업에 직면했을 때 앞에서 언급한 바와 같이 분류 알고리즘과 훈련 집합이 있다. 훈련 집합에서 알고리즘을 훈련시키고 이제 우리는 그것을 예측에 사용할 준비가 되었다. 그러나 평가 부분은 어디에 있을까? 일반적인 전략은 학습을 위한 전체 훈련 집합을 사용하지 않고 테스트를 위해 일부를 사용하는 것이다. 이것은 대개 10%이지만 그보다 많거나 적을 수 있다.[10)] 훈련에 사용되지 않은 10%를 테스트 집합이라고 한다. 테스트 집합에서는 레이블을 다른 특징과 분리하고, 예측할 때 얻을 수 있는 것과 동일한 형태의 행 벡터를 갖게 된다. 90%(훈련 집합)에서 훈련된 모델을 가지면, 우리는 그것을 테스트 집합을 분류하는데 사용하고, 분류 결과를 레이블과 비교한다. 이 방법으로 정밀도, 재현율 및 정확도를 계산하는 데 필요한 정보를 얻는다. 이것은 **데이터 집합의 훈련 및 테스트 집합 분할** 또는 단순히 **훈련-테스트 분할**이라고 한다. 테스트 집합은 분류기가 얼마나 잘 작동할 것인가의 제어된 시뮬레이션으로 설계된다. 이 접근법은 데이터의 10%가 모든 데이터포인트로부터 임의로 선택되지는 않고 약 10%에 걸친 시간이 선택되는 **시간외**(*out-of-time*) 검증과 구별하기 위해 **샘플외**(*out-of-sample*) 검증이라고 한다. 시간외 검증은 일반적으로 권장되지 않는다. 왜냐하면 평가에 심각하게 장애가 될 수 있는 계절적 추세가 있을 수 있기 때문이다.

3.3 간단한 분류기: 나이브 베이지안

이 절에서는 이 책에서 살펴볼 가장 간단한 분류기인 나이브 베이즈 분류기를 살펴본다. 나이브 베이즈 분류기[5]는 적어도 1961년부터 사용되었지만 그의 단순함으로 인해 베이즈 정리의 응용에 대한 연

10) 대부분 선택의 문제이며, 분할 정도를 객관적으로 결정할 방법은 없다.

구가 끝나고 순수한 베이즈 분류기에 대한 연구가 시작되는 곳을 정확히 찾아내는 것은 어렵다.

나이브 베이즈 분류기는 2장(이름에 있는 'Bayes'를 설명함)에서 봤던 베이즈의 정리를 기반으로 한다. 모든 특징이 서로 조건부 독립이라는 추가적인 가정을 한다(이름에 'Naive'가 있는 이유이다). 이것은 각 특징이 예측력 관련 '자체 가중치'를 지님을 의미한다: 특징의 편승 또는 시너지 효과는 없다. 베이즈 정리의 변수들 이름을 "기계학습 느낌"을 더 많이 부여하도록 바꿀 것이다:

$$\mathbb{P}(t|f) = \frac{\mathbb{P}(f|t)\mathbb{P}(t)}{\mathbb{P}(f)}$$

여기서 $\mathbb{P}(t)$는 주어진 목표값(즉, 클래스 레이블)의 사전 확률[11], $\mathbb{P}(f)$는 특징의 사전 확률, $\mathbb{P}(f|t)$는 목표 t가 주어졌을 때 특징 f의 확률이다. 물론, $\mathbb{P}(t|f)$는 특징 f만이 주어졌을 때 목표 t의 확률이고 우리가 찾고자 하는 것이다.

2장에서 우리는 베이즈의 정리를 (n 차원의) 특징 벡터를 수용할 수 있도록 변환할 수 있었고, 이 경우 우리는 다음 공식을 갖는다:

$$\mathbb{P}(t|f_{all}) = \frac{\mathbb{P}(f_1|t) \cdot \mathbb{P}(f_2|t) \cdot \ldots \cdot \mathbb{P}(f_n|t) \cdot \mathbb{P}(t)}{\mathbb{P}(f_{all})}$$

나이브 베이즈 분류기가 어떻게 작동하는지와 초평면을 그리는 방법을 보여주는 간단한 예제를 보자. 웹 페이지 방문에 대해 자세히 설명하는 다음 표가 있다고 가정한다:

11) 사전 확률은 카운팅에 불과하다. 20개의 데이터포인트가 있는 데이터 집합이 있고 일부 특징에는 '뉴 베가스'라는 5개의 값이 있고 나머지 15개는 '코어 영역'인 경우, 사전 확률 $\mathbb{P}$(뉴 베가스) = 0.25이다.

우리는 이것을 카운트가 있는 테이블로 변환해야 한다(**빈도 테이블**이라고 부르며, 원핫과 비슷하지만 동일하지는 않다).

Time	Buy
morning	no
afternoon	yes
evening	yes
morning	yes
morning	yes
afternoon	yes
evening	no
evening	yes
morning	no
afternoon	no
afternoon	yes
afternoon	yes
morning	yes

Time	yes	no	TOTAL
morning	3	2	5
afternoon	4	1	5
evening	2	1	3
TOTAL	9	4	13

이제 우리는 몇 가지 기본적인 사전 확률을 계산할 수 있다. 'yes'의 확률은 $\frac{9}{13} = 0.6923$, 'no' 확률은 $\frac{4}{13} = 0.3076$, 'morning' 확률은 $\frac{5}{13} = 0.3846$, 'afternoon' 확률은 $\frac{5}{13} = 0.3846$, 'evening' 확률은 $\frac{3}{13} = 0.2307$이다. 그것은 데이터 집합으로부터 세어서 계산할 수 있는 모든 확률(우리가 2장의 2.3절에서 언급한 이른바 '사전확률(priors)')을 처리한다. 한 가지가 더 필요한데 곧 다룰 것이다. 지금 우리는 목표 라벨을 모르는 새로운 예제가 주어졌고 이를 예측해야 한다고 상상해보자. 이 새로운 예제는 행 벡터(*morning*)[12)]이며 우리는 이것이

'예'인지 '아니요'인지 알기를 원하므로 다음과 같이 계산한다:

$$\mathbb{P}(yes|morning) = \frac{\mathbb{P}(morning|yes)\mathbb{P}(yes)}{\mathbb{P}(morning)}$$

우리는 앞서 계산한 사전확률 $\mathbb{P}(\text{yes}) = 0.6923$과 $\mathbb{P}(morning) = 0.3846$을 대입할 수 있다. 이제 우리는 'yes'가 있는 행들로 국한했을 때 'morning'이 나타나는 빈도의 백분율을 나타내는 $\mathbb{P}(morning \mid yes)$를 계산할 필요가 있다. 'yes'가 9번 나타난 중에 'morning'이 3번 있으므로 $\mathbb{P}(morning \mid yes) = \frac{3}{9} = 0.3333$이 된다. 베이즈의 정리에 이 모든 것을 적용하면:

$$\mathbb{P}(yes|morning) = \frac{\mathbb{P}(morning|yes) \cdot \mathbb{P}(yes)}{\mathbb{P}(morning)} = \frac{0.3333 \cdot 0.6923}{0.3846} = 0.5999$$

$\mathbb{P}(no \mid morning) = 1 - \mathbb{P}(yes \mid morning) = 0.4$도 알 수 있다. 이것은 값이 0.5(우리는 두 개의 클래스가 있음)가 넘기 때문에 데이터포인트는 레이블이 '예'라는 것을 의미한다. 일반적으로, 우리가 n개의 클래스를 가지면, 확률이 넘어야 할 값은 $\frac{1}{n}$이다.

부지런한 독자는 $\mathbb{P}(morning \mid yes)$와 같이 테이블에서 직접 $\mathbb{P}(yes \mid morning)$를 계산할 수 있다고 말할 수 있다. 이것은 사실이다. 문제는 단일 특징이 있을 때만 테이블에서 계산하여 수행할 수 있다는 것이다. 따라서 여러 특징의 경우 실제로 여러 특징을 위해 확장된 공식으로 계산을 해야 한다.

---

12) 우리가 n개의 특징을 가지면, 이는 $(x_1, x_2, \cdots, x_n)$과 같은 n차원 행 벡터가 될 것이지만, 이제 우리는 하나의 특징만을 가지므로 우리는 (x_1) 형태의 1D 벡터를 갖는다. 1D 벡터는 스칼라 x_1과 정확히 동일하지만, n차원 벡터가 되는 일반적인 케이스에서 그에 대한 윤곽을 그리기 위해 계속 벡터로 언급한다.

나이브 베이즈는 간단한 알고리즘이지만 대용량 데이터 집합에도 여전히 유용하다. 사실, 기계학습에 대한 확률론적 견해를 채택하고 모든 기계학습 알고리즘이 실제로 $\mathbb{P}(y \mid x)$만을 배울 것이라고 주장한다면 나이브 베이즈는 가장 단순한 기계학습 알고리즘이라고 말할 수 있는데 그것은 $\mathbb{P}(f \mid t)$에서 $\mathbb{P}(t \mid f)$로 '뒤집기'를 작동(카운팅에서 예측으로)하게 하는 필수적인 것만 가지고 있기 때문이다. 이것은 기계학습에 대한 특정(확률론적) 관점이지만 딥러닝 사고방식과 호환되므로 자유롭게 사용할 수 있다.

기억해야 할 중요한 사실 중 하나는 나이브 베이즈가 조건부 독립 가정[13)]을 한다는 것이다. 따라서 특징의 종속성을 처리할 수 없다. 우리는 때로 시퀀스를 모델링할 수 있기를 원할 수도 있다. 특징의 순서가 중요할 때(언어 모델링 또는 시간상의 일련의 사건에 대해 이들을 보게 될 것이다) 나이브 베이즈는 이를 수행할 수 없다. 이 책의 뒷부분에서 이것을 충분히 처리할 수 있는 딥러닝 모델을 제시할 것이다.

3.4 간단한 신경망: 로지스틱 회귀

감독학습은 일반적으로 두 가지 유형의 학습으로 나뉜다. 첫 번째는 클래스를 예측해야 하는 분류이다. 우리는 이미 나이브 베이즈와 함께 본 적이 있으며 이 책에서 다시 무수히 많이 보게 될 것이다. 두 번째는 값을 예측하는 회귀인데, 우리는 이 책에서 회귀를 탐색하지는 않을 것이다.[14)] 이 절에서는 회귀 알고리즘이 아닌 분류 알고리

13) 즉, 특징은 주어진 목표에 조건부 독립적이라고 가정한다.
14) 회귀 문제는 분류로 시뮬레이션 할 수 있다. 예를 들어, 0과 1 사이의 적절한 값

즘인 로지스틱 회귀(*logistic regression*)를 탐구한다. 그 이면의 이유는 통계에서는 이것을 회귀 모델로 간주하는데 기계학습 커뮤니티가 이것을 채택하여 분류기로 사용하기 시작했기 때문이다.

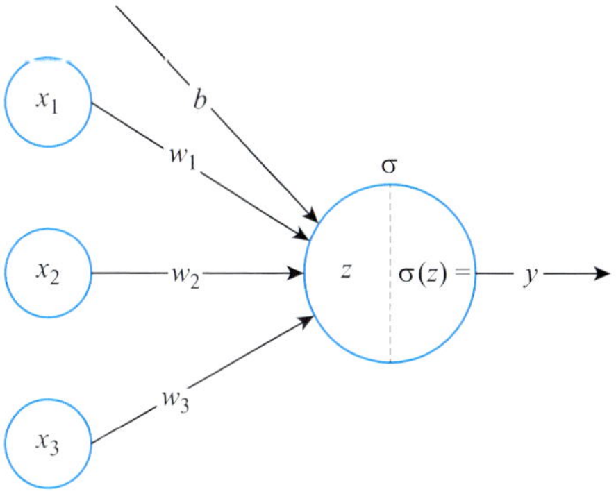

그림 3.5 로지스틱 회귀의 도식도

로지스틱 회귀는 1958년 D. R. Cox [6]에 의해 처음 소개되었으며, 로지스틱 회귀와 로지스틱 회귀를 사용하는 것에 대한 상당량의 연구가 수행되었다. 로지스틱 회귀는 오늘날 주로 두 가지 이유로 사용된다. 첫째, 특징의 상대적인 중요성에 대한 해석을 제공하는데 이것은 우리가 주어진 데이터 집합에 대해 직관을 구축하고자 한다면 좋을 것이다.[15] 우리에게 더 중요한 두 번째 이유는 실제로 로지스틱 회귀가 하나의 뉴런 신경망이라는 것이다.[16]

을 찾아서 두 자리로 반올림해야 한다면 100개 클래스 분류 문제로 처리할 수 있다. 그 반대도 마찬가지이다. 우리는 이것을 나이브 베이즈 절에서 실제로 보았다. 여기서 우리는 그 값 이상이면 1로 간주하고 그 아래면 0이 되는 임계점을 선택해야 한다.

15) 이후에 우리는 약간의 특징 공학을 수행할 것이고 모두 다른 모델을 함께 사용할 수 있다. 이것은 우리가 사용하는 데이터에 대한 이해가 없을 때(산업계에서 종종 있는 경우임) 중요하다.

16) 우리는 나중에 입력 벡터의 각 구성요소에는 입력 뉴런이 있어야 하기 때문에

로지스틱 회귀를 이해함으로써, 우리는 신경망과 딥러닝을 향한 첫 번째 중요한 단계를 밟고 있다. 로지스틱 회귀는 감독학습 알고리즘이므로 훈련을 위해 훈련 집합의 행 벡터에 포함된 목표 값을 가져야 한다. 우리가 $x_A = (0.2, 0.5, 1, 1)$, $x_B = (0.4, 0.01, 0.5, 0)$과 $x_C = (0.3, 1.1, 0.8, 0)$의 세 가지 훈련 사례를 가지고 있다고 가정해보자. 로지스틱 회귀는 행 벡터에 있는 특징만큼 많은 입력 뉴런이 있는데[17) 우리의 경우 3이다.

그림 3.5에서 로지스틱 회귀의 도식적 표현을 볼 수 있다. 계산 부분에서 로지스틱 회귀는 두 개의 식으로 나눌 수 있다:

$$z = b + w_1x_1 + w_2x_2 + w_3x_3$$

이 식은 로짓(*logit*, 가중합(weighted sum)으로도 알려짐)을 계산하고, 로지스틱(*logistic*) 혹은 시그모이드(*sigmoid*) 함수는 다음과 같다:

$$y = \sigma(z) = \frac{1}{1 + e^{-z}}$$

이것들을 합치고 약간 정리하면 다음과 같다:

$$y = \sigma(b + w_1x_1 + w_2x_2 + w_3x_3)$$

이제 이 방정식에 대해 코멘트해 보자. 첫 번째 식은 입력으로부터 로짓을 계산하는 방법을 보여준다. 딥러닝의 입력은 항상 x로 표시되고, 뉴런의 출력은 항상 y로 표시되며 로짓은 z 또는 때때로 a로 표

로지스틱 회귀가 하나 이상의 뉴런을 갖는 것을 볼 것이다. 그러나 단일 '주력(workhorse)' 뉴런을 갖는 의미에서 '하나의 뉴런'을 가지고 있다.

17) 훈련 집합이 n차원 행 벡터로 구성되어 있으면 정확히 $n-1$ 특징이 있다. 마지막 하나는 목표 또는 레이블이다.

시된다. 위의 식은 기계학습 커뮤니티에서 흔한 모든 표기 방식을 사용하므로 기호가 사용되는 이유를 그대로 이해해야 한다.

로짓을 계산하기 위해 가중치 *w*와 바이어스 *b*가 필요하다. 식을 보면 바이어스와 가중치를 제외한 모든 것이 입력이거나 계산된 것임을 알 수 있다. 입력으로 주이지지 않았거나 *e*와 같은 상수를 **매개변수**(*parameters*)라고 부른다. 지금은 매개변수가 가중치 및 바이어스이며 로지스틱 회귀의 요점은 좋은 분류 벡터를 얻기 위한 좋은 가중치 벡터와 좋은 바이어스를 얻는 것이다. 이것은 로지스틱 회귀(그리고 딥러닝)에서의 유일한 학습이다: 좋은 가중치 집합을 찾는 것.

그러나 가중치와 바이어스는 무엇일까? 가중치는 우리가 입력해야 하는 각 특징의 양을 제어한다. 그것들이 비율을 나타내는 것처럼 생각할 수 있다. 그들은 0과 1 사이의 간격으로 제한되지 않지만, 직관적으로 이렇게 생각하는 것이 좋다 1보다 큰 가중치에 대해서는 '증폭'이라고 생각할 수 있다. 바이어스는 조금 더 까다롭다. 역사적으로[18], 그것은 임계값이라고 불려왔으며, 조금 다르게 동작했다. 아이디어는 로짓은 단지 입력의 가중합을 계산할 것이고, 그 합이 임계값 이상인 경우, 뉴런은 1을 출력하고, 그렇지 않으면 0을 출력한다는 것이다. 1과 0 부분은 0이나 1만을 출력하지 않고 0에서 1까지의 범위를 가진, σ(*z*)에 대한 방정식으로 대체되었다. 그림 3.6에서 다른 플롯들을 볼 수 있다. 우리는 나중에 4장에서, 바이어스를 가중치 중 하나로서 통합하는 방법을 볼 것이다. 지금은 바이어스가 가중치 중 하나로 흡수될 수 있다는 것을 아는 것으로 충분하며, 그래서 바이어스가 나중에 처리되어 가중치의 하나가 될 것이라는 사실을 알고

---

18) 수학적으로 바이어스는 절편이라고 불리는 오프셋을 만드는 데 유용하다.

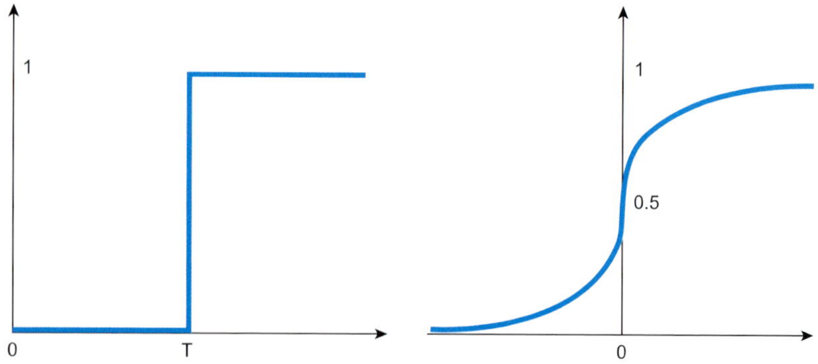

그림 3.6 역사적이고 실제적인 뉴런 활성화 함수

바이어스는 잊어버려도 된다.

로지스틱 회귀의 역학을 설명할 수 있는 계산을 우리의 입력을 기반으로 해보자. 우리는 가중치와 바이어스의 시작 값이 필요하며 대개 무작위로 생성한다. 이것은 가우시안 확률 변수(gaussian random variable)에서 이루어지지만 일을 단순하게 유지하기 위해 0과 1 사이의 무작위 값을 취하여 가중치와 바이어스 집합을 생성한다. 이제 입력 행 벡터를 원핫 인코딩을 통과시키고 정규화해야 한다. 하지만 여기서는 이미 원핫 인코딩되고 정규화되었다고 가정하자. 그래서 우리는 $x_A = (0.2, 0.5, 0.91, 1)$, $x_B = (0.4, 0.01, 0.5, 0)$과 $x_C = (0.3, 1.1, 0.8, 0)$을 가지고 임의로 생성된 가중치 벡터가 $w = (0.1, 0.35, 0.7)$, 바이어스는 $b = 0.66$이라 하자. 이제 방정식으로 돌아가서 첫 번째 입력을 넣는다:

$$y_A = \sigma(0.66 + 0.1 \cdot 0.2 + 0.35 \cdot 0.5 + 0.7 \cdot 0.91) = \sigma(1.492) = \frac{1}{1 + e^{-1.492}} = 0.8163$$

우리는 결과 0.8163과 실제 레이블 1을 주목한다. 이제 두 번째 입력에 대해서도 동일한 작업을 수행한다:

$$y_B = \sigma(0.66 + 0.1 \cdot 0.4 + 0.35 \cdot 0.01 + 0.7 \cdot 0.5) = \sigma(1.0535) = \frac{1}{1 + e^{-1.0535}} = 0.7414$$

다시 결과 0.7414와 레이블 0을 주목하자. 그리고 이제 우리는 마지막 입력 행 벡터에 대해 다음과 수행한다 :

$$y_C = \sigma(0.66 + 0.1 \cdot 0.3 + 0.35 \cdot 1.1 + 0.7 \cdot 0.8) = \sigma(1.635) = \frac{1}{1 + e^{-1.635}} = 0.8368$$

다시 0.8368의 결과와 레이블 0을 주목하자. 우리가 처음에는 좋았지만 두 번째와 세 번째 입력을 올바르게 분류하는데 실패했음이 명백하다. 이제 우리는 가중치를 어떻게든 업데이트해야 하지만 그러기 위해 우리가 분류할 때 얼마나 엉망이었는지 계산할 필요가 있다. 이를 측정하기 위해 오류 함수가 필요할 것이고 **오류 제곱의 합계** (*sum of squared error*) 또는 SSE[19]를 사용할 것이다:

$$E = \frac{1}{2} \sum_n (t^{(n)} - y^{(n)})^2$$

t는 목표 또는 레이블이고 y는 모델의 실제 출력이다. 이상한 지수 ($t^{(n)}$)는 훈련 샘플 범위 전체에 걸친 인덱스이므로, $t^{(k)}$는 k번째 훈련 행 벡터의 목표가 된다. 잠시 후에 우리는 왜 이상한 표기법이 필요한지 나중에 조금씩 생략하는 방법을 보게 될 것이다. SSE를 계산해보자:

$$E = \frac{1}{2} \sum_n (t^{(n)} - y^{(n)})^2 = \tag{3.1}$$

$$= \frac{1}{2}((1 - 0.8163)^2 + (0 - 0.7414)^2 + (0 - 0.8368)^2) = \tag{3.2}$$

19) 사용할 수 있는 다른 오류 함수가 있지만 SSE가 가장 단순한 함수 중 하나이다.

$$= \frac{0.0337 + 0.5496 + 0.7002}{2} = \tag{3.3}$$

$$= 0.64175 \tag{3.4}$$

이제 어떤 마법을 사용하여 w와 b를 업데이트하고 $w = (0.1, 0.36, 0.3)$ 및 $b = 0.25$를 얻는다. 나중에 (4장에서) 우리는 그것이 일반 가중치 업데이트 규칙이라고 불리는 것에 의해 실제로 행해지는 것을 보게 될 것이다. 이것은 가중치 조절의 1 사이클을 완료한다. 이것은 흔히 **에포크**(*epoch*)라고 불리는데, 나중에 4장에서 이 용어를 더 정확하게 다시 정의할 것이다. 출력과 새 SSE를 다시 계산하여 새 가중치 집합이 더 나은지 확인한다:

$$y_A^{new} = \sigma(0.25 + 0.1 \cdot 0.2 + 0.36 \cdot 0.5 + 0.3 \cdot 0.91) = \sigma(0.723) = \frac{1}{1 + e^{-0.723}} = 0.6732 \tag{3.5}$$

$$y_B^{new} = \sigma(0.25 + 0.1 \cdot 0.4 + 0.36 \cdot 0.01 + 0.3 \cdot 0.5) = \sigma(0.4436) = \frac{1}{1 + e^{-0.4436}} = 0.6091 \tag{3.6}$$

$$y_C^{new} = \sigma(0.25 + 0.1 \cdot 0.3 + 0.36 \cdot 1.1 + 0.3 \cdot 0.8) = \sigma(0.916) = \frac{1}{1 + e^{-1.635}} = 0.7142 \tag{3.7}$$

$$E^{new} = \frac{1}{2}((1 - 0.6732)^2 + (0 - 0.6091)^2 + (0 - 0.7142)^2) = \tag{3.8}$$

$$= \frac{0.1067 + 0.371 + 0.51}{2} = \tag{3.9}$$

$$= 0.4938 \tag{3.10}$$

전반적인 오류가 감소했음을 분명하게 알 수 있다. 어느 순간에 감소가 멈추고 안정화될 때까지 이 절차를 여러 번 계속할 수 있으며 오류는 줄어들 것이다. 드물긴 하지만 혼란스러운 행동을 보일 수도 있다. 이것이 로지스틱 회귀의 본질이며 딥러닝의 핵심이다. 우리가 하는 모든 일은 이것의 업그레이드 또는 수정일 것이다.

데이터 표현에 주의를 돌려보자. 지금까지 우리는 모든 것을 분명하게 볼 수 있기 위해 계산과정을 자세히 들여다 보았는데, 이제는 그 절차를 더 작고 계산 속도를 빠르게 할 수 있는 방법을 살펴보겠다. 데이터 집합이 집합이긴 하지만(순서는 중요하지 않다), x_A, x_B 및 x_C를 하나씩 차례로 사용하기 때문에 벡터에 넣는 것이 약간의 의미가 있다. 그러나 동일한 구조(각 행 벡터에서 같은 위치에 있는 동일한 특징)를 공유하기 때문에 전체 훈련 집합을 행렬로 나타낼 수 있다. 이는 연산의 의미에서도 중요한데, 대부분의 딥러닝 라이브러리는 어딘가에서 *C*를 백그라운드로 하고 있고 배열(프로그래밍상의 행렬)은 *C*의 기본 데이터 구조이므로 매우 빠른 학습이 가능하다.

그래서 우리가 원하는 것은 우선 *n*개의 *d*차원 입력 벡터를 크기 n × d의 입력 행렬로 전환하고 입력하는 것이다. 여기서는 3 × 3 행렬이다.

$$\mathbf{x} = \begin{bmatrix} 0.2 & 0.5 & 0.91 \\ 0.4 & 0.01 & 0.5 \\ 0.3 & 1.1 & 0.8 \end{bmatrix}$$

우리는 목표(레이블)를 별도의 벡터로 유지할 것인데 행렬의 행과 벡터 구성요소의 순서가 그 둘을 연결해주는 유일한 것이기 때문에, 이 시점부터 목표 벡터나 데이터 집합 행렬을 섞지 않도록 매우 주의해야 한다. 우리의 경우 목표 벡터는 $t = (1, 0, 0)$이다.

이제 가중치에 주목하자. 바이어스는 약간의 귀찮은 부분이므로 우리는 그것을 가중치의 하나로 전환할 수 있다. 이렇게 하려면 1로 구성된 단일 열을 입력 행렬의 첫 번째 열로 추가해야 한다. 이것은 근사값이 아니고, 우리가 수행해야 하는 계산을 정확하게 포착하는 것이다. 가중치에 관해서는 입력의 수만큼 많은 가중치가 필요할 것이다. 또한, 우리가 하나 이상의 주력 뉴런을 가지고 있다면, 우리는 그 수를 곱한 만큼의 가중치를 가질 필요가 있다. 예를 들어, 5개의 입력(5차원 입력 행 벡터)과 3개의 주력 뉴런이 있으면 5 × 3 가중치가 필요하다. 이 5 × 3은 의도적이다. 가중치를 저장하기 위해 5 × 3 행렬[20]을 사용하기 때문에 우리는 간단한 행렬 곱셈을 사용하여 로짓에 필요한 모든 계산을 수행할 수 있다. 이것은 '빠른 계산을 위한 일반 딥러닝 전략'이라고 할 수 있는 것을 보여준다: 행렬(및 벡터) 곱셈과 전치로 할 수 있는 많은 작업을 해보라.

예제로 돌아가서, 우리는 세 개의 입력을 가지고 있으며, 가중치 행렬에서 바이어스를 위한 공간을 만들기 위해 입력 앞에 1의 열을 추가한다. 새로운 입력 행렬은 이제 3 × 4 행렬이다:

$$\mathbf{x} = \begin{bmatrix} 1 & 0.2 & 0.5 & 0.91 \\ 1 & 0.4 & 0.01 & 0.5 \\ 1 & 0.3 & 1.1 & 0.8 \end{bmatrix}$$

이제 우리는 가중치 행렬을 정의할 수 있다. 그것은 바이어스 뒤에 가중치를 나열한 4 × 1 행렬이다:

$$\mathbf{w} = \begin{bmatrix} 0.66 \\ 0.1 \\ 0.35 \\ 0.7 \end{bmatrix}$$

이 행렬은 $(0.66, 0.1, 0.35, 0.7)^T$로 표현될 수 있지만, 우리는 행렬 형식을 사용할 것이다. 이제 우리는 로짓을 계산하기 위해 두 행렬의

20) 이것은 3 × 5 행렬과 다름을 명심하라.

단순 행렬 곱셈을 수행하여 각 행 (각 행에는 단일 값이 있음)이 각 학습 예제에 대한 로짓을 나타내는 3 × 1 행렬을 얻는다(이전 계산과 이것을 비교):

$$\mathbf{z} = \mathbf{x}\mathbf{w} = \begin{bmatrix} 1 & 0.2 & 0.5 & 0.91 \\ 1 & 0.4 & 0.01 & 0.5 \\ 1 & 0.3 & 1.1 & 0.8 \end{bmatrix} \cdot \begin{bmatrix} 0.66 \\ 0.1 \\ 0.35 \\ 0.7 \end{bmatrix} = \tag{3.11}$$

$$= \begin{bmatrix} 1 \cdot 0.66 + 0.2 \cdot 0.1 + 0.5 \cdot 0.35 + 0.91 \cdot 0.7 \\ 1 \cdot 0.66 + 0.4 \cdot 0.1 + 0.01 \cdot 0.35 + 0.5 \cdot 0.7 \\ 1 \cdot 0.66 + 0.3 \cdot 0.1 + 1.1 \cdot 0.35 + 0.8 \cdot 0.7 \end{bmatrix} = \tag{3.12}$$

$$= \begin{bmatrix} 1.492 \\ 1.0535 \\ 1.635 \end{bmatrix} \tag{3.13}$$

이제 z에 로지스틱 함수 σ를 적용해야만 한다. 이것은 행렬의 각 요소에 함수를 적용하여 수행된다:

$$\sigma(\mathbf{z}) = \begin{bmatrix} \sigma(1.492) \\ \sigma(1.0535) \\ \sigma(1.635) \end{bmatrix} = \begin{bmatrix} 0.8163 \\ 0.7414 \\ 0.8368 \end{bmatrix}$$

마지막 언급을 한다. 로지스틱 함수는 로지스틱 회귀의 주요 구성요소이다. 그러나 로지스틱 회귀를 간단한 신경망으로 취급한다면 우리는 로지스틱 함수에 얽매이지 않는다. 이 관점에서, 로지스틱 함수는 **비선형성**이다.[21] 즉, 복잡한 행동을 가능하게 하는 구성요소이다(특히 고전 로지스틱 회귀의 단일 주력 뉴런 이상으로 모델을 확장할 때). 많은 종류의 비선형성이 있으며, 모두 약간 다른 행동을 한다. 로지스틱 회귀는 0에서 1 사이의 범위이다. 또다른 일반적인 비

21) 오래된 문헌에서는 활성화 함수라고도 한다.

선형성은 **하이퍼볼릭 탄젠트** 또는 *tanh*이고 우리는 표기의 일관성을 위해 τ로 표시할 것이다. τ 비선형성은 −1과 1 사이의 범위를 가지며 로지스틱 함수와 비슷한 모양을 갖는다. 다음에 의해 계산된다:

$$\tau(z) = \frac{e^z - e^{-z}}{e^z + e^{-z}} \tag{3.14}$$

신경망에서 어떤 활성화 함수를 사용할지 선택하는 것은 선호의 문제이며, 종종 이를 사용하여 얻은 결과에 의해 유도된다. 로지스틱 함수 대신 로지스틱 회귀에서 하이퍼볼릭 탄젠트를 사용한다면, 여전히 훌륭하게 작동하지만 더 이상 기술적으로는 로지스틱 회귀가 아니다. 반면에 신경망은 우리가 사용하는 비선형성에 관계없이 여전히 신경망이다.

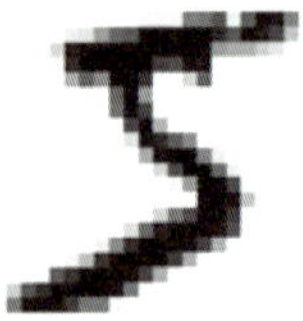

그림 3.7 단일 MNIST 데이터 포인트

3.5 MNIST 데이터셋의 소개

MNIST 데이터 집합은 손으로 쓴 숫자로 구성된 미국 국립 표준 기술 연구소(National Institute of Standards and Technology, NIST)의 데이터 집합의 수정본이다. 원래의 데이터 집합은 [7]에 설명되어 있으며 MNIST(수정된 *NIST*)는 얀 르쿤, 코리나 코르테 및 크리스토퍼 버제스가 편집한 원본 데이터 집합의 특수 데이터베이스 1(Special Database 1) 및 특수 데이터베이스 3(Special Database 3)을 수정한 것이다. MNIST 데이터 집합은 처음에 논문 [8]에서 사용되었다. 제프리 힌튼(Geoffrey Hinton)은 MNIST를 '기계학습의 초파리'[22]라고 불렀는데, 이는 MNIST가 기계학습에 관한 많은 연구에 사용되었고 여러 가지 간단한 작업을 수행하는 데 매우 유용했기 때문이다. 오늘날 MNIST는 다양한 출처에서 구할 수 있지만, 가장 '깨끗한' 출처는 Kaggle일 것이다. 데이터가 모든 소프트웨어에서 쉽게 액세스할 수 있는 간단한 CSV 파일[23]에 저장되어 있다. 그림 3.7([9]에서 가져온 이미지)에서 우리는 MNIST 숫자의 예를 볼 수 있다.

MNIST 이미지는 그레이 스케일에서 28 × 28 픽셀이므로 각 픽셀의 값은 0(흰색)과 255(검은색) 사이의 값을 가진다. 이것은 0이 검은색이고 255가 흰색인 일반적인 그레이 스케일과는 다르지만, 커뮤니티는 이 방법으로 데이터를 더 적은 공간에 저장할 수 있기 때문에 더 의미있다고 생각했다. 오늘날에는 MNIST 크기는 데이터 집합에 대해 사소한 부분이다.

여기에 하나의 문제가 있는데 이 문제는 책의 맨 마지막 부분에서 다룬다. 문제는 현재 사용 가능한 모든 감독 기계학습 알고리즘은 벡터만을 입력으로 처리할 수 있다는 것이다: 행렬, 그래프, 트리 등은 안 된다. 즉, 무엇을 하려고 하든지 간에 벡터 형식을 사용하는 방법을 찾아 모든 입력을 n차원 벡터로 변환하여야만 한다는 것이다. MNIST 데이터 집합은 28 × 28 이미지, 따라서 본질적으로 입력은 행렬이다. 그것들은 모두 같은 크기이므로 784차원의 벡터로 변환할 수 있다.[24] 우리는 책의 한 페이지를 읽는 것처럼 왼쪽에서 오른쪽

22) http://www.cs.toronto.edu/~tijmen/csc321/slides/lecture_slides_lec1.pdf을 보자.
23) https://www.kaggle.com/c/digit-recognizer/data에서 얻을 수 있다.
24) 흥미있는 독자는 [10]의 4장에서 자세한 내용을 볼 수 있다.

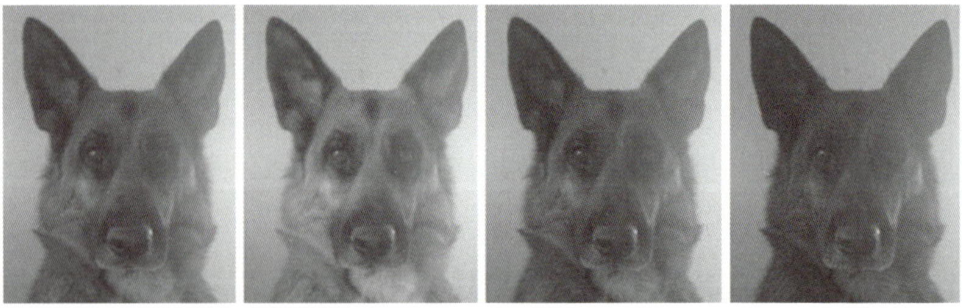

그림 3.8 모든 색상, 적색 채널, 녹색 채널 및 파란색 채널에 대한 그레이 스케일

으로, 픽셀의 행이 끝난 후에는 다음 줄의 맨 왼쪽 부분부터 간단히 '읽기'만 하면 된다. 이를 통해 28 × 28 행렬을 784차원 벡터로 변형했다. 이것은 다소 단순한 변환이다(모든 입력 샘플의 크기가 동일한 경우에만 작동함). 그래프와 트리를 학습하려면 그들의 벡터 표현이 필요하다. 우리는 이것을 이 책의 끝 부분에서 열린 문제로 다시 돌릴 것이다.

우리가 여기에서 짚고자하는 추가적인 요점이 있다. MNIST는 그레이 스케일 이미지로 구성된다. RGB라면 무엇을 할 수 있을까? RGB 이미지는 채널(*channel*)이라는 세 가지 구성요소 '이미지'로 구성된다(빨강, 녹색 및 파랑). 그들은 결합되어 완전한 (컬러) 이미지를 형성한다. 이것들을 컬러로 인쇄할 수 있다(빨간색 채널의 각 픽셀은 얼마만큼의 빨간색인지 나타내기 위해 0에서 255 사이의 값을 가진다). 그러나 실제로 우리는 색상을 회색조로 변환했다(그림 3.8 참조). 빨간색 채널을 회색으로 표현하는 것이 이상하게 보일 수도 있지만 이것이 정확히 컴퓨터가 하는 것이다. 채널 이미지의 이름은 '빨강'이지만 픽셀 단위의 값은 0에서 255 사이이며 계산적으로 말하면 회색이다. 이것은 RGB 픽셀이 단순히 0에서 255 범위의 세 개 값이기 때문이다. 첫 번째 픽셀은 '빨강'이라고 하지만 계산적으로 첫 번째이기 때문에 빨간색인 것이다. 거기에 본질적인 '빨강' 또는 특질은 없다. 다른 두 가지 구성요소를 제공하지 않고 픽셀을 표시하면 0은 검은색으로, 255는 흰색으로 해석되어 회색을 만든다. 즉, RGB 이미지는 값이 (34, 67, 234)인 픽셀을 가지지만 빨간색 컴포넌트 34만 사용하여 채널을 분리하면 그레이 스케일을 얻게 된다. 디스플레이에 '적색'을 표시하려면, (34, 0, 0)으로 표시하고 RGB 이미지로 유지해야 한다. 그리고 녹색과 파란색에 대해서도 마찬가지이다. 초기 질문으로 돌아가서 RGB 이미지를 처리하는 경우 몇 가지 옵션이 있다:

- 구성요소들을 평균하여 그레이 스케일 표현을 생성한다(이것은 RGB에서 그레이 스케일 이미지를 만드는 일반적인 방법이다).
- 채널을 분리하고 3개의 다른 데이터 집합을 형성하고 3개의 분류기를 훈련시킨다. 예측할 때 결과의 평균을 최종 결과로 취한다. 이것은 분류기 **위원회**(*committee*)의 한 예이다.
- 개별 이미지에서 채널을 분리하고, 섞은 다음, 하나의 분류기로 모두 훈련시킨다. 이 접근법은 본질적으로 **데이터 집합 확대**이다.
- 개별 이미지에서 채널을 분리하고, 각각에 동일한 분류기의 세 개의 인스턴스(동일한 크기 및 매개변수)를 훈련시킨 다음, 네 번째 분류기를 사용하여 마지막 결정을 한다. 이것이 6장에서 자세한 것으로 다루게 될 **컨볼루션 신경 회로망**으로 이끄는 접근법이다.

이러한 각각의 접근법에는 장점이 있으며, 당면한 문제에 따라 그 중 하나가 좋은 선택이 될 수 있다. 딥러닝에는 탐구적인 요소가 있으며, 정확성에 기여한다면 비정통적 방법도 감사하게 받아들여 질

것이기 때문에, 다른 옵션들도 고려할 수 있다.

3.6 레이블없이 학습하기: K-Means

우리는 이제 비감독학습을 위한 두 가지 알고리즘인 *K-means*와 PCA에 주의를 돌린다. 우리는 다음 절(특히 그 뒤의 직관)에서 PCA를 간략하게 다루고 9장에서 자세한 것을 설명할 것이다. PCA는 **분산 표현**이라고 불리는 비감독학습의 한 분야를 나타내고 오늘날의 딥러닝에서 가장 중요한 주제 중 하나이며 PCA는 분산된 표현을 작성하는 가장 간단한 알고리즘이다.[25)] 개념적으로 더 단순한 비감독학습의 하나는 클러스터링(*clustering*)이라는 것이다. 클러스터링의 목표는 모든 데이터포인트를 *n*차원 공간에서 유사성을 포착하는 클러스터에 할당하는 것이다. K-means는 가장 단순한 클러스터링 알고리즘이며 클러스터링 알고리즘의 작동 원리를 설명하기 위해 이것을 사용할 것이다.[26)]

K-means로 나아가기 전에 비감독학습에 대해 간략하게 이야기해 보자. 비감독학습은 레이블이나 목표가 없는 학습이다. 비감독학습은 일반적으로 정의되어야 할 세 영역의 마지막(다른 두 영역은 감독학습과 강화학습)이기 때문에, 감독학습과 강화학습에서 다루지 않는 모든 것을 비감독학습에 두는 경향이 있다. 이것은 매우 광범위한 정의이지만, 매우 흥미롭다. 피드백없이 어떻게 배울 것인가? 실제로 피드백없는 학습이 학습인가? 그것은 다른 현상인가? 하는 인지적

25) 그러나 PCA 그 자체는 이해하기에 간단하지는 않다.
26) K-means(Lloyd-Forgy 알고리즘이라고도 함)는 S. P. Lloyd[16]와 E. W. Forgy[17]가 각각 제안한 알고리즘이다.

질문을 요구하기 때문이다. 비감독학습을 탐구함으로써 우리는 인지 모델링에 깊이 관여하며 이로 인해 흥미롭고 다채로운 영역이 된다.

K-means가 어떻게 동작하는지 데모해 보자. K-means는 클러스터링 알고리즘으로 데이터 클러스터를 생성한다. 실제로 클러스터를 생성한다는 것은 비슷한 데이터포인트가 동일한 클러스터 이름을 공유하도록 모든 데이터포인트에 클러스터 이름을 할당한다는 것을 의미한다. 일반적인 클러스터 이름은 '1', '2', '3' 등이다. 2D 공간에서 작업할 수 있도록 두 가지 특징만 있다고 가정하자. 비감독학습에서 우리는 훈련과 테스트 집합을 가지고 있지 않고, 우리가 가지고 있는 모든 데이터포인트는 '훈련' 데이터포인트이며, 이들로부터 클러스터를 구축한다(이것이 초평면을 정의할 것이다). 입력 행 벡터에는 레이블이 없다. 그들은 단지 특징들로만 구성되어 있다.

K-means 알고리즘은 사용할 중심점의 수를 입력으로 취한다. 각 중심점은 클러스터를 정의한다. 알고리즘의 시작에서 중심점은 데이터포인트 벡터 공간의 임의의 위치에 배치된다. K-means는 두 단계로 나누어지는데 하나는 '할당'이라고 하고 다른 하나는 '최소화'로 두 단계가 하나의 주기를 형성한다. 이 단계는 여러 번 반복된다.[27] 할당 단계에서 각 데이터포인트는 유클리드 거리로 가장 가까운 중심점에 할당된다. '최소화' 단계에서 중심점은 할당된 모든 데이터포인트의 거리의 합을 최소화하는 방향으로 이동한다.[28] 그러면 한 사이클이 완료된다. 다음 사이클은 모든 데이터포인트를 중심점에서

27) 일반적으로는 사전에 정의된 횟수만큼이며 다른 방법도 있다.
28) 중심점을 고정시키고 고무줄로 모든 데이터포인트에 연결한 다음 표면에서 고정을 해제하라. 고무 밴드가 전체적으로 덜 긴장되도록(개별 고무 밴드가 더 긴장될 수 있음에도 불구하고) 움직일 것이다.

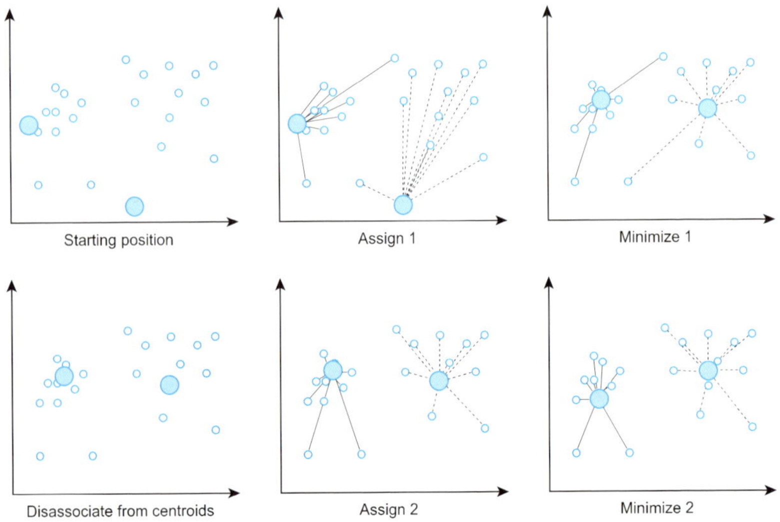

그림 3.9 두 개의 중심을 가진 K-means의 두 개의 완전한 사이클

분리함으로써 시작된다. 중심점은 있는 그대로 있지만 새로운 할당 단계가 시작되어 이전 할당과 다르게 만들 수 있다. 그림 3.9에서 이를 볼 수 있다. 사이클이 끝나면 초평면이 준비된다: 새 데이터포인트를 얻으면 가장 가까운 중심점에 할당된다. 즉, 가장 가까운 중심점의 이름을 레이블로 가져온다.

일반적인 설정에서 우리는 클러스터링을 사용할 때 레이블이 없다(비감독학습을 위해 레이블이 필요하지 않다). 이전 절에서 설명한 평가 지표는 레이블 없이는 쓸모가 없다. 왜냐하면 진짜 긍정, 가짜 긍정, 진짜 부정 및 가짜 부정을 계산할 수 없기 때문이다. 레이블에 액세스할 수 있지만 클러스터링을 사용하는 것이 좋거나, 진짜 레이블을 나중에 얻을 수 있다. 이러한 경우 클러스터링 결과를 분류 결과와 같이 평가할 수 있으며 이것을 **클러스터링의 외부 평가**라고 한다. 클러스터링에 대한 외부 평가를 위한 분류 평가 지표의 사용에 대한 자세한 설명은 [11]에 있다.

하지만 때로는 레이블이 없기 때문에 레이블 없이 평가를 수행해야 한다. 이러한 경우 **클러스터링의 내부 평가**라는 평가 지표들을 사용할 수 있다. 평가 척도가 여러 가지 있지만 Dunn 계수 [12]가 가장 많이 사용된다. 주요 개념은 클러스터가 n차원 공간에서 얼마나 밀집되어 있는지를 측정하는 것이다. 따라서 각 클러스터 C[29]에 대해 Dunn 계수는 다음과 같이 계산된다:

$$D_C = \frac{min\{d(i, j)|i, j \in Centroids\}}{d^{in}(C)} \tag{3.15}$$

여기에서 $d(i, j)$는 중심 i와 j 사이의 유클리드 거리이고 $d^{in}(C)$는 다음과 같은 클러스터 사이의 거리이다:

$$d^{in}(C) = max\{d(x, y)|x, y \in C\}, \tag{3.16}$$

여기서 C는 Dunn 계수를 계산하는 클러스터이다. Dunn 계수는 각 클러스터에 대해 계산되고 각 클러스터의 품질을 평가할 수 있다. Dunn 계수는 두 클러스터링[30]에서 각 클러스터에 대한 Dunn 계수의 평균을 취한 다음, 이를 비교함으로써 다른 클러스터링들을 평가하는 데 사용할 수 있다.

3.7 다른 표현 방식으로 학습하기: PCA

지금까지 사용된 데이터들은 **지역 표현**(*local representations*)을 사

29) K-means의 클러스터는 초평면에 의해 분리된 중심점 주위의 영역이라는 것을 상기하자.

30) 이 작업을 수행하려면 두 클러스터링에서 같은 수의 중심점을 사용해야 한다.

용했다. '키'라는 특징의 값이 180이면, 해당 데이터포인트에 관한 정보(개체의 해당 속성을 말할 수도 있다)가 그곳에만 존재한다. 다른 열 '무게'에는 키에 대한 정보가 없다. 데이터포인트의 특징을 묘사하는 이러한 개체의 특성 표현을 **지역 표현**이라고 한다. 물체가 어떤 값의 키를 가지고 있다는 사실은 무게에 제약을 가한다는 사실에 주목하라. 이것은 어려운 제약조건이 아니라 '인식론적 지름길'이다: 우리가 어떤 사람 키가 180 cm이라는 것을 안다면, 아마도 무게는 약 80 kg이 될 것이다. 개인마다 다를 수 있지만 일반적으로 신장을 알면 상대방의 체중을 비교적 알맞게 추측할 수 있다. 이 현상을 **상관관계**(*correlation*)라고 하며 까다로운 현상이다. 두 특징이 서로 관련성이 높으면 서로 분리하여 말하기 어렵다. 이상적으로 우리는 조금 이상하더라도 상관관계가 없는 특징들로 데이터를 변형하는 방법을 찾고 싶을 것이다. 이 표현에서 우리는 키에서 무게를 추론할 수 있는 기본 구성요소[31)]을 포착하는 'Argh'라는 특징을 만들고, '키'와 '무게'로부터 'Argh'를 제거한 'Haght' 및 'Waght'를 남길 수 있다. 이러한 표현을 **분산 표현**이라고 한다.

분산 표현을 손으로 작성하는 것은 어렵지만, 이것이 인공 신경망이 하는 일의 본질이다. 모든 층은 고유한 분산 표현을 작성하므로 학습이 가능하게 한다(이것이 아마도 딥러닝의 핵심일 것이다−분산 표현의 많은 층을 학습하는 것). 우리는 의미있는 분산 표현을 만드는 가장 간단한 방법을 보여줄 것이지만, 모든 수학적 세부 사항은 9장에서 다룰 것이다. 그것은 매우 어렵고 그래서 우리가 딥러닝이 우리를 위해 그런 것들을 해주기를 원하는 이유이다. 분산 표현을 작성

31) 이러한 특징을 통계에서 잠재 변수라고 한다.

하는 이 방법을 주성분분석(*principal component analysis*) 또는 간단히 PCA라고 한다. 이 장에서는 PCA에 대한 조감도를 제공할 것이며 9장에서 모든 세부 사항을 제공할 것이다.[32) PCA는 다음과 같은 형식이다:

$$Z = XQ, \tag{3.17}$$

여기서 X는 입력 행렬이고, Z는 변환된 행렬이고 Q는 변환을 수행하는 '도구-행렬'이다. X가 $n \times d$ 행렬인 경우 Z는 $n \times d$여야 한다. 이것은 Q에 대한 우리의 첫 번째 정보를 제공한다: 그것은 곱셈이 성립하기 위해 $d \times d$ 행렬이어야 한다. 우리는 9장에서 적절한 Q를 찾는 법을 보여줄 것이다. 이 절의 나머지 부분에서는 PCA 전체에 대한 직관과 Q를 구성하는 데 필요한 몇 가지 요소를 소개한다. 또한 PCA가 수행하는 일과 어떤 일에 사용할 수 있는지에 대해 자세히 설명한다.

일반적으로 PCA는 데이터를 사전 처리하는 데 사용된다. 즉, 분류기에서 데이터를 전달하기 전에 소화가 더 잘 되도록 데이터를 변환함을 의미한다. PCA는 몇 가지 방법으로 사전 처리에 도움이 된다. 우리는 상관관계를 없애기 위해 분산 데이터 표현을 만드는 데 이를 사용할 것이다. 또한 차원 감축을 위해 PCA를 사용할 수 있다. 우리는 원핫 인코딩과 수동 특징 공학으로 차원을 확장할 수 있는 방법을 보았다. 'Argh', 'Haght' 및 'Waght'와 같은 인공적인 특징으로 분산 표현을 만들 때 우리는 정보성(informativity) 관점에서 그들을 순서화하기를 원하고, 따라서 우리는 정보가 없는 특징을 폐기할 수

32) 그 이유 중 하나는 세부 사항을 설명하는 데 필요한 도구를 아직 다 배우지 않았기 때문이다.

있다. 정보성은 단지 분산이다[33]: 특징의 변화가 크면 더 많은 정보를 전달한다.[34] 우리는 Z가 다음과 같이 되기를 바란다: 가장 큰 분산을 갖는 특징이 첫 번째 열에 있어야 하고, 두 번째 큰 분산의 특징이 두 번째 열 등등.

간단한 변환으로 분산이 어떻게 변하는지를 설명하기 위해 6개의 2D 데이터포인트가 있는 그림 3.10을 보자. 그림 3.10의 a 부분은 시작 위치를 보여준다. x 좌표의 분산은 상대적으로 작다: x 축으로의 데이터포인트 투영은 서로 밀접하다. y 축을 따라 분산이 더 좋고 y 좌표가 더 멀리 떨어져 있다. 그러나 우리는 더 잘 할 수 있다. 그림 3.10의 b 부분을 보자. 우리는 좌표계를 약간 회전시켜 이것을 얻었다. 모든 데이터가 동일하게 유지되고 데이터의 표현, 즉 축(특징에 해당하는)이 변경된다. 새로운 '좌표계'는 실제로 수학적으로 말하자면 이 2D 벡터 공간의 점에 대한 다른 기저(basis)이다. 점(예: 2D 벡터)을 변경하는게 아니라 그들이 속한 '좌표계'를 변경하는 것이다. 실제로는 좌표계를 변경하는 것이 아니라 단순히 벡터 공간의 기저를 변경하는 것이다. 이 방법을 수학적으로 어떻게 하는지에 대한 질문은 행렬 Q가 어떻게 이런 식으로 동작하는지를 묻는 것과 실제로 동일하며 이것에 대해 9장에서 답할 것이다. 축을 따라 첫 번째와 마지막 데이터포인트 좌표 사이의 거리를 플로팅했는데 그것은 분산을 위한 '그래픽 프록시'로 볼 수 있다. 그림 3.10의 b 부분에서 검은 색(원본 좌표계)을 회색(변형된) 분산과 나란히(검은 색 좌표계 옆) 비교했다. 원래 시스템에서 분산이 더 큰 축인 y 축의 분산은 증가했지만 x 축의 분산(원래 시스템에서 분산이 작은 축)은 실제로 감소했다.

33) 2장을 보라.
34) 특징이 항상 같은 값이면 분산이 0이며 초평면을 그릴 때 유용한 정보가 없다.

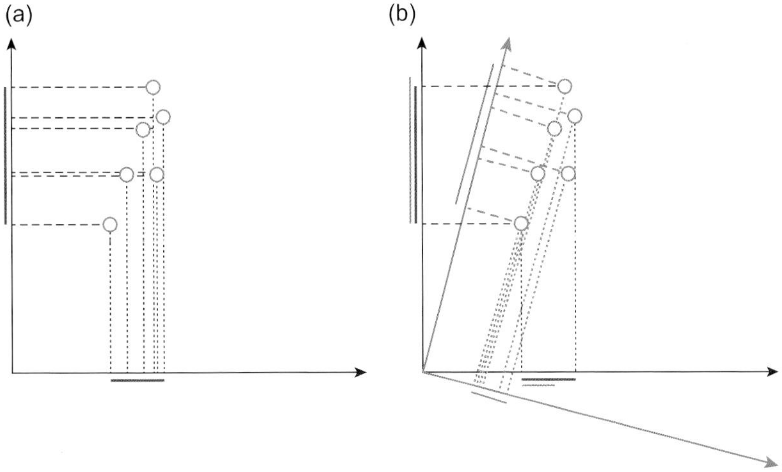

그림 3.10 좌표계 회전시의 분산

계속하기 전에 PCA 및 전처리에 대해 마지막으로 한마디 하겠다. 어떤 종류의 데이터에서 가장 근본적인 문제 중 하나는 노이즈가 있다는 것이다. 노이즈는 관련 있는 정보를 제외한 모든 것으로 정의할 수 있다. 우리의 데이터 집합이 충분한 훈련 샘플을 가지고 있다면, 그것은 무작위가 아닌 정보와 무작위 노이즈를 가지고 있을 것이다. 그들은 일반적으로 특징에 섞여 있다. 그러나 분산 표현을 만들 수 있다면 큰 분산을 갖는 부분과 작은 분산 부분을 별도의 특징으로 추출할 수 있음을 의미한다: 우리는 노이즈(랜덤인)는 분산이 낮은(모든 곳에서 '똑같이 무작위적') 반면에 정보는 높은 분산을 갖는다고 가정할 수 있다. PCA를 20차원 입력 행렬에 사용했다고 가정해 보자. 그런 다음 처음 10가지 새로운 특징들만 유지하면, 약간의 정보만 제거함으로써(그들은 낮은 분산 특징이고 '분산이 없는' 특징은 아니기 때문) 많은 노이즈(낮은 분산 특징)를 제거하는 것이다.

PCA는 오래 전부터 사용되어 왔다. 1901년 런던 대학(University

College London)의 칼 피어슨(Karl Pearson)에 의해 처음 발견되었다 [13]. 그 이후 PCA의 변종은 많은 이름이 붙여졌고 종종 미묘한 차이가 있었다. PCA의 여러 변종 간의 관계에 대한 자세한 내용은 흥미롭지만 유감스럽게도 탐구하려면 전체 책이 필요하므로 결과적으로 이 책의 범위를 벗어난다.

3.8 언어 학습하기: 단어 주머니(Bag of Words) 표현 방식

지금까지 우리는 수치적 특징, 서수 특징 및 범주적 특징을 다루었다. 우리는 범주형 특징에 대해 원핫 인코딩을 수행하는 방법을 보았다. 우리는 자연어 처리라고 하는 전체 분야를 다루지 않았다. 독자는 자연어 처리에 대한 완전한 소개를 위해 [14] 또는 [15]를 참조할 수 있다. 이 절에서는 가장 단순한 모델인 **단어 주머니**(*bag of words*)를 사용하여 언어를 처리하는 방법을 살펴보겠다.

먼저 자연어 처리를 위한 몇 가지 용어를 정의해 보자. 코퍼스(corpus)는 우리가 가지고 있는 전체 텍스트 모음이다. 코퍼스는 조각(fragments)으로 분해될 수 있다. 조각은 단일 문장, 단락 또는 다중 페이지 문서일 수 있다. 기본적으로 조각은 훈련 샘플로 취급하고자 하는 단위이다. 우리가 임상 서류를 분석하고 있다면, 각 환자 입원 서류는 하나의 조각일 수 있다: 우리가 주요 대학의 모든 박사 학위 논문을 분석한다면 각 200쪽짜리 논문은 하나의 조각이다: 소셜 미디어에 대한 감성을 분석하는 경우, 각 사용자 의견은 하나의 조각이다. 단어 주머니 모델은 코퍼스로부터의 한 단어를 특징으로 하고, 그 단어 아래 각 행은 그 조각에서 그 단어가 몇 번이나 나왔는지 카운팅하여 만들어진다. 단어 주머니를 만듦으로써 단어의 순서는 잃어버리게 된다.

단어 주머니 모델은 언어를 기계학습 알고리즘에 공급될 수 있는 특징들로 변환하는 주요 방법 중 하나이며, 딥러닝만이 6, 7, 8장에서 보게 될 좋은 대안을 가지고 있다. 다른 기계학습 방법은 거의 독점적으로 단어 주머니 또는 그의 변형[35]을 사용하고, 단어 주머니는 딥러닝에서도 여러 가지 언어 처리 작업을 위한 훌륭한 언어 모델이다. 간단한 소셜 미디어 데이터 집합에서 단어 주머니가 어떻게 작동하는지 보자[36]:

User	Comment	Likes
S. A	you dont know	22
F. F	as if you know	13
S. A	i know what i know	9
P. H	i know	43

'Comment'열을 단어 주머니로 변환해야 한다. 'User' 및 'Likes'열은 그대로 유지된다. Comment열에서 단어 주머니를 만들려면 두 번의 패스가 필요하다. 첫 번째는 발생하는 모든 단어를 수집하고 이를 특징으로 변환하고(즉, 고유 단어들을 수집하여 그 단어들의 열을 생성) 두 번째는 실제 값으로 쓰는 것이다:

35) 단어 모델의 기본 주머니를 확장한 예는 *n*-gram의 주머니이다. *n*-그램은 서로 옆에 있는 *n*개의 단어로 구성된 *n*개의 튜플이다. 문장 'I will go now'이 있다면, 그의 2-그램의 집합은{('*I*', '*will*'), ('*will*', '*go*'), ('*go*', '*now*')}이다.

36) 소셜 미디어에서 수집한 데이터를 사용해야 하는 작업은 특히 모든 텍스트를 소문자로 변환하고 여기에서 이미 수행한 모든 쉼표 따옴표 및 글자와 숫자가 아닌 것을 제거하는 것이 바람직하다.

User	you	dont	know	as	if	i	what	Likes
S. A	1	1	1	0	0	0	0	22
F. F	1	0	1	1	1	0	0	13
S. A	0	0	2	0	0	2	1	9
P. H	0	0	1	0	0	1	0	43

이제 우리는 'Comment'열 단어 주머니를 가지고 있으며 기계학습 알고리즘에서 데이터 집합을 제공하기 전에 'User'열에 대해 원핫 인코딩을 수행해야 한다. 앞에서 설명한 것처럼 이 작업을 수행하여 마지막 입력 행렬을 얻는다:

S. A	F. F	P. H	you	dont	know	as	if	i	what	Likes
1	0	0	1	1	1	0	0	0	0	22
0	1	0	1	0	1	1	1	0	0	13
1	0	0	0	0	2	0	0	2	1	9
0	0	1	0	0	1	0	0	1	0	43

이 예는 원핫 인코딩과 단어 주머니 사이의 차이점을 보여 준다. 원핫에서 각 행은 단지 1 또는 0을 가지며 정확히 하나의 1을 가져야 한다. 즉, 1인 경우에만 열 번호를 확인함으로써 컴팩트하게 표현할 수 있음을 의미한다. 위의 표에서 4번째 예를 들어보자: 우리는 단순히 열 번호가 '3'이라는 것을 보고 원핫 부분에 대한 모든 것을 알 수 있고, 이것이 '0, 0, 1'을 쓰는 것보다 공간이 적게 든다. 단어 주머니는 다르다. 여기서는 각 조각에 대한 단어 수를 이용하며 이는 1보다 클 수 있다. 또한 전체 데이터 집합에서 단어 주머니를 사용해야 한다. 즉, 훈련 및 테스트 집합을 함께 인코딩해야 한다. 즉, 테스트 집합에서만 발생하는 단어는 전체 훈련 집합에서 0이 된다. 또한 대부분의 분류기는 모든 샘플이 동일한 차원(및 특징 이름)을 가질

것을 요구하므로 예측하는 알고리즘을 사용할 때, 데이터를 알고리즘에 공급하기 위해 훈련된 모델에 없는 새 단어를 버려야 한다.

둘 다 공통점이 있는데, 둘 다 차원을 상당히 확장하고 대부분의 값을 0으로 갖게 된다. 이렇게 데이터를 인코딩할 때 우리는 **희소 인코딩**(*sparse encoding*)을 사용한다. 즉, 많은 특징은 의미가 없으므로 분류기가 가능한 한 빨리 그것들을 버리기를 바란다. 우리는 나중에 PCA 및 L1 정규화와 같은 일부 기술이 어떻게 희소 인코딩된 데이터 집합을 직면할 때 유용할 수 있는지 볼 것이다. 또한 단어를 세어 '의미 체계'를 포착하기 위해 어떻게 차원 확장을 사용하는지에 주목하라.

참고문헌

1. R. Tibshirani, T. Hastie, *The Elements of Statistical Learning: Data Mining, Inference, and Prediction*, 2nd edn. (Springer, New York, 2016)
2. F. van Harmelen, V. Lifschitz, B. Porter, *Handbook of Knowledge Representation* (Elsevier Science, New York, 2008)
3. R.S. Sutton, A.G. Barto, *Reinforcement Learning: An Introduction* (MIT Press, Cambridge, 1998)
4. J.R. Quinlan, Induction of decision trees. Mach. Learn. **1**, 81–106 (1986)
5. M.E. Maron, Automatic indexing: an experimental inquiry. J. ACM **8**(3), 404–417 (1961)
6. D.R. Cox, The regression analysis of binary sequences (with discussion). J. Roy. Stat. Soc. B(Methodol.) **20**(2), 215–242 (1958)
7. P.J. Grother, NIST special database 19: handprinted forms and characters database (1995)
8. Y. LeCun, L. Bottou, Y. Bengio, P. Haffner, Gradient-based learning applied to document recognition. Proc. IEEE **86**(11), 2278–2324 (1998)

9. M.A. Nielsen, *Neural Networks and Deep Learning* (Determination Press, 2015)
10. P.N. Klein, *Coding the Matrix* (Newtonian Press, London, 2013)
11. I. Färber, S. Günnemann, H.P. Kriegel, P. Krooöger, E. Müller, E. Schubert, T. Seidl, A. Zimek. On using class-labels in evaluation of clusterings, in *MultiClust: Discovering, Summarizing, and Using Multiple Clusterings*, ed. by X.Z. Fern, I. Davidson, J. Dy (ACM SIGKDD, 2010)
12. J. Dunn, Well separated clusters and optimal fuzzy partitions. J. Cybern. **4**(1), 95–104 (1974)
13. K. Pearson, On lines and planes of closest fit to systems of points in space. Phil. Mag. **2**(11), 559–572 (1901)
14. C. Manning, H. Schütze, *Foundations of Statistical Natural Language Processing* (MIT Press, Cambridge, 1999)
15. D. Jurafsky, J. Martin, *Speech and Language Processing* (Prentice Hall, New Jersey, 2008)
16. S. P. Lloyd, Least squares quantization in PCM. *IEEE Transactions on Information Theory*, **28**(2), 129–137 (1982)
17. E. W. Forgy, Cluster analysis of multivariate data: efficiency versus interpretability of classifications. *Biometrics*, **21**(3), 768–769 (1965)

CHAPTER 4

피드포워드 신경망

4.1 신경망의 기본 개념과 용어

역전파는 딥러닝을 위한 핵심 학습 방법이다. 그러나 우리는 역전파에 대한 탐구를 시작하기 전에 많은 기본 개념을 정의하고 상호 작용을 설명해야 한다. 딥러닝은 심층 인공 신경망을 이용한 기계학습이며 이 장에서는 얕은 신경망의 동작 원리를 설명한다. 우리는 얕은 신경망을 **단순 피드포워드 신경망**(*simple feedforward neural networks*)이라고 부를 것이다(비록 용어 자체는 얕은 연결뿐만 아니라 피드백 연결이 없는 아무 신경망을 나타내는데 사용되어야 하지만). 이러한 의미에서 컨볼루션 신경망은 피드포워드 신경망이지만 얕은 신경망이 아니다. 일반적으로 딥러닝은 얕은 신경망에 더 많은 층을 추가하려고 할 때 발생하는 문제를 수정하는 것으로 이루어진다. 신경망에 대한 다른 훌륭한 책들이 많이 있다. 책 [1]은 독자에게 수학적 세부사항 대부분을 다루는 엄격한 처리 방법을 제공하는 반면, 책 [2]는 응용들로 구성되어 있지만, 이 책에서 탐구하지 않은 몇 가지 연결된 기술(예: Adaline)에 대한 개요를 제공한다. 책 [3]은 딥러닝에서 가장 뛰어난 전문가들에 의해 쓰여진 훌륭한 책이며, 현재 책을 끝내고 난후, 자연스러운 다음 단계가 될 수 있다. 우리가 언급할 마지막 책은, 아마도 가장 까다로운 책일 것인데, [4]이다. 이 책은 훌륭한 책이지만 독자에게 심각한 부담을 줄 것이며, [3] 후에 그것에 도전할 것을 제안한다. 다른 훌륭한 책들도 많이 있지만, 우리는 현재의 책에서 다루는 내용을 가장 잘 증강시킬 것이라고 생각하는 선택을 여기에 제시했다.

모든 신경망은 간단한 기본 요소로 만들어진다. 지난 장에서는 간단한 신경망을 인지하지 못한 채 접했다: 로지스틱 회귀(logistic regression). 얕은 인공 신경망은 2개 또는 3개의 층으로 구성되어 있으며, 그 이상의 것은 깊은 것으로 간주된다. 로지스틱 회귀와 마찬가지로, 인공 신경망은 입력이 저장되는 입력층을 가지고 있다. 입력을 보유하는 모든 요소를 '뉴런'이라고 한다. 로지스틱 회귀는 모든 입력이 향하는 단일 지점을 가지며, 이것이 출력이다(이것 또한 뉴런이다). 간단한 신경망에 대해서도 마찬가지지만 출력층을 구성하는 출력 뉴런을 둘 이상 가질 수 있다. 로지스틱 회귀와 다른 점은 입력층과 출력층 사이에 '은닉'층이 있을 수 있다는 것이다. 관점에 따라, 우리는 신경망이 여러 개의 주력 뉴런을 가진 로지스틱 회귀라고 생각할 수 있으며, 그 후에 결과를 '조정하는' 최종 주력 뉴런을 생각할 수 있다. 혹은 신경망이 입력과 이전 주력 뉴런(로지스틱 회귀에 이미 존재했던) 사이에 주력 뉴런의 전체 층이 추가로 끼어 있는 로지스틱 회귀라고 생각할 수 있다. 이 두 가지 견해는 모두 신경망에 대한 직관을 개발하는데 유용하며, 하나에 대해 익숙해지면 다른 관점으로 전환할 것이므로 이 장의 나머지 부분에서도 이를 기억하는 것이 좋다.

그림 4.1에 간단한 3층 신경망의 구조를 보여준다. 한 층의 모든 뉴런은 다음 층의 모든 뉴런에 연결되는데, 이전 층의 양 중 얼마만큼이 다음 층의 뉴런에 전송될지를 결정하는, 소위 **가중치**(*weight*)가

곱해진다. 물론, 가중치는 시작 뉴런에 의존하지 않고 시작 뉴런-목적지 뉴런 쌍에 의존한다. 즉, 뉴런 N_5와 뉴런 M_7 사이의 연결에는 가중치 w_k가 있고 뉴런 N_5와 M_3 간의 연결에는 다른 가중치 w_j가 있다. 이러한 가중치는 우연히 같은 값을 가질 수 있지만 대부분의 경우 서로 다른 값을 갖는다.

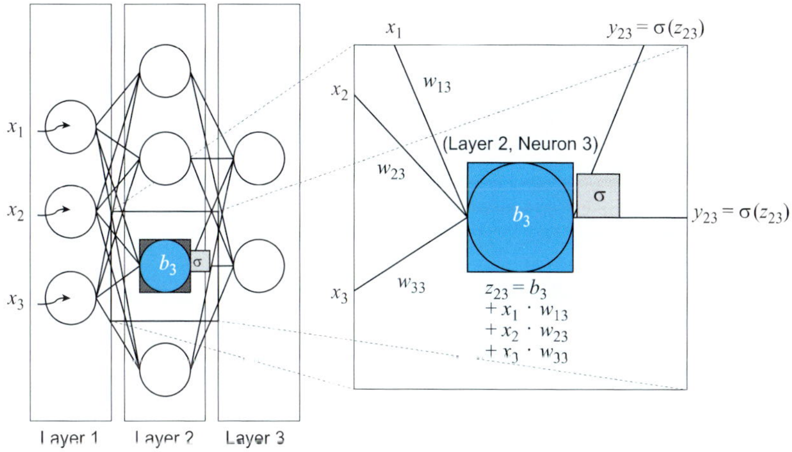

그림 4.1 간단한 신경망

신경망을 통한 정보의 흐름은 제1층 뉴런(입력층)에서 제2층 뉴런(은닉층)을 거쳐 제3층 뉴런(출력 뉴런)으로 이동한다. 그림 4.1로 돌아가 보자. 입력층은 세 개의 뉴런으로 구성되며 각 입력 값은 하나의 입력 값을 허용할 수 있으며 변수 x_1, x_2, x_3으로 나타낸다(실제 입력값은 이 변수들의 값이다). 첫 번째 층이 하는 유일한 작업은 입력을 받아들이는 것이다. 입력층의 모든 뉴런은 단일 출력을 취할 수 있다. 입력 뉴런보다 적은 입력값을 가질 수 있지만(사용하지 않은 뉴런에 0을 넣어 줄 수는 있다), 입력 뉴런보다 많은 입력값을 사용할 수는 없다. 입력은 시퀀스 x_1, x_2,. ⋯, x_n(실제로는 **행 벡터**와 동일함) 또는 **열 벡터** $x := (x_1, x_2, \cdots, x_n)$로 나타낼 수 있다. 이는 동일한 데이터에 대한 다른 표현이며, 항상 우리가 필요로 하는 작업을 보다 쉽고 빠르게 계산할 수 있는 표현을 선택할 것이다. 우리가 선택한 데이터 표현에서 우리는 계산상의 효율성 이외의 다른 것에 의해 제약을 받지 않는다.

이미 언급했듯이 입력층의 모든 뉴런은 은닉층의 모든 뉴런에 연결되지만 동일한 층의 뉴런은 서로 연결되지 않는다. 층 k의 뉴런 j와 층 n의 뉴런 m 사이의 모든 연결에는 w_{jm}^{kn}으로 표시되는 가중치가 있으며, 일반적으로 문맥상에서 어떤 층이 관련되어 있는지 분명하기 때문에 위 첨자를 생략하고 w_{jm}을 쓸 수 있다. 가중치는 초기값이 주어진 뉴런으로 전달되는 양을 조절하므로 입력이 12이고 대상 뉴런의 가중치가 0.25이면 대상에 값 3이 수신된다. 가중치는 값을 줄일 수 있지만 0과 1 사이에 바인딩되지 않기 때문에 값을 늘릴 수도 있다.

다시 그림 4.1로 돌아가서 오른쪽에 확대된 뉴런을 설명해보자. 확대된 뉴런(제2층의 뉴런 3)은 이전 층의 입력과 해당 가중치의 곱의 합계인 입력을 가져온다. 이 경우 입력은 x_1, x_2 및 x_3이고 가중치는 w_{13}, w_{23} 및 w_{33}이다. 각 뉴런은 여기에 b_3으로 표시되는 **바이어스**라고 하는 수정 가능 값을 가지며 이 바이어스는 이전 합계에 더해진다. 이 결과를 **로짓**(*logit*)이라고 하며 전통적으로 z로 표시한다(이 경우 z_{23}).

일부 단순한 모델[1]은 단순히 출력으로 로짓을 제공하지만, 대부분

1) 이 모델은 선형 뉴런이라고 불린다.

의 모델은 출력을 생성하기 위해 비선형 함수(비선형성 또는 활성화 함수라고도 하며 그림 4.1에서 'σ'로 표시)를 로짓에 적용한다. 출력은 전통적으로 y로 표시된다(이 경우 확대된 뉴런의 출력은 y_{23} 임)[2]. 비선형성은 일반적으로 $\sigma(x)$ 또는 주어진 함수의 이름으로 참조할 수 있다. 사용되는 가장 일반적인 함수는 시그모이드 또는 로지스틱 함수이다. 우리는 전에 로지스틱 회귀의 주요 함수로서, 이 함수를 접한 적이 있다. 로지스틱 함수는 로짓 z를 취해 그 출력 $\sigma(z) = \frac{1}{1+e^{-z}}$를 반환한다. 로지스틱 함수는 받아들인 모든 값을 0과 1 사이의 값으로 '밀어 넣으며(squashes)' 그 의미의 직관적인 해석은 주어진 입력에 대한 출력의 확률을 계산한다는 것이다.

몇 가지 언급하면, 서로 다른 층은 이후 장에서 보게 될 다른 비선형성을 가질 수 있지만, 같은 층의 모든 뉴런은 로짓에 동일한 비선형성을 적용한다. 또한 뉴런의 출력은 전송하는 모든 방향에서 동일한 값이다. 그림 4.1의 확대된 뉴런으로 돌아가서, 뉴런은 y_{23}을 두 방향으로 보내고 둘 다 같은 값이다. 마지막으로, 그림 4.1에서 다음 층의 로짓은 같은 방식으로 계산될 것이다. z_{31}을 예로 들면, z_{31}은 다음과 같이 계산된다: $z_{31} = b_{31} + w_{11}^{23}y_{21} + w_{21}^{23}y_{22} + w_{31}^{23}y_{23} + w_{41}^{23}y_{24}$. z_{32}에 대해서도 동일한 작업을 수행한 다음 최종 출력을 얻기 위해 선택한 비선형성을 z_{31} 및 z_{32}에 적용한다.

2) 선형 뉴런에서 우리는 동일한 표기법을 사용하고자 하지만 $y_{23} := z_{23}$으로 설정한다.

4.2 벡터와 매트릭스로 신경망 구성요소 표현하기

$m \times n$ 행렬의 일반적인 모양을 생각해 보자(m은 행의 수이고 n은 열의 수이다):

$$\begin{bmatrix} a_{11} & a_{12} & a_{13} & \dots & a_{1n} \\ a_{21} & a_{22} & a_{23} & \dots & a_{2n} \\ \vdots & \vdots & \vdots & \ddots & \vdots \\ a_{m1} & a_{m2} & a_{m3} & \dots & a_{mn} \end{bmatrix}$$

그림 4.2에 스케치된 과정을 행렬 연산으로 정의한다고 가정하자.

3장에서 우리는 행렬 연산으로 로지스틱 회귀에 대한 계산을 나타내는 법을 보았다. 여기서는 단순 피드포워드 신경망에 대해 동일한 아이디어를 따른다. 입력이 그림에서와 같이 수직 배열을 따르기를 원하면 열 벡터, 즉 $x = (x_1, x_2)^T$로 나타낼 수 있다. 또한 그림 4.2는 네트워크의 중간 값을 제공하므로 계산의 각 단계를 검증할 수 있다. 이전 장에서 설명한 것처럼 A가 행렬인 경우 j 행 및 k 열의 행렬 항목은 $A_{j,k}$ 또는 A_{jk}로 표시된다. j와 k를 '스위치'하고 싶다면 A^T라고 표시되는 행렬 A의 전치가 필요하다. 따라서 행렬 A와 A^T의 모든 항목에 대해 다음이 성립한다: A_{jk}는 A^T_{kj}와 동일한 값을 갖는다. 즉, $A_{jk} = A^T_{kj}$. 신경망에서 연산을 벡터와 행렬로 표현할 때, 우리는 (그들 각자가 계산 비용이 있기 때문에) 전치의 사용을 최소화하고, 연산을 가능한 자연스럽고 간단하게 유지하고 싶다. 그러나 한편으로는 행렬 전치는 비용이 그렇게 많이 드는 것은 아니며 때로는 빠른 것보다는 직관적인 이유로 유지하는 것이 더 나을 때가 있다. 우리의 경우에는 층 1의 두 번째 뉴런과 층 2의 세 번째 뉴런을 연결하는 가중치 w를 w_{23}이라는 변수로 나타낸다. 이 인덱스는 층의 어떤 뉴런

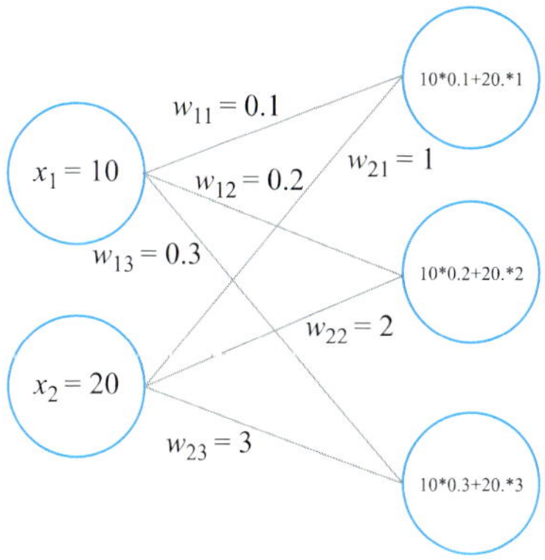

그림 4.2 네트워크의 가중치

이 연결되어 있는지 정보를 담고 있지만 층에 대한 정보는 어디에 저장해야 하는지는 여전히 의문이다. 답은 매우 간단하다. 정보는 프로그램 코드의 행렬 이름, `input_to_hidden_w`에 잘 저장된다. 우리는 행렬을 그의 '수학적 이름'으로, 예를 들어 **u**, 혹은 코드 이름, 예를 들어 `hidden_to_output_w`로 부른다. 따라서 그림 4.2에 따라 두 층을 연결하는 가중치 행렬을 작성한다:

$$\begin{bmatrix} w_{11}(=0.1) & w_{12}(=0.2) & w_{13}(=0.3) \\ w_{21}(=1) & w_{22}(=2) & w_{23}(=3) \end{bmatrix}$$

이 행렬을 w라고 부르자(이름에 첨자 또는 위첨자를 추가할 수 있다). 행렬 곱셈 $\mathbf{w}^T\mathbf{x}$를 사용하여 3×1 행렬, 즉 열 벡터 $\mathbf{z} = (21, 42, 63)^T$을 얻는다.

이것으로 우리는 뉴런과 연결 구조와 함께 신경망을 통한 데이터 전달을 설명했고 이것을 **순방향 패스**(*forward pass*)라고 부른다. 순방향 패스는 단순히 입력이 신경망을 통과할 때 발생하는 계산의 합계이다. 우리는 각 계층을 함수 계산으로 볼 수 있다. 그러면 **x**가 입력 벡터이고 **y**가 출력 벡터이고 f_i, f_h 및 f_o는 각 층에서 계산된 전체 함수(곱, 합 및 비선형성)이면 $\mathbf{y} = f_o(f_h(f_i(\mathbf{x})))$이다. 우리가 역전파를 통해 가중치를 수정하는 것을 다룰 때, 신경망을 보는 이 방법은 매우 중요하다.

우리가 필요한 신경망의 사양은 다음과 같다:

- 네트워크의 층 수
- 입력 크기(입력 층의 뉴런 수와 동일함)
- 은닉 층의 뉴런 수
- 출력 층의 뉴런 수
- 가중치의 초기 값
- 바이어스의 초기 값

뉴런은 객체가 아니다. 그것들은 행렬의 엔트리로서 존재하기 때문에, 그 수는 행렬을 지정하는데 필요하다. 가중치와 바이어스는 중요한 역할을 한다: 신경망의 전체 포인트는 좋은 가중치와 바이어스 집합을 찾는 것이며 이는 순방향 패스의 역순으로 역전파를 통한 훈련을 통해 수행된다. 이 아이디어는 네트워크가 분류할 때 만드는 오차를 측정하고 그 오차가 매우 작아지도록 가중치를 수정하는 것이다. 이 장의 나머지 부분은 역전파에 전념할 것인데, 이것이 딥러닝에서 가장 중요한 주제이기 때문에 천천히 그리고 많은 예제로 소개할 것이다.

4.3 퍼셉트론 규칙

이전에 언급했듯이 뉴런의 학습 과정은 단순히 역전파로 훈련하는 동안 가중치와 바이어스를 수정하거나 업데이트하는 것이다. 우리는 곧 역전파 알고리즘을 설명할 것이다. 분류 중에는 순방향 패스만 만들어진다. 인공 뉴런에 대한 초기 학습 절차 중 하나는 퍼셉트론 학습(perceptron learning)으로 알려져 있다. 퍼셉트론은 **바이너리 임계치 뉴런**(바이너리 임계치 유닛이라고도 함)과 퍼셉트론 학습 규칙으로 구성되며 수정된 로지스틱 회귀처럼 보인다. 이진 임계치 뉴런을 정식으로 정의해 보자:

$$z = b + \sum_i w_i x_i$$

$$y = \begin{cases} 1, z \geq 0 \\ 0, \text{otherwise} \end{cases}$$

x_i는 입력이고, w_i는 가중치이고, b는 바이어스이며, z는 로짓이다. 두 번째 방정식은 결정을 정의하고 이것은 일반적으로 비선형성으로 이루어지는데 여기에서는 이진 계단 함수가 대신 사용된다. 우리는 바이어스를 가중치의 하나로 흡수하는 것이 가능하고 따라서 가중치 업데이트 규칙만 필요함을 보여주기 위해 약간 돌아간다. 그림 4.3에 이것을 보여준다: 바이어스를 가중치로 흡수하기 위해 값 1의 입력 x_0를 추가해야 하며 바이어스는 그 가중치이다. 이것은 다음과 정확히 동일하다:

$$z = b + \sum_i w_i x_i = w_0 x_0 (= b) + w_1 x_1 + w_2 x_2 + \ldots$$

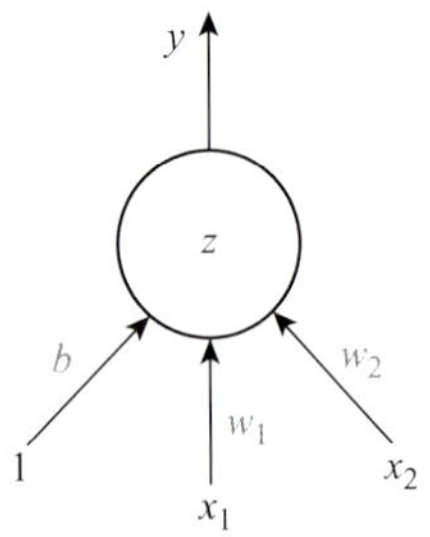

그림 4.3 바이어스 흡수

위의 방정식에 따르면, b는 x_0 또는 w_0 중 하나일 수 있다(다른 하나는 1이어야 함). 학습으로 바이어스를 변경하고 입력은 변경하지 않으려고 하므로 바이어스를 가중치로 취급해야 한다. 우리는 이 과정을 바이어스 흡수라고 부른다.

퍼셉트론은 아래와 같이 훈련된다(이것을 퍼셉트론 학습 규칙이라고 한다[3]):

1. 훈련 예제를 선택한다.
2. 예상 출력이 출력 레이블과 일치하면 아무 작업도 하지 않는다.
3. 퍼셉트론이 1을 예측했어야 했는데 0을 예측하고 있다면, 입력 벡터를 가중치 벡터에 더한다.
4. 퍼셉트론이 0을 예측했어야 했는데 1을 예측하고 있다면, 입력 벡터를 가중치 벡터에서 뺀다.

예를 들어, 입력 벡터를 $\mathbf{x} = (0.3,\ 0.4)^T$로 설정하고 바이어스를 $b = 0.5$, 가중치 $\mathbf{w} = (2,\ -3)^T$ 및 목표[4] $t = 1$로 설정하자. 먼저 현재 분류 결과를 계산하면서 시작한다:

3) 공식적으로 말하자면, 퍼셉트론 규칙을 사용하는 모든 유닛은 바이너리 임계치 유닛이 아니더라도 퍼셉트론이라고 해야 한다.

4) 목표는 기대값 또는 참 레이블이라고도하며 대개 t로 표시된다.

$$z = b + \sum_i w_i x_i = 0.5 + 2 \cdot 0.3 + (-3) \cdot 0.4 = -0.1$$

$z < 0$인 경우, 퍼셉트론의 출력은 0인데 사실은 1이어야만 한다. 즉, 퍼셉트론 규칙에서 (3)번을 사용하여 입력 벡터를 가중치 벡터에 더해야 한다:

$$(\mathbf{w}, b) \leftarrow (\mathbf{w}, b) + (\mathbf{x}, 1) = (2, -3, 0.5) + (0.3, 0.4, 1) = (2.3, -2.6, 1.5)$$

수제(*handcrafted*) 특징을 추가하는 것이 옵션이 아니라면, 퍼셉트론 알고리즘은 매우 제한적이다. Minsky와 Papert가 1969년에 발표한 간단한 문제 [5]를 보려면 각 분류 문제가 데이터에 대한 쿼리로 이해될 수 있음을 생각하라. 이것은 입력이 만족하기를 원하는 속성이 있음을 의미한다. 기계학습은 입력에 존재하는 (수치적) 속성들로 이 복합 속성을 정의하는 방법일 뿐이다. 그런 다음 쿼리는 이 속성을 만족하는 모든 입력 점을 검색한다. 사람과 키와 몸무게로 구성된 데이터 집합이 있다고 가정하자. 175 cm보다 높은 값만 반환하려면 `select * from table where cm > 175` 형식의 쿼리를 작성한다. 반면에 우리가 뒤에 검고 흰 줄이 있는 범인 식별 사진의 jpg 파일들만 가지고 있고, 사람의 키를 인식하여 분류하는 분류기를 필요로 한다고 하자. 이 분류기는 숫자를 사용하지 않고 픽셀들을 사용하기 때문에 예컨대 155 cm인 사람을 165가 아니라 175인 사람과 비슷하다고 인식할 수 있다. 배경의 검고 흰 부분이 비슷하기 때문이다. 이것은 기계학습 알고리즘이 주어진 정보 표현의 관점에서 '유사'함을 학습할 수 있다는 것을 의미한다: 숫자면에서 유사하게 보이는 것이 픽셀 측면에서 유사하지 않을 수도 있고 그 반대일 수도 있다. 숫자 6과 9를 생각해보자: 시각적으로 그들은 가깝지만(단지 회전으로 다른 하나를 얻을 수 있다) 수치적으로는 그렇지 않다. 알고리즘에 주어진 표현이 픽셀 단위이고 회전이 가능한 경우[5] 알고리즘은 그것들을 동일하다고 생각할 것이다.

분류할 때 기계학습 알고리즘(퍼셉트론은 일종의 기계학습 알고리즘이다)은 일부 데이터 포인트를 클래스에 속한 것으로 선택하고 다른 데이터 포인트들은 아웃시킨다. 이것은 그들 중 일부는 레이블 1을 얻고 일부는 레이블 0을 얻음을 의미하고 이 학습된 분할이 실제를 포착하길 희망한다: 즉, 1로 레이블된 데이터 포인트는 실제로 '1'이고 0으로 레이블된 데이터 포인트는 실제로 '0'이길 바란다. 논리학과 이론적 컴퓨터과학에서 고전적인 질의 중 하나로 **패리티**(*parity*)가 있다. 이 질의는 데이터의 이진 문자열에 대해 수행되고, 1과 0이 동수로 나온 객체만 선택되고 레이블 1이 주어진다. 패리티는 길이가 n인 스트링만 고려하도록 완화될 수 있다. 그런 다음 그것을 공식적으로 $\texttt{parity}_n(x_0, x_1, \cdots, x_n)$라고 이름짓고, 여기서 각각의 x_i는 단일 이진수(또는 비트)이다. $\texttt{parity}_2$는 XOR이라고도 하며 배타적 논리합이라고 하는 논리적 함수이기도 하다. XOR은 2비트를 취해 1과 0의 양이 같을 때만 1을 반환한다. 이는 이진 문자열이기 때문에 하나의 1과 하나의 0이 있음을 의미한다. 여기서 0과 1만 바뀐 논리에서의 동치도 이름만 다를 뿐 똑같이 사용할 수 있다. 따라서 XOR은 다음과 같은 매핑을 갖는다. $(0, 0) \mapsto 0$, $(0, 1) \mapsto 1$, $(1, 0) \mapsto 1$, $(1, 1) \mapsto 0$.

XOR이 문제로 주어지면, 퍼셉트론은 입력을 분류하여 올바른 레이블을 얻는 방법을 학습할 수 없다. 이것은 두 개의 입력 뉴런을 가

5) 간단한 응용으로서 방향에 관계없이 숫자를 분류할 필요가 있는 보안 카메라용 이미지 인식 시스템을 생각해보라.

진 퍼셉트론이 XOR에서 1과 0을 분리하도록 두 개의 가중치를 조정할 수 없음을 의미한다. 보다 공식적으로, w_1, w_2 및 b를 퍼셉트론의 가중치 및 편향이라 하고, $(0, 0) \mapsto 1$, $(0, 1) \mapsto 0$, $(1, 0) \mapsto 0$, $(1, 1) \mapsto 1$이라 하면, 우리는 다음 4개의 부등식을 얻는다.

1. $w_1 + w_2 \geq b$,
2. $0 \geq b$,
3. $w_1 < b$,
4. $w_2 < b$

부등식 (1)은 $(x_1 = 1, x_2 = 1) \mapsto 1$이기 때문에, $w_1x_1 + w_2x_2 = w_1 \cdot 1 + w_2 \cdot 1 = w_1 + w_2 \geq b$이어야 하므로 성립한다.

부등식 (2)는 $(x_1 = 0, x_2 = 0) \mapsto 1$이기 때문에, $w_1x_1 + w_2x_2 = w_1 \cdot 0 + w_2 \cdot 0 = 0 \geq b$이어야 하므로 성립한다.

부등식 (3)은 $(1, 0) \mapsto 0$이기 때문에 $w_1x_1 + w_2x_2 = w_1 \cdot 1 + w_2 \cdot 0 = w_1 < b$이어야 하므로 성립한다.

부등식 (4)는 (3)과 비슷한 방식으로 유도된다. (1)과 (2)를 더하여 $w_1 + w_2 \geq 2b$를 얻고, (3)과 (4)를 더해 $w_1 + w_2 < 2b$를 얻는다. 이 부등식 시스템이 답이 없다는 것을 확인하는 것은 쉽다.

이것은 일반 인공지능의 경쟁자라고 주장된 퍼셉트론은 논리에서의 동치 조차도 학습할 수 없다는 것을 의미한다. 제안된 솔루션은 '다층 퍼셉트론'을 만드는 것이었다.

4.4 델타 규칙

'다층 퍼셉트론(multilayered perceptron)'을 만드는 주된 문제점은 퍼셉트론 학습 규칙을 여러 층에서 동작하도록 확장하는 방법을 알 수 없다는 것이다. 다중 층이 필요하기 때문에 유일한 선택은 퍼셉트론 규칙을 포기하고 층 전체의 가중치를 학습할 수 있는 더 강력한 다른 규칙을 사용하는 것으로 보인다. 우리는 이미 이 규칙, 역전파를 언급했다. 그것은 폴 워보스(Paul Werbos)의 박사 학위 논문[6]에서 처음 발견되었지만 주목을 받지 못했다. 1981년 데이비드 파커(David Parker)에 의해 2번째로 발견되는데 특허를 얻으려고 시도했다가 1985년에 출판했다[7]. 세 번째와 마지막으로는 각각 1985년 얀 르쿤 [8]과 1986년 루멜하트, 힌튼, 윌리엄스 [9]에 의해 따로 발견되었다.

우리가 정리하려는 것을 보기 위해, 예[6]를 생각해 보자. 근처 슈퍼마켓에서 매일 점심을 사는 것을 상상해 보라. 매일 우리의 식사는 닭 한 조각, 두 개의 구운 호박과 한 주걱의 밥으로 구성되어 있다. 계산원은 매일 우리에게 총 금액만을 제공한다. 구성요소의 가격이 시간이 지남에 따라 변하지 않는다고 가정하고 우리가 갖고 있는 양을 알기 위해 무게를 잴 수 있다고 가정한다. 3가지가 있기 때문에[7] 한 번의 식사로는 각각의 가격을 추론하기에 충분하지 않을 것이고 어느 구성요소가 1 유로의 총 가격 상승에 어떤 비율로 책임이 있는지 알지 못한다.

---

6) 힌튼이 사용한 예제를 수정한 것이다.

7) 예를 들어 닭고기만 사면 총액 = 가격·수량이기 때문에 닭고기 가격을 분석적으로 쉽게 구할 수 있으며 가격 = 총액/수량을 얻을 수 있다.

킬로그램당 가격은 실제로 신경망 가중치와 비슷하다. 이것을 보기 위해 식사 구성요소의 킬로그램당 가격을 어떻게 알 수 있는지 생각해 보자: 구성요소의 킬로그램당 가격을 추측하고 오늘 얻은 수량을 곱하여 실제로 지불한 가격과 총액을 비교할 것이다. 예를 들어 6유로가 빠졌다고 하자. 이제 어떤 구성요소에서 빠졌는지 찾아야 한다. 각 구성요소에서 2유로씩 빠졌다고 규정하고, kg당 규정된 가격을 2유로씩 빼서 다시 조정하고 더 나아졌는지 보기위해 다음 식사를 기다린다. 물론 당신은 각 구성요소가 각각 3, 2, 1유로씩 빠져 있다고 규정할 수도 있고 어느 쪽이든, 당신은 킬로그램 당 새로운 가격으로 된 다음 식사를 기다려야 하고, 더 적은 금액이나 더 큰 금액으로 떨어지는지 보기위해 다시 시도해야 할 것이다. 물론 식사가 진행될수록 추정치가 맞아지기를 바랄뿐이며 희망적으로 좋은 추측으로 연결될 것이다.

킬로그램당 실제 가격이 있지만 우리는 그것을 모르고 있으며, 우리의 방법은 총 가격을 얼마나 많이 놓쳤는지를 측정함으로써 그것을 발견하려고 한다. 이 절차에는 특정한 '간접성'이 있으며 이것은 매우 유용하며 신경망의 본질이다. 일단 좋은 근사값을 찾으면 실제 가격을 알 필요없이 미래의 모든 식사의 총 가격을 적절한 정밀도로 계산할 수 있다.[8)]

이 예제에 대해 조금 더 작업해 보자. 각 식사는 다음 일반 형식으로 표현된다:

$$total = ppk_{chicken} \cdot quant_{chicken} + ppk_{zucchini} \cdot quant_{zucchini} + ppk_{rice} \cdot quant_{rice}$$

8) 실용적인 면에서 이것은 점심을 주는 사람에게 구성요소에 대한 가격을 묻는 것보다 훨씬 더 복잡해 보이지만, 물을 수 없는 경우도 있을 수 있다.

여기서 *total*은 총 가격, *quant*은 수량, *ppk*는 각 구성요소의 kg 당 가격이다. 매 식사마다 우리가 알고 있는 총 가격과 우리가 알고 있는 수량이 있다. 따라서 각 식사는 *ppk*-s에 선형 제약 조건을 적용한다. 그러나 이것만으로 그것을 풀 수 없다. 이 공식에 우리의 초기(또는 순차적으로 수정되는) 'guesstimate'[9]를 입력하면 예측된 값을 얻게 되고, 실제(목표) 총 가격과 비교함으로써 우리가 얼마나 틀렸는지를 말해줄 오류값을 얻게 된다. 매 식사 후에 우리가 틀린 양이 적다면, 우리는 잘 하고 있는 것이다.

진짜 가격이 $ppk_{chicken} = 10$, $ppk_{zucchini} = 3$, $ppk_{rice} = 5$라고 가정해 보자. $ppk_{chicken} = 6$, $ppk_{zucchini} = 3$, $ppk_{rice} = 3$으로 추측을 시작하자. 우리는 닭고기 0.23 kg, 호박 0.15 kg 및 쌀 0.27 kg을 구입했으며 합계 3유로를 지불했다. 추측된 가격에 수량을 곱하면 1.38, 0.45 및 0.81이 되고 합계는 2.64로 실제 가격보다 0.35 적다. 이 값을 잔류오류(*residual error*)라고 하며, 향후 반복 과정(식사)에서 이를 최소화하기를 원하므로 잔여 오류를 *ppk*-s에 분배해야 한다. 우리는 이것을 다음과 같이 간단히 변경한다:

$$\Delta ppk_i = \frac{1}{n} \cdot quant_i(t - y)$$

여기서 n은 이 집합의 카디널리티(요소 수, 즉 3)이고, $quant_i$는 i의 양이고, t는 총 가격이고, y는 예측된 총 가격이다. 이를 델타 규칙이라고 한다. 이것을 표준 신경 회로망 표기법으로 다시 작성하면 다음과 같다:

$$\Delta w_i = \eta x_i(t - y)$$

9) 추측된 추정치(guessed estimate).

여기서 w_i는 가중치이고, x_i는 입력 값이고 $t-y$는 잔여 오류 값이다. η를 **학습률**(*learning rate*)이라고 한다. 디폴트 값은 $\frac{1}{n}$이어야 하지만, 제약 조건이 없어서 10과 같은 값도 가능하다. 그러나 실제적으로 η 값은 작고, 일반적으로 10^{-n}, 즉 0.1, 0.01 등의 값을 쓰지만 0.03 또는 0.0006과 같은 값도 사용한다. 학습률은 신경망의 매개변수인 하이퍼파라미터의 예로서 정규 매개변수(예 : 가중치 및 바이어스)처럼 학습할 수 없고 손으로 조정해야 한다. 하이퍼파라미터의 다른 예는 은닉층의 크기이다.

학습률은 잔여 오류의 양을 업데이트 할 개별 가중치로 전달하는 정도를 제어한다. $\frac{1}{n}$의 비례 분포는 학습률이 그 수에 가깝다면 그렇게 중요하지 않다. 예를 들어, $n = 90$인 경우 $\frac{1}{90}$의 비례 학습률 또는 0.01의 학습률을 사용하면 거의 동일하다. 실용적인 관점에서 볼 때, 학습률은 비례 학습률 또는 그보다 작게 사용하는 것이 가장 좋다. 비례보다 작은 학습률을 사용하는 것은 직관적으로 말하면 가중치를 올바른 방향으로 조금만 업데이트하는 것이다. 이것은 (i) 학습이 오래 걸리고 (ii) 학습이 훨씬 더 정확하다는 두 가지 효과가 있다. 학습률이 더 작을수록 각 업데이트는 필요한 변경의 일부만을 수행하므로 학습이 오래 걸리고, 한 번의 학습 단계에서 과도하게 영향을 받지 않으므로 더 정확하다. 나중에 이것을 더 명확하게 할 것이다.

4.5 로지스틱 뉴런에서 역전파까지

위에 정의된 델타 규칙은 2진 임계치 유닛보다 훨씬 단순한 **선형 뉴런**이라고 불리는 간단한 뉴런에 대해 작동한다:

$$y = \sum_i w_i x_i = \mathbf{w}^\top \mathbf{x}$$

델타 규칙을 작동시키려면, 우리가 결과를 올바르게 얻었는지, 아니면 얼마나 틀렸는지 여부를 측정해야 하는 함수가 필요할 것이다. 이것은 일반적으로 **오류 함수** 또는 **비용 함수**(*cost function*)라고 하며 전통적으로 $E(x)$ 또는 $J(x)$로 표시된다. 우리는 **평균 제곱 오류**(*mean squared error*)를 사용할 것이다:

$$E = \frac{1}{2} \sum_{n \in train} (t^{(n)} - y^{(n)})^2$$

여기서 $t^{(n)}$은 훈련 사례 n에 대한 목표치를 나타낸다($y^{(n)}$과 동일하지만 이것은 예측임). 훈련 사례 n은 단순히 하나의 이미지 또는 표에서의 행과 같은 훈련 예제이다. 평균 제곱 오류는 모든 훈련 사례 n에 걸친 오류를 합한 다음 그 후에 가중치를 업데이트한다. 우리가 목표에서 얼마나 멀리 떨어져 있는지 측정하는 자연적인 선택은 거리의 측정으로 부호에 의존하지 않는 절대 값을 사용하는 것이다. 차이의 제곱을 선택하는 이유는 단순히 차이를 제곱함으로써 절대값과 비슷한 측정치를 얻을 수 있다는 것이다(크기는 더 크지만 문제가 안 된다. 절대적인 항이 아닌 상대적인 항으로 사용하기 때문이다). 그러나 우리는 보너스로 앞으로 작업하기 편한 특성을 얻을 것이다.

그들이 동일하다는 것을 보이기 위해[10] SSE로부터 델타 규칙을 어떻게 유도하는지 보도록 하자. 평균 제곱 오차를 정의하고 E를 w_i에 대해 미분하면 다음을 얻을 수 있다:

10) 같은 공식이라는 의미는 아니지만 동일한 프로세스를 지칭하고 하나가 다른 것에서 유도될 수 있다는 의미에서이다.

$$\frac{\partial E}{\partial w_i} = \frac{1}{2}\sum_n \frac{\partial y^{(n)}}{\partial w_i}\frac{dE^{(n)}}{dy^{(n)}}$$

하나의 w_i를 고려하고 다른 모든 것을 상수로 취급해야 하기 때문에 부분 도함수를 사용하는데 그 이외에는 전체적인 동작은 일반 도함수와 같다. 위의 공식은 우리에게 다음과 같이 말한다: E가 w_i에 대해 어떻게 변하는지 알려면, $y^{(n)}$이 w_i에 대해 어떻게 변하고, E는 $y^{(n)}$에 대해 어떻게 변하는지 알아내야 한다. 이것은 도함수의 체인 규칙의 좋은 예이다. 우리는 2장에서 체인 규칙을 살펴보았지만 곧 도함수에 대한 요약을 제공하므로 돌아갈 필요는 없다. 비공식적으로 말하자면, 체인 규칙은 분수 곱셈과 유사하며, 얕은 신경망이 일반적인 형태 $y = f_o(f_h(f_i(x)))$의 구조라는 것을 회상하면, 체인 규칙을 사용하는 곳이 많을 것이라는 것을 쉽게 알 수 있다. 특히 딥러닝에서 더 많은 층을 추가할 때 그렇다.

$$\Delta w_i = -\eta\frac{\partial E}{\partial w_i} = \sum_n \eta x_i^{(n)}(t^{(n)} - y^{(n)})$$

도함수에 대해 곧 설명하겠다. 위의 식은 가중치 갱신이 모든 훈련 예제에서의 오류 도함수를 모두 합한 것에 비례한다는 것을 의미한다.

실제로 식을 유도해 보자. 우리는 이전에 이미 제시한 로지스틱 뉴런(시그모이드 뉴런이라고도 함)에 대한 결과를 도출하지만, 이를 다시 한 번 정의해 보자:

$$z = b + \sum_i w_i x_i$$

$$y = \frac{1}{1+e^{-z}}$$

z는 로짓임을 상기하라. 별도로 처리할 필요가 없도록 즉시 바이어스를 흡수하자. 우리는 가중치에 대해 로지스틱 뉴런의 도함수를 계산할 것이며 독자는 원한다면 단순한 선형 뉴런에도 이 절차를 적용할 수 있다. 앞에서 언급했듯이 체인 규칙은 도함수를 얻기 위한 가장 좋은 친구이며 체인 규칙의 '중간 변수'는 로짓일 것이다. $\frac{\partial z}{\partial w_i}$의 첫 부분은 $z = \sum_i w_i x_i$이기 때문에(바이어스를 흡수) x_i와 같다. 마찬가지로 $\frac{\partial z}{\partial x_i} = w_i$이다.

로짓에 대한 출력의 도함수는 간단한 표현식($\frac{dy}{dz} = y(1-y)$)이지만 유도하기는 쉽지 않다. 우리가 사용하는 도함수 규칙을[11] 다시 정리해보자.

- LD : 미분은 선형이므로 각 항을 따로 미분하고 상수 요소를 취할 수 있다. $[f(x)a + g(x)b]' = a \cdot f'(x) + b \cdot g'(x)$
- Rec : 역수 규칙 $[\frac{1}{f(x)}]' = -\frac{f'(x)}{f(x)^2}$
- Const : 상수 규칙 $c' = 0$
- ChainExp : 지수에 대한 체인 규칙 $[e^{f(x)}]' = e^{f(x)} \cdot f'(x)$
- DerDifVar : 미분 변수 미분 $\frac{dy}{dz} z = 1$
- Exp : 지수 규칙 $[f(x)^n]' = n \cdot f(x)^{n-1} \cdot f'(x)$

이제 우리는 $\frac{dy}{dz}$를 유도할 수 있다. 우리는 y에 대한 정의로 시작한다.

11) 쉬운 가독성을 위해 규칙에 Newton과 Leibniz 표기법을 의도적으로 조합한다. 그 중 일부는 하나에 직관적인 반면, 일부는 다른 것에 직관적이기 때문이다. 우리는 독자를 두 표기법의 모든 공식이 주어진 1장으로 다시 안내한다.

$$\frac{dy}{dz}\frac{1}{1+e^{-z}}$$

Rec 규칙의 응용에 의해 이 식으로부터 다음을 얻는다:

$$-\frac{\frac{dy}{dz}(1+e^{-z})}{(1+e^{-z})^2}$$

LD를 적용하여 이 식으로부터 다음을 얻는다:

$$-\frac{\frac{dy}{dz}1+\frac{dy}{dz}e^{-z}}{(1+e^{-z})^2}$$

분자의 첫 번째 피가수에서 Const를 적용하면 0이 되고 두 번째에는 ChainExp를 적용하면 $e^{-z}\cdot\frac{dy}{dz}(-z)$가 되어 다음을 얻는다:

$$-\frac{e^{-z}\cdot\frac{dy}{dz}(-z)}{(1+e^{-z})^2}$$

$-1\cdot z$에 LD를 적용하여:

$$-\frac{-1\cdot\frac{dy}{dz}z\cdot e^{-z}}{(1+e^{-z})^2}$$

DerDifVar에 의해,

$$-\frac{-1\cdot e^{-z}}{(1+e^{-z})^2}$$

부호를 정리하여,

$$\frac{e^{-z}}{(1+e^{-z})^2}$$

그러므로

$$\frac{dy}{dz} = \frac{e^{-z}}{(1+e^{-z})^2}$$

우변을 두 개의 인수로 나누고 A와 B라고 하자:

$$\frac{e^{-z}}{(1+e^{-z})^2} = \frac{1}{1+e^{-z}} \cdot \frac{e^{-z}}{1+e^{-z}}$$

y의 정의로부터 $A = y$라는 것이 명백하다. B에 주의를 돌려보자.

$$\frac{e^{-z}}{1+e^{-z}} = \frac{(1+e^{-z})-1}{1+e^{-z}} = \frac{1+e^{-z}}{1+e^{-z}} - \frac{1}{1+e^{-z}} = 1 - \frac{1}{1+e^{-z}} = 1-y$$

따라서 $A = y$와 $B = 1 - y$, 그리고 $\frac{dy}{dz} = A \cdot B$이고 이로부터,

$$\frac{dy}{dz} = y(1-y)$$

$\frac{\partial z}{\partial w_i}$와 $\frac{dy}{dz}$를 구했으므로 체인 규칙으로,

$$\frac{\partial y}{\partial w_i} = x_i y(1-y)$$

다음에 우리가 필요한 것은 $\frac{dE}{dy}$이다.[12] 우리는 $\frac{dy}{dz}$와 마찬가지로 이 유도에 동일한 규칙을 사용한다. $E = \frac{1}{2}(t^{(n)} - y^{(n)})^2$이지만, 단일 목표 값 t와 단일 예측 y에 초점을 맞추는 버전인 $E = \frac{1}{2}(t - y)^2$를 사용할 것이다.

따라서 우리는 다음을 찾아야 한다:

12) 엄밀히 말하면, 우리는 $\frac{\partial E}{\partial y^{(n)}}$을 필요로 하는 것이다. 그렇지만 이 일반화는 사소하며 우리는 가독성을 높이기 위해 단순화를 선택했다.

$$\frac{dE}{dy}[\frac{1}{2}(t-y)^2]$$

LD를 적용하여,

$$\frac{1}{2}\frac{dE}{dy}(t-y)^2$$

Exp를 적용하여,

$$\frac{1}{2}\cdot 2\cdot(t-y)\cdot\frac{dE}{dy}(t-y)$$

간단한 약분으로,

$$(t-y)\cdot\frac{dE}{dy}(t-y)$$

LD로 다음을 얻는다:

$$(t-y)\cdot\left(\frac{dE}{dy}t-\frac{dE}{dy}y\right)$$

t는 상수이기 때문에 그 미분은 0(규칙 Const)이고, y는 미분 변수이기 때문에 그 미분은 1(DerDiVar)이다. 표현식을 정리하여 $(t - y)(0 - 1)$, 마지막으로 $-1\cdot(t - y)$를 얻는다.

이제 우리는 체인 규칙을 사용하여 로지스틱 뉴런에 대한 학습 규칙을 공식화하기 위한 모든 요소를 갖게 되었다:

$$\frac{\partial E}{\partial w_i}=\sum_n\frac{\partial y^{(n)}}{\partial w_i}\frac{\partial E}{\partial y^{(n)}}=-\sum_n x_i^{(n)}y^{(n)}(1-y^{(n)})(t^{(n)}-y^{(n)})$$

이것은 선형 뉴런의 델타 규칙과 매우 유사하지만 $y^{(n)}(1 - y^{(n)})$가 더 있다. 이 부분이 로지스틱 함수의 기울기이다.

4.6 역전파

지금까지 우리는 로지스틱 뉴런의 가중치를 학습하기 위해 도함수를 사용하는 방법을 보았다. 역전파는 오류를 '역전파'하는 것을 층들을 통해 두 번 이상 적용하는 것에 불과하므로 우리는 이미 역전파 이해에 훌륭한 진보를 이룬 것이다. 엄격히 말하면, 로지스틱 회귀(입력층과 단일 로지스틱 뉴런으로 구성)는 역전파를 사용할 필요가 없고 이전 절에서 설명한 가중치 학습 절차는 실제로 간단한 역전파이다. 층을 추가해도 더 복잡한 계산을 하는 것은 아니고, 단지 더 많은 계산을 하게 된다. 그럼에도 불구하고 조심해야 할 몇 가지 사항이 있다.

우리는 피드포워드 신경망에 대한 역전파의 모든 필요한 세부 사항을 적겠지만, 우선 우리는 그 이면의 직관을 세울 것이다. 2장에서 우리는 경사 하강을 설명했으며, 필요에 따라 여기에서 개념 중 일부를 다시 살펴보겠다. 오류의 역전파는 기본적으로 경사 하강이다. 수학적으로 말해서, 역전파는 다음과 같다:

$$w_{updated} = w_{old} - \eta \nabla E$$

여기서 w는 가중치, η는 학습률(간단히 하기 위해 지금은 1이라고 생각할 수 있음), E는 전체 성능을 측정하는 비용 함수이다. 우리는 또한 컴퓨터 과학 표기법으로 w에 새로운 값을 할당하는 규칙으로 다음과 같이 쓸 수 있다:

$$w \leftarrow w - \eta \nabla E$$

이것은 'w의 새 값은 w 빼기 $\eta \nabla E$'로 읽힌다. 이것은 정의(= 또는 :=)가 아니라 할당(←)으로 공식화되었기 때문에 순환적(circular)[13]

이 아니다. 즉, 먼저 우변을 계산한 다음 이 새 값을 w에 대입한다. 이것을 수학적으로 쓴다면 재귀적 정의를 가지게 될 것이다.

도함수나 경사 하강을 사용하지 않고 보다 간단한 방식으로 가중치 학습을 할 수 있는지 궁금해 할 수 있다.[14] 다음과 같은 방법을 시도해 볼 수 있다: 가중치를 선택하고 조금만 수정하여 도움이 되는지 확인한다. 도움이 되면 수정을 유지하라. 상황을 악화시키는 경우, 반대 방향으로 수정하라(예: 가중치에서 작은 양을 더하는 대신 빼기). 이렇게 하면 수정 사항을 더 잘 유지할 수 있다. 어떤 변화도 최종 결과를 향상시키지 않는다면 우리는 w는 그것으로 완벽하다고 결론내고 다음 가중치 v로 이동한다.

바로 3가지 문제가 발생한다. 첫째, 프로세스가 오래 걸린다. 가중치가 변경된 후에는 각 가중치에 대해 이전보다 좋거나 나쁘지 않은지 확인하기 위해 적어도 한두 개의 훈련 예제를 처리해야 한다. 간단히 말해서, 이것은 계산상의 악몽이다. 둘째, 가중치를 개별적으로 변경함으로써 그것들의 조합이 더 잘 작동하는지 여부를 결코 알 수 없다. w 또는 v를 개별적으로 (작은 양을 더하거나 빼서) 변경하면 분류 오류가 더 나빠질 수 있지만, 두 개 모두에 작은 양을 추가하여 변경하면 더 나아질 수 있다. 경사 하강[15]을 사용하면 이러한 문제 중 첫 번째 문제를 극복할 수 있지만 두 번째는 부분적으로만 해결

13) 피정의항(정의되고 있는 것)과 정의항(그것으로 정의되는 것), 즉 = (보다 정확하게는 :=)의 양쪽 모두에서 같은 용어가 발생하면 정의는 순환적이다, 우리의 경우, w항이 될 수 있다. 재귀적 정의는 양측에서 같은 항을 사용하지만 정의항에서는 시작점으로 돌아감으로써 정의를 해결할 수 있도록 '작아야' 한다.

14) 당신이 기억한다면, 퍼셉트론 규칙은 가중치 학습의 '더 간단한' 방법은 맞지만, 여러 계층으로 일반화될 수 없다는 큰 단점이 있다.

15) 딥러닝의 전체 분야가 딥 네트워크에서 사용할 때 발생하는 경사 하강 문제들을 극복하는데 중점을 둔다고 해야 한다.

된다. 이 문제는 일반적으로 **지역 최적**(*local optima*)라고 한다.

세 번째 문제는 학습의 끝이 가까우면 변화가 적어지며 알고리즘 테스트의 '작은 변화'가 성공적으로 학습하기에는 너무 클 수 있다는 것이다. 역전파도 이 문제를 가지고 있으며 일반적으로 학습이 진행됨에 따라 더 작아지는 동적 학습률을 사용함으로써 해결된다.

이 접근 방식을 공식화하면 **유한 차분 근사법**(*finite difference approximation*)[16)]이라는 방법을 얻을 수 있다:

1. 각 가중치 w_i, $1 \leq i \leq k$에 작은 상수 ε(예 : 10^{-6})을 추가하여 조정하고 전체 오류(w_i만 변경됨)를 평가한다(E_i^+ 라고 표기).
2. 가중치를 초기 값 w_i로 되돌리고 ε을 빼고 오류를 재평가한다(이것은 E_i^- 이다).
3. 모든 가중치 w_j에 대해 수행한다, $1 \leq j \leq k$
4. 완료되면 새 가중치가 $w_i \leftarrow w_i - \frac{E_i^+ - E_i^-}{2\varepsilon}$로 설정된다.

유한 차분 근사법은 그래디언트를 근사하는데 좋은 역할을 수행하며 기본 산술 연산만 사용된다. 도함수가 무엇인지, 2장에서 도함수가 어떻게 정의되었는지를 생각해 보면, 유한 차분 근사는 그 절차의 '의미'의 관점에서도 이해가 된다. 이 방법은 가중치 학습이 전체 역전파에서 어떻게 진행되는지에 대한 직관을 구축하는데 사용될 수 있다. 그러나 자동 미분 도구를 사용하는 대부분의 현재 라이브러리는 유한 차분 근사를 계산하는 데 걸리는 시간의 몇 분의 일만에 경사 하강을 수행한다. 성능 문제는 제쳐두고 유한 차분 근사는 실제로 피드포워드 신경망에서 작동한다.

16) 비교) 힌튼의 Coursera 과정에 이 방법이 자세히 설명되어 있다.

자, 우리는 역전파로 돌아가자. 피드포워드 신경망의 은닉층에서 어떤 일이 일어나는지 살펴보자. 무작위로 초기화된 가중치 및 바이어스에서 시작하여 입력 값을 곱해서 합친 다음 0에서 1사이 값으로 "평평하게" 만드는 로지스틱 회귀를 적용한다. 그리고 그것을 한 번 더 한다. 마지막에는 출력 층의 로지스틱 뉴런에서 0과 1 사이의 값을 얻는다. 0.5 이상은 1이고 그 이하는 0이라고 말할 수 있다. 그러나 문제는 네트워크가 0.67을 제공하고 출력이 0이어야 하면 네트워크가 생성한 오류(함수 E)만 알기 때문에 이것을 사용해야 한다. 보다 정확하게, 우리는 w_i가 변할 때 E가 어떻게 변하는지를 측정하고자 한다. 즉, 은닉층의 활동과 관련하여 E의 미분을 찾고자 한다. 우리는 동시에 모든 도함수를 찾고 싶고 이 때문에 우리는 벡터 및 행렬 표기법과 결과적으로 그래디언트를 사용한다. 은닉층 활동과 관련하여 E의 도함수를 얻으면 가중치 자체의 변경은 쉽게 계산할 수 있다.

우리는 그림 4.4의 설치를 설명할 것이다. 설명을 가능한 한 명료하게 유지하기 위해 각 층에 하나의 뉴런만 있는 것처럼 두 개의 인덱스만 사용한다. 다음 절에서 우리는 완전한 기능을 갖춘 피드포워드 신경망으로 확장할 것이다. 그림 4.4에 나타낸 바와 같이, 출력 계층에 대해 첨자 o, 은닉층에 대해 h를 사용할 것이다. z는 로짓, 즉 비선형성의 적용을 제외한 모든 것임을 상기하자.

다음 식으로부터

$$E = \frac{1}{2} \sum_{o \in Output} (t_o - y_o)^2$$

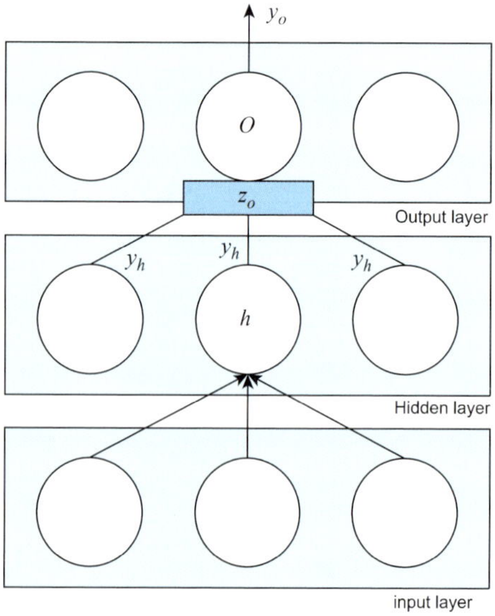

그림 4.4 역전파

우리가 해야 할 첫 번째 일은 출력과 목표 값의 차이를 오류 도함수로 바꾸는 것이다. 이 장의 이전 절에서 이미 이 작업을 수행했다.

$$\frac{\partial E}{\partial y_o} = -(t_o - y_o)$$

이제 y_o에 관한 오류 미분을 z_o에 대한 오류 미분으로 재구성할 필요가 있다. 이를 위해 체인 규칙을 사용한다:

$$\frac{\partial E}{\partial z_o} = \frac{\partial y_o}{\partial z_o}\frac{\partial E}{\partial y_o} = y_o(1 - y_o)\frac{\partial E}{\partial y_o}$$

이제 y_h에 관한 오류 미분을 계산할 수 있다:

$$\frac{\partial E}{\partial y_h} = \sum_o \frac{dz_o}{dy_h}\frac{\partial E}{\partial z_o} = \sum_o w_{ho}\frac{\partial E}{\partial z_o}$$

우리가 $\frac{\partial E}{\partial y_o}$에서 $\frac{\partial E}{\partial y_h}$를 만든 이 단계들이 역전파의 핵심이다. 이제 우리는 우리가 원하는 만큼 많은 층을 통과하기 위해 이 작업을 반복할 수 있다. 어려움이 있겠지만, 지금으로서는 모두 좋다. 위의 방정식에서 우리는 이전 절에서 로지스틱 뉴런을 다루었을 때 $\frac{dz_o}{dy_h} = w_{ho}$라는 것을 알고 있다. 일단 우리가 $\frac{\partial E}{\partial z_o}$를 가지면 가중치에 대해 오차 미분을 얻는 것은 매우 간단하다:

$$\frac{\partial E}{\partial w_{ho}} = \frac{\partial z_o}{\partial w_{ho}} \frac{\partial E}{\partial z_o} = y_i \frac{\partial E}{\partial z_j}$$

가중치를 업데이트하는 규칙은 매우 간단하며 **일반적 가중치 업데이트 규칙**이라고 한다:

$$w_i^{new} = w_i^{old} + (-1)\eta \frac{\partial E}{\partial w_i^{old}}$$

η는 학습률이고 인자 -1은 E를 최소화하기 위해 사용된다. 그렇지 않으면 우리는 최대화한다. 우리는 또한 인덱스를 제거하기 위해 벡터 표기법[17])으로 다음과 같이 쓸 수 있다:

$$\mathbf{w}^{new} = \mathbf{w}^{old} - \eta \nabla E$$

비공식적으로 말하자면, 학습률은 우리가 얼마나 업데이트해야 하는지를 조절한다. 몇 가지 가능성이 있다(나중에 학습률에 대해 더 자세히 논의할 것이다).

1. 고정 학습률
2. 적응하는 글로벌 학습률

17) 그러면 우리는 개별 부분 도함수가 아니라 그래디언트를 사용해야 한다.

3. 각 연결에 적응하는 학습률

이 문제는 나중에 자세히 다루겠지만, 그 전에 간단한 신경망에서 오류 역전파에 대한 자세한 계산을 보여줄 것이며, 다음 절에서는 신경망을 코딩할 것이다. 이 장의 나머지 부분은 전체 책에서 가장 중요한 부분일 수 있으므로 모든 세부 사항을 반드시 읽어야 한다.

간단하고 얕은 피드포워드 신경망의 작동 예제[18]를 보자. 신경망은 그림 4.5에 나와 있다. 이 표기법을 사용하고 그림에 표시된 시작 가중치 및 입력을 사용하여 이 신경망에 대한 순방향 전달 및 역전파의 모든 복잡성을 계산할 것이다. 확대된 뉴런 D에 주목하자. 우리는 로짓 z_D가 어디에 있고 로지스틱 함수 σ를 적용하여 어떻게 $D(y_D)$의 출력이 되는지 보이기 위해 이것을 이용했다.

우리는 이전처럼 모든 뉴런이 로지스틱 활성화 기능을 가지고 있다고 가정한다. 따라서 오류감소를 보기 위해 순방향 패스, 역전파 및 두 번째 순방향 패스를 수행해야 한다. 신경망 자체에 대해 간단히 코멘트해 보자. 우리의 신경망은 두 개의 뉴런으로 구성된 입력층과 은닉층, 그리고 하나의 뉴런으로 구성된 출력 오류를 가진 3개의 층으로 되어 있다. 우리는 대문자로 층을 표시했는데 오류 함수와 혼동하지 않도록 문자 E를 건너뛰었으므로 A, B, C, D 및 F라는 뉴런이 있다. 이것은 일반적이지는 않다.

일반적인 절차는 층과 층에 있는 뉴런을 참조하여 이름을 짓는 것이다. 예를 들어, '첫 번째 계층의 세 번째 뉴런'은 '1, 3'. 입력층은 두 개의 입력을 받으며, 뉴런 A는 $x_A = 0.23$을 취하고 뉴런 B는 x_B

18) 맷 마주(Matt Mazur)의 예제를 수정한 버전이 https://mattmazur.com/2015/03/17/a-step-by-step-backpropagation-example/에 있다.

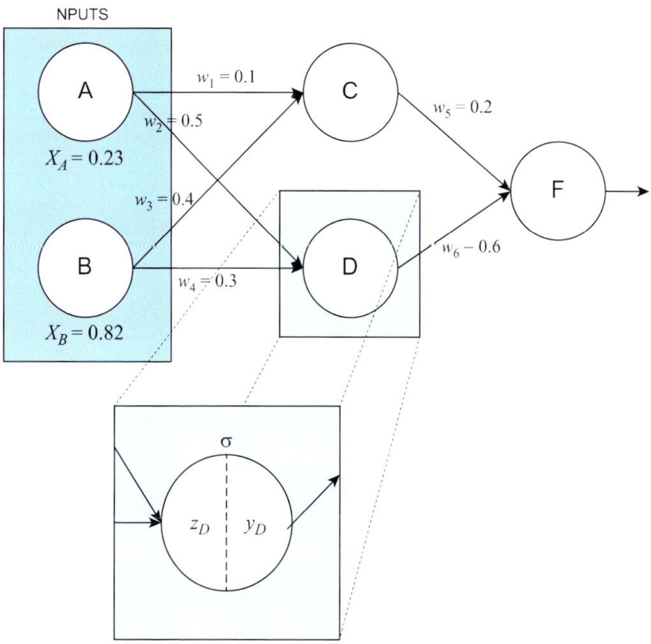

그림 4.5 완전한 단순 신경망에서의 역전파

= 0.82를 취한다. 앞에서 언급했듯이, 은닉층과 출력층은 $\sigma(z) = \frac{1}{1+e^{-z}}$로 정의된 로지스틱 활성화 함수(로지스틱 비선형성이라고도 함)를 가진다.

먼저 순방향 패스를 계산함으로서 시작한다. 첫 번째 단계는 C와 D의 출력을 계산하는 것인데, 이는 각각 y_C와 y_D로 표시된다:

$$y_C = \sigma(0.23 \cdot 0.1 + 0.82 \cdot 0.4) = \sigma(0.351) = 0.5868$$

$$y_D = \sigma(0.23 \cdot 0.5 + 0.82 \cdot 0.3) = \sigma(0.361) = 0.5892$$

이제 y_C와 y_D를 뉴런 F의 입력으로 사용하여 최종 결과를 얻는다:

$$y_F = \sigma(0.5868 \cdot 0.2 + 0.5892 \cdot 0.6) = \sigma(0.4708) = 0.6155$$

이제 출력 오류를 계산해야 한다. 평균 제곱 오류 함수, 즉 $E = \frac{1}{2}(t - y)^2$를 사용하고 있음을 상기하자. 그래서 우리는 목표값(1)과 출력(0.6155)을 넣어서 다음을 얻는다:

$$E = \frac{1}{2}(t - y)^2 = \frac{1}{2}(1 - 0.6155)^2 = 0.0739$$

이제 우리는 도함수를 계산할 준비가 되었다. w_5와 w_3을 계산하는 방법을 설명하지만 다른 모든 가중치들도 동일한 절차로 계산된다. 역전파가 순방향 패스와 반대 방향으로 진행되기 때문에 w_5를 계산하는 것이 더 쉽고 이것을 먼저 수행할 것이다. 우리는 w_5의 변화가 E에 어떻게 영향을 미치는지 알아야 하며, E를 최소화하는 변화를 취하고 싶다. 이전에 언급했듯이 도함수에 대한 체인 규칙은 우리를 위한 대부분의 작업을 수행한다. 우리가 계산해야 할 것을 다시 써 보자:

$$\frac{\partial E}{\partial w_5} = \frac{\partial E}{\partial y_F} \cdot \frac{\partial y_F}{\partial z_F} \cdot \frac{\partial z_F}{\partial w_5}$$

우리는 이전 절에서 이 모든 것에 대한 도함수를 발견했으므로 도함수를 반복하지 않을 것이다. 모든 도함수는 인덱스된 항과 관련하여 만들어지기 때문에 부분 도함수를 사용해야 한다. 또한, 모든 부분 도함수(모든 인덱스 i에 대해)를 포함하는 벡터는 그래디언트이다. 이제 우리는 $\frac{\partial E}{\partial y_F}$를 다룰 것이다. 이전에 보았던 것처럼:

$$\frac{\partial E}{\partial y_F} = -(t - y_F)$$

우리의 경우는:

$$\frac{\partial E}{\partial y_F} = -(1 - 0.6155) = -0.3844$$

이제 $\frac{\partial y_F}{\partial z_F}$를 보자. 이것은 $y_F(1 - y_F)$와 같다. 우리 경우는:

$$\frac{\partial y_F}{\partial z_F} - y_F(1 - y_F) = 0.6155(1 - 0.6155) = 0.2365$$

$\frac{\partial z_F}{\partial w_5}$ 계산을 위해 하나만 남았다. 다음을 기억하자:

$$z_F = y_C \cdot w_5 + y_D \cdot w_6$$

미분 규칙(상수의 도함수(w_6는 상수처럼 취급 됨) 및 미분 변수의 미분)을 사용하여 다음을 얻는다:

$$\frac{\partial z_F}{\partial w_5} = y_C \cdot 1 + y_D \cdot 0 = y_C = 0.5868$$

이 값을 체인 규칙에 다시 넣어 다음을 얻는다:

$$\frac{\partial E}{\partial w_5} = \frac{\partial E}{\partial y_F} \cdot \frac{\partial y_F}{\partial z_F} \cdot \frac{\partial z_F}{\partial w_5} = -0.3844 \cdot 0.2365 \cdot 0.5868 = -0.0533$$

같은 과정을 반복[19]하여 $\frac{\partial E}{\partial w_6} = -0.0535$. 이제 우리가 할 일은 이 값들을 일반 가중치 업데이트 규칙[20]에 사용하는 것이다(학습률 $\eta = 0.7$ 사용):

$$w_5^{new} = w_5^{old} - \eta \frac{\partial E}{\partial w_5} = 0.2 - (0.7 \cdot 0.0533) = 0.2373$$

$$w_6^{new} = 0.6374$$

19) 유일한 차이는 $\frac{\partial z_F}{\partial w_5}$를 위한 단계이다, 여기서 w_5는 0이고 w_6은 1이다.

20) 앞에서 설명했고 여기서 다시 언급하면 $w_k^{new} = w_k^{old} - \eta \frac{\partial E}{\partial w_k}$.

이제 다음 층으로 넘어갈 수 있다. 하지만 중요한 메모 먼저. 우리는 w_1, w_2, w_3 및 w_4의 도함수를 찾기 위해 w_5와 w_6의 값을 필요로 할 것이며, 업데이트된 값이 아닌 이전 값을 사용하게 될 것이다. 모든 가중치가 업데이트 될 때 전체 신경망이 업데이트 되는 것이다. 우리는 은닉층으로 진행한다. 이제 w_3에 대한 업데이트를 찾아야 한다. 출력 뉴런 F에서 w_3으로 가려면 C를 건너갈 필요가 있으므로 다음을 사용한다:

$$\frac{\partial E}{\partial w_3} = \frac{\partial E}{\partial y_C} \cdot \frac{\partial y_C}{\partial z_C} \cdot \frac{\partial z_C}{\partial w_3}$$

절차는 $\frac{\partial E}{\partial w_5}$과 비슷할 것이지만 몇 가지 수정이 필요하다. 다음과 같이 시작한다:

$$\frac{\partial E}{\partial y_C} = \frac{\partial z_F}{\partial y_C}\frac{\partial E}{\partial z_F} = w_5\frac{\partial E}{\partial z_F} = w_5\frac{\partial y_F}{\partial z_F}\cdot\frac{\partial E}{\partial y_F} = 0.2\cdot 0.2365\cdot(-0.3844) = 0.2\cdot(-0.0909) = -0.0181$$

이제 $\frac{\partial y_C}{\partial z_C}$가 필요하다:

$$\frac{\partial y_C}{\partial z_C} = y_C(1-y_C) = 0.5868\cdot(1-0.5868) = 0.2424$$

또한 $\frac{\partial z_C}{\partial w_3}$도 필요하다. $z_C = x_A\cdot w_1 + x_B\cdot w_3$이기 때문에:

$$\frac{\partial z_C}{\partial w_3} = x_A\cdot 0 + x_B\cdot 1 = x_B = 0.82$$

이제 우리는 다음을 얻는다:

$$\frac{\partial E}{\partial w_3} = \frac{\partial E}{\partial y_C}\cdot\frac{\partial y_C}{\partial z_C}\cdot\frac{\partial z_C}{\partial w_3} = -0.0181\cdot 0.2424\cdot 0.82 = -0.0035$$

일반 가중치 업데이트 규칙을 사용하면 다음을 얻는다:

$$w_3^{new} = 0.4 - (0.7 \cdot (-0.0035)) = 0.4024$$

$w_1^{new} = 0.1007$를 찾기 위해 같은 단계(C를 거치는)를 이용한다. w_2^{new}와 w_4^{new}를 얻기 위해 우리는 D를 거친다. 그러므로 다음이 필요하다:

$$\frac{\partial E}{\partial w_2} = \frac{\partial E}{\partial y_D} \cdot \frac{\partial y_D}{\partial z_D} \cdot \frac{\partial z_D}{\partial w_2}$$

우리는 절차를 알므로:

$$\frac{\partial E}{\partial y_D} = w_6 \cdot \frac{\partial E}{\partial z_F} = 0.6 \cdot (-0.0909) = -0.0545$$

$$\frac{\partial y_D}{\partial z_D} = y_D(1 - y_D) = 0.5892(1 - 0.5892) = 0.2420$$

그리고

$$\frac{\partial z_D}{\partial w_2} = 0.23$$

$$\frac{\partial z_D}{\partial w_4} = 0.82$$

마지막으로 학습률은 0.7이기 때문에:

$$w_2^{new} = 0.5 - 0.7 \cdot (-0.0545 \cdot 0.2420 \cdot 0.23) = 0.502$$

$$w_4^{new} = 0.3 - 0.7 \cdot (-0.0545 \cdot 0.2420 \cdot 0.82) = 0.307$$

다 된 것을 정리하면:

- $w_1^{new} = 0.1007$

- $w_2^{new} = 0.502$
- $w_3^{new} = 0.4024$
- $w_4^{new} = 0.307$
- $w_5^{new} = 0.2373$
- $w_6^{new} = 0.6374$
- $E^{old} = 0.0739$

이제 오류가 감소했는지 확인하기 위해 새로운 가중치로 순방향 패스를 다시 해볼 수 있다:

$$y_C^{new} = \sigma(0.23 \cdot 0.1007 + 0.82 \cdot 0.4024) = \sigma(0.3531) = 0.5873$$

$$y_D^{new} = 0.5907$$

$$y_F^{new} = \sigma(0.5873 \cdot 0.2373 + 0.5907 \cdot 0.6374) = \sigma(0.5158) = 0.6261$$

$$E^{new} = \frac{1}{2}(1 - 0.6261)^2 = 0.0699$$

이것은 오류가 감소되었음을 보여준다. 우리는 하나의 훈련 샘플, 즉 입력 벡터(0.23, 0.82)만 처리했음을 주목하라. 오류를 생성하고 그래디언트(미니배치 훈련[21])를 찾기 위해 다수 개의 훈련 샘플을 사용할 수 있으며, 이를 여러 번 수행할 수 있으며, 이렇게 반복하는 것을 **반복**(*iteration*)이라고 한다. 반복은 때로 **에포크**(*epoch*)라고 잘못 불리기도 한다. 이 두 용어는 매우 유사하며 지금은 동의어로 간주할 수 있다. 그러나 곧 우리는 차이점을 설명할 필요가 있으며 다음 장에서 할 것이다.

21) 전체 훈련 집합을 사용하면 전체배치(full-batch)

이에 대한 대안은 모든 단일 훈련 예에 대해 가중치를 업데이트하는 것이다.[22] 이를 온라인 학습이라고 한다. 온라인 학습에서는 반복마다 하나의 입력 벡터(훈련 샘플)를 처리한다. 이것은 다음 장에서 더 자세히 논의할 것이다.

이 장의 나머지 부분에서는 지금까지 제시한 모든 아이디어를 파이썬 코드로 작성된 완전한 기능의 피드포워드 신경망에 통합할 것이다. 이 예제는 모든 기능을 갖춘 Python 3.x 코드가 될 것인데 우리는 파이썬 모듈이 더 잘 수행할 수 있는 몇 가지 사항을 작성할 것이다.

기술적으로 말하면, 가장 기본적인 설정 이외에는 SSE를 사용하지 않고 MSE(*Mean Square Error*)를 사용한다. 이는 비용 함수를 개별 훈련 샘플 x에 대한 비용 함수 SSE_x의 평균으로 다시 쓸 수 있어야 하기 때문이고 따라서 우리는 $MSE := \frac{1}{n} \sum_x SSE_x$를 정의한다.

4.7 완전 피드포워드 신경망

간단한 분류를 수행하는 완전한 피드포워드 신경망을 보자. 책과 기타 물건을 판매하는 웹샵이 있으며, 고객이 결제시 쇼핑 바구니를 버릴 것인지 여부를 알고 싶다는 시나리오를 생각해보자. 이것이 우리가 예측하기 위한 신경망을 만드는 이유이다. 단순화를 위해 모든 데이터는 숫자이다. 새 텍스트 파일을 열고 이름을 `data.csv`로 바꾸고 다음 내용을 작성하라.

---

22) 크기 1의 미니배치를 사용하는 것과 같음

```
includes_a_book,purchase_after_21,total,user_action
1,1,13.43,1
1,0,23.45,1
0,0,45.56,0
1,1,56.43,0
1,0,44.44,0
1,1,667.65,1
1,0,56.66,0
0,1,43.44,1
0,0,4.98,1
1,0,43.33,0
```

이것이 우리의 데이터 집합이 될 것이다. 실제로 값이 숫자인 한, 이것을 다른 것으로 대체할 수 있으며 여전히 작동할 것이다. 목표는 user_action 열이며 구매가 성공했음을 의미하는 경우 1을, 사용자가 바구니를 버린 경우 0을 사용한다. 우리는 쇼핑 바구니를 버리는 것에 대해 이야기하고 있지만 개들의 이미지에서부터 단어 주머니(bag of words)까지 무엇이든 넣을 수 있다. data.csv와 구조는 같지만 마지막 열(user_action)이 없는 new_data.csv라는 다른 CSV 파일도 만들어야 한다.

예를 들어:

```
includes_a_book,purchase_after_21,total
1,0,73.75
0,0,64.97
1,0,3.78
```

이제 파이썬 코드 파일을 계속 해보자. 이 절의 나머지 부분에 있는 모든 코드는 단일 파일에 배치해야 하며 ffnn.py라는 이름을 지정할 수 있고 data.csv 및 new_data.csv와 같은 폴더에 배치해야 한다. 코드의 첫 번째 부분에는 import 문이 포함되어 있다:

```
import pandas as pd
import numpy as np
from keras.models import Sequential
from keras.layers.core import Dense
TARGET_VARIABLE ="user_action"
TRAIN_TEST_SPLIT=0.5
HIDDEN_LAYER_SIZE=30
raw_data = pd.read_csv("data.csv")
```

처음 네줄은 그냥 import하는 것이고, 다음 세 줄은 하이퍼파라미터이다. TARGET_VARIABLE은 우리가 예측하기를 원하는 목표 변수를 파이썬에게 알려준다. 마지막 행은 data.csv 파일을 연다. 이제 우리는 훈련-테스트 분할을 해야 한다. 우리는 현재 훈련 집합의 데이터 포인트 중 반을 남기는 하이퍼파라미터(0.5)를 갖고 있지만 이 하이퍼파라미터를 다른 것으로 변경할 수 있다. 우리가 작은 데이터 집합을 가지고 있기 때문에 분할이 0.95인 경우 문제가 발생할 수 있으니 주의하라. 훈련-테스트 분할 코드는 다음과 같다:

```
mask = np.random.rand(len(raw_data)) < TRAIN_TEST_SPLIT
tr_dataset = raw_data[mask]
te_dataset = raw_data[~mask]
```

여기서 첫 번째 줄은 훈련 테스트 분할을 얻는 데 사용되는 데이터의 무작위 샘플링을 정의하고 다음 두 줄은 원본 Pandas 데이터 프레임으로부터 적절한 부분 데이터 프레임을 선택한다(데이터 프레임은 표와 같은 개체로서 Numpy 배열과 유사하지만 Numpy는 빠른 계산에 초점을 맞추는 반면, Pandas는 손쉬운 재형성 및 분할에 초점을 맞춘다). 다음 라인은 훈련과 테스트 데이터 프레임을 레이블과 데이터로 분리한 다음, Keras는 작동을 위해 Numpy 배열을 사용해야 하기 때문에 이들을 Numpy 배열로 변환한다. 이 과정은 상대적으로 어렵지 않다:

```
tr_data = np.array(raw_data.drop(TARGET_VARIABLE,
axis=1))
tr_labels = np.array(raw_data[[TARGET_VARIABLE]])
te_data = np.array(te_dataset.drop(TARGET_VARIABLE,
axis=1))
te_labels = np.array(te_dataset[[TARGET_VARIABLE]])
```

이제 우리는 신경망 모델의 Keras 명세와 컴파일 및 훈련(피팅)으로 이동한다. 우리는 Keras가 지저분한 세부사항을 채우고 가중치 및 바이어스 행렬의 적절한 차원의 배열을 만들기를 원하기 때문에 모델을 컴파일해야 한다.

```
ffnn = Sequential()
ffnn.add(Dense(HIDDEN_LAYER_SIZE, input_shape=(3,),
activation="sigmoid"))
ffnn.add(Dense(1, activation="sigmoid"))
ffnn.compile(loss="mean_squared_error", optimizer=
"sgd", metrics=['accuracy'])
ffnn.fit(tr_data, tr_labels, epochs=150, batch_size=2,
verbose=1)
```

첫 번째 줄은 ffnn이라는 변수에 새 순차 모델을 초기화한다. 두 번째 줄은 입력층(3D 벡터를 단일 데이터 입력으로 받음)과 변수

HIDDEN_LAYER_SIZE에서 파일의 시작 부분에 지정된 은닉층 크기를 모두 지정한다. 세 번째 줄은 이전 층에서 은닉층 크기를 가져오고(Keras는 자동으로 이 작업을 수행함) 하나의 뉴런으로 출력층을 만든다. 모든 뉴런은 시그모이드 또는 로지스틱 활성화 함수를 가질 것이다. 네 번째 줄은 오류 함수(MSE), 최적하기(확률적인 경사하강) 및 계산할 지표를 지정한다. 또한 모델을 컴파일하는데 이것은 우리가 지정한 것들로부터 파이썬이 필요로 하는 다른 모든 것들을 어셈블할 것이다. 마지막 줄은 tr_data에 대해 tr_labels를 이용하여 150 에포크 동안 미니 배치에서 두 개의 샘플을 취하여 신경망을 훈련시킨다. verbose = 1은 훈련의 각 에포크 이후에 정확도와 손실이 프린트됨을 의미한다. 이제 테스트 집합의 결과를 계속 분석할 수 있다:

```
metrics = ffnn.evaluate(te_data, te_labels, verbose=1)
print("%s: %.2f%%" % (ffnn.metrics_names[1],
metrics[1]*100))
```

첫 번째 줄은 te_labels을 사용하여 te_data에서 모델을 평가하고 두 번째 줄은 정확도를 형식화된 문자열로 프린트한다. 다음으로 웹 사이트의 새로운 데이터를 시뮬레이트하는 new_data.csv 파일을 가져와 ffnn 훈련된 모델을 사용하여 발생할 일을 예측한다:

```
new_data = np.array(pd.read_csv("new_data.csv"))
results = ffnn.predict(new_data)
print(results)
```

참고문헌

1. M. Hassoun, *Fundamentals of Artificial Neural Networks* (MIT Press, Cambridge, 2003)
2. I.N. da Silva, D.H. Spatti, R.A. Flauzino, L.H.B. Liboni, S.F. dos Reis Alves, *Artificial Neural Networks*: A Practical Course (Springer, New York, 2017)
3. I. Goodfellow, Y. Bengio, *A. Courville, Deep Learning* (MIT Press, Cambridge, 2016)
4. G. Montavon, G. Orr, K.R. Müller, *Neural Networks: Tricks of the Trade* (Springer, New York, 2012)
5. M. Minsky, S. Papert, *Perceptrons: An Introduction to Computational Geometry* (MIT Press, Cambridge, 1969)
6. P.J. Werbos, *Beyond Regression: New Tools for Prediction and Analysis in the Behavioral Sciences* (Harvard University, Cambridge, 1975)
7. D.B. Parker, Learning-logic. Technical Report-47 (MIT Center for Computational Research in Economics and Management Science, Cambridge, 1985)
8. Y. LeCun, Une procédure d'apprentissage pour réseau a seuil asymmetrique. Proc. Cogn. 85, 599–604 (1985)
9. D.E. Rumelhart, G.E. Hinton, R.J. Williams, Learning internal representations by error propagation. Parallel Distrib. Process. **1**, 318–362 (1986)

CHAPTER 5

피드포워드 신경망의 수정과 확장

5.1 정규화(Regularization) 개념

분산과 바이어스의 아이디어에 대해 생각해보자. 2D 공간에 두 개의 클래스(X와 O로 표시)가 있고 분류기가 똑바른 직선을 그리면 우리는 높은 바이어스를 가진 분류기를 갖게 된다. 이 선은 일반화가 잘 되는데 즉, 새 점에 대한 분류 오류(테스트 오류)는 이전 점에 대한 분류 오류(훈련 오류)와 매우 유사하다. 이것은 훌륭하지만 오류가 너무 크다는 문제가 있다. 이것을 **과소적합**(*underfitting*)이라고 한다. 반면에 모든 X를 포함하고 O를 포함하지 않는 복잡한 선을 그리는 분류기를 사용하면 높은 분산(및 낮은 바이어스)이 생기고 이를 **과대적합**(*overfitting*)이라고 한다. 이 경우 우리는 상대적으로 낮은 훈련 오류와 훨씬 더 큰 테스트 오류를 갖게 된다.

추상적인 예를 들어보자. 다른 동물들 속에서 범고래를 찾는 일을 상상해보자. 우리의 분류기는 모든 범고래에는 공통이지만 다른 동물에는 존재하지 않는 속성을 사용하여 모든 범고래를 찾을 수 있어야 한다. 우리가 '모든'이라고 말했을 때 우리는 종(species)의 하위 그룹이 아니라, 종을 구분하고 싶은 것이다: 즉 꼬리에 파란 태그를 가진 것 같이 특정 범고래가 가질 수 있는 무엇인가가 아니라, 모든 범고래는 가지고 다른 동물들은 없는 그런 것을 캐치하고 싶은 것이다. '종'은 일반적으로 **타입**(*type*, 예: 범고래)이라고 부르는 반면, 개별은 **토큰**(*token*, 예: 범고래 Shamu)이라고 한다. 우리는 분류하려고 하는 타입을 정의하는 속성을 찾고자 한다. 우리는 그러한 성질을 **필요 속성**(*necessary property*)이라고 부른다. 범고래의 경우 이것은 단순히 다음과 같은 속성(또는 쿼리)일 수 있다:

$$\texttt{orca}(x) := \texttt{mammal}(x) \wedge \texttt{livesInOcean}(x) \wedge \texttt{blackAndWhite}(x)$$

그러나 때로는 그러한 속성을 찾는 것이 쉽지 않다. 그러한 속성을 찾으려고 하는 것이 감독 학습 알고리즘이 하는 일이다. 따라서 한 타입을 최대한 정의하는 복잡한 속성을 찾으려는 시도(가능한 최대 수의 토큰을 포함시키고 정의에 관련된 토큰만 포함시키려는 시도)로 문제를 다시 표현할 수 있다. 그러므로 과대적합은 다른 방식으로 이해될 수 있다: 우리의 분류기는 너무 좋아서 우리의 훈련 예제에서 필요한 속성을 포착할 뿐만 아니라 불필요하거나 우발적인 속성을 포착한다. 그래서 우리는 필요한 모든 속성을 포착하지만 불필요한 속성을 포함하기 시작할 때 멈추기 위한 무언가를 원한다.

과소적합과 과대적합은 두 극단이다. 경험적으로 말해서 우리는 높은 바이어스와 낮은 분산에서 높은 분산과 낮은 바이어스로 갈 수 있다. 우리는 그 중간 지점에서 멈추고 싶다. 이 지점이 평균을 뛰어넘는 일반화 능력(높은 바이어스로부터 받은)을 갖고, 데이터에 잘 맞는(높은 분산에서 받은) 지점이다. 이 '스위트 스폿'을 어떻게 찾는가가 기계학습의 예술이며, 기계학습 커뮤니티에서 받은 지혜는 이것을 수동으로 찾는 것이 가장 좋다는 것이다. 그러나 자동화하는 것이 불가능하지 않으며, 인공지능의 경쟁자가 되고자 하는 딥러닝은 최대한 자동화할 것이다. 과대적합에 대한 우리의 직관을 자동화하려고하는 한 가지 방법이 있는데 이 아이디어를 정규화(*regularization*)라고 한다.

왜 우리는 과소적합이 아니고 과대적합에 대해 이야기하고 있을까? 매우 높은 바이어스를 가지면 선형 분류기로 끝나고 선형 분류기는 XOR 또는 이와 유사한 간단한 문제를 해결할 수 없음을 기억하라. 그러면 우리가 원하는 것은 과대적합하는 시점에 도달할 때까지 바이어스를 현저하게 낮추는 것이다. 딥러닝의 맥락에서, 우리가 로지스틱 회귀에 대한 층을 추가한 후에, 우리는 높은 바이어스에 이별을 하고 높은 분산의 해안을 향해 항해했다. 이것은 아주 좋은 것처럼 들리지만, 우리는 어떻게 적절한 시간에 멈출 수 있을까? 우리는 어떻게 과대적합을 방지할 수 있을까? 정규화의 개념은 다음 식처럼 오류 함수 E에 정규화 매개변수를 추가하는 것이다:

$$E^{improved} := E^{original} + RegularizationTerm$$

형식적 정의를 계속하기 전에 정규화가 하는 일에 대해 어떻게 시각적 직관을 구축할 수 있는지 보자(그림 5.1).

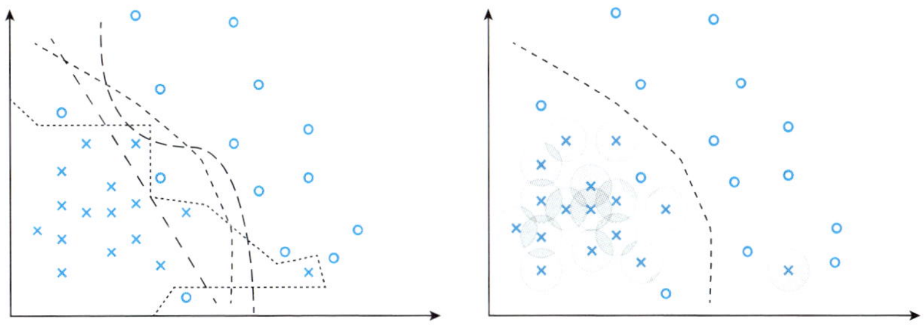

그림 5.1 정규화에 대한 직관

이미지의 왼쪽은 보통 우리가 가지고 있는 초평면의 고전적인 다양한 선택(바이어스, 분산 등)을 묘사한다. 정규화 항을 추가하면 효과는 오류 함수가 데이터 포인트를 정확히 찾아 낼 수 없을 것이라는 것이고, 효과는 실제로는 작은 원이 되는 점과 비슷하다. 이 방법으로, 초평면 선택의 일부는 불가능해질 것이며, 남아있는 것은 X와 O들 사이에 좋은 “중성 영역”을 가지는 것일 것이다. 이것은 정규화에 대한 정확한 설명은 아니지만(곧 이에 관해서 설명할 것이다) 정규화가 하는 일과 어떻게 작동하는지에 대한 유용한 직관이다.

5.2 L_1과 L_2 정규화

앞에서 말한 바와 같이 정규화는 다음과 같이 오류 함수에 항을 추가하는 것을 의미한다:

$$E^{improved} := E^{original} + RegularizationTerm$$

짐작할 수 있듯이, 다른 정규화 항을 추가하면 다른 정규화 기법이 생긴다. 이 책에서 우리는 두 가지의 가장 일반적인 유형의 정규화인 L_1 및 L_2 정규화에 대해 다룰 것이다. 우리는 실제로 더 유용하며 또한 벡터 공간과 이전 절에서 생긴 직관과의 연결을 파악하는 것이 더 쉽기 때문에 L_2 정규화로 시작하여 이를 자세히 살펴볼 것이다. 이후에 L_1을 간단히 살펴보고 이 장의 뒷부분에서 정규화와 유사한 효과를 갖는 신경회로망의 독특하고 유용한 기술인 드롭아웃(drop-out)을 다룰 것이다.

L_2 정규화는 ‘가중치 쇠퇴(weight decay)’, ‘리지 회귀(ridge regression)’, ‘티호노프 정규화(Tikhonov regularization)’ 등 많은 이

름으로 알려져 있다. L_2 정규화는 1943년에 소련 수학자 Andrey Tikhonov에 의해 공식화되었고 [1], 그의 논문 [2]에서 더욱 다듬어졌다. L_2 정규화의 개념은 정규화 항으로 L_2 또는 유클리드 놈(norm)을 사용하는 것이다.

벡터 $x = (x_1, x_2, \cdots, x_n)$의 L_2 놈은 간단히 $\sqrt{x_1^2 + x_2^2 + \ldots + x_n^2}$ 이다. 벡터 x의 L_2 놈은 $L_2(x)$ 또는 더 일반적으로 $||x||_2$로 나타낼 수 있다. 사용되는 벡터는 최종 층의 가중치이지만 네트워크에 있는 모든 가중치를 사용하는 버전을 사용할 수도 있다(그러나 이 경우 우리의 직관은 해제된다). 이제 L_2 정규화된 오류 함수를 다음과 같이 다시 작성할 수 있다:

$$E^{improved} := E^{original} + ||\mathbf{w}||_2$$

그러나 기계학습 커뮤니티에서는 일반적으로 제곱근을 사용하지 않으므로 $||\mathbf{w}||_2$ 대신에 L_2 놈의 제곱을 사용할 것이다, 즉 $(||\mathbf{w}||_2)^2 = ||\mathbf{w}||_2^2$이며 실제로는 $\sum_w w^2$이다. 우리는 사용하고자 하는 정규화의 양을 조정할 수 있는 하이퍼파라미터(정규화 파라미터 또는 정규화 율이라고 불리며 λ로 표시)를 추가하고 이를 사용된 배치의 크기(그것이 비례하기를 원하기 때문에)로 나누면 최종 L_2 정규화된 오류 함수는 다음과 같다:

$$E^{improved} := E^{original} + \frac{\lambda}{n}||\mathbf{w}||_2^2 = E^{original} + \frac{\lambda}{n}\sum_{w_i in w_o} w_i^2$$

L_2 정규화가 무엇을 하는지에 대한 설명[1]을 조금 살펴보자. 직관

1) 우리는 [3]에 의해 제공되는 설명을 수정하여 사용할 것이다. 이 책은 다음 사이

적으로는 학습 과정 중에는 작은 가중치가 선호되지만 오류의 전반적인 감소가 현저하다면 더 큰 가중치가 고려될 것이다. 이는 '가중치 쇠퇴'라는 이름이 왜 붙었나 설명한다. λ의 선택은 작은 가중치가 어느 정도 선호될지를 결정한다(λ가 크면 작은 가중치에 대한 선호도가 클 것이다). 간단한 유도를 통해 알아보자. 정규화된 오류 함수로 시작한다:

$$E^{new} = E^{old} + \frac{\lambda}{n}\sum_{w} w^2$$

이 식의 부분 도함수를 취하면 다음을 얻는다:

$$\frac{\partial E^{new}}{\partial w} = \frac{\partial E^{old}}{\partial w} + \frac{\lambda}{n} w$$

이것을 일반 가중치 업데이트 규칙에 넣으면 다음을 얻는다:

$$w^{new} = w^{old} - \eta \cdot \left(\frac{\partial E^{old}}{\partial w} + \frac{\lambda}{n} w\right)$$

이것이 실제로 가중치를 0으로 수렴하게 하지는 않은지 여부를 궁금해 할 수도 있지만, 오류 감소(이 부분이 정규화되지 않은 오류를 제어한다)가 현저한 경우, 첫 번째 구성요소 $\frac{\partial E^{old}}{\partial w}$가 가중치를 증가시키기 때문에 수렴하지 않는다.

이제 L_1 정규화를 간략하게 스케치할 수 있다. 'lasso' 또는 '기초 추적 잡음제거(basis pursuit denoising)'로 알려진 L_1 정규화는 1996년 Robert Tibshirani에 의해 처음 제안되었다[4]. L_1 정규화는 제곱 대신 절대 값을 사용한다.

트에서 온라인으로 볼 수 있다: http://neuralnetworksanddeeplearning.com

$$E^{improved} := E^{original} + \frac{\lambda}{n}||\mathbf{w}||_1 = E^{original} + \frac{\lambda}{n}\sum_{w_i in w_o}|w_i|$$

두 가지 정규화를 비교해 각각의 특색을 드러내어 보자. 대부분의 분류 및 예측 문제에 대해 L_2가 더 좋다. 그러나 L_1이 탁월한 작업이 있다[5]. L_1이 우월한 문제는 관련 없는 많은 데이터가 포함된 문제이다. 이것은 잡음 있는 데이터이거나 정보가 많지 않은 특징일 수도 있지만 희소 데이터(대부분의 특징이 누락되어 있어 관련성이 없는 경우)일수도 있다. 이는 신호 처리(예: [6]) 및 로봇공학(예: [7])에서 L_1 정규화가 유용하게 응용되는 경우가 많이 있음을 의미한다.

두 가지 규칙의 이면에 있는 직관을 생각해보도록 하자. L_2 정규화는 가중치가 증가함에 따라 가중치의 제곱(가중치 증가에 선형적으로 증가하지 않는다)을 낮추려고 시도하는 반면, L_1은 선형인 절댓값과 관련되므로 L_2는 큰 가중치에 빠르게 벌칙을 가한다(집중하는 경향이 있다). L_1 정규화는 더 많은 가중치를 약간 더 작게 만들어, 일반적으로 많은 가중치가 0에 가까워진다. 문제를 완전히 단순화하려면 그래프 $f(x) = x^2$과 $g(x) = |x|$의 플롯을 보자. 그 플롯은 그릇과 같은 물리적인 표면이라고 상상해보자. 이제 그래프에 가중치에 해당하는 점을 넣고 '중력'을 추가하여 실제 객체(작은 구슬)처럼 동작하는 것을 상상해보라. 최솟값으로 향하는 이동이기 때문에(중력이 물리적 시스템에서 최소점으로 미는 것처럼) '중력'은 경사 하강(gradient descent)에 해당한다. 또한 마찰도 있다고 생각하자. 이것은 E는 이미 최솟값에 매우 근접한 가중치에 대해 더 이상 신경 쓰지 않는다는 개념에 해당한다. $f(x)$의 경우 점(0, 0) 주위에 많은 점을 갖지만 약간 분산되어 있는 반면 $g(x)$에서는 점이 (0, 0) 주위에 매우

빽빽이 채워질 것이다. 또한 두 개의 벡터가 동일한 L_1 놈을, 그러나 다른 L_2 놈을 가질 수 있음에 주목해야 한다. $v_1 = (0.5, 0.5)$ 및 $v_2 = (-1, 0)$을 취하면 $||v_1||_1 = |0.5| + |0.5| = 1$이고 $||v_2||_1 = |-1| + |0| = 1$이지만 $||\mathbf{v}_1||_2 = \sqrt{0.5^2 + 0.5^2} = \frac{1}{\sqrt{2}}$이고 $||\mathbf{v}_2||_2 = \sqrt{1^2 + 0^2} = 1$이다.

5.3 학습률, 모멘텀, 드롭아웃

이 절에서는 학습률에 대한 아이디어를 다시 살펴보겠다. 학습률은 하이퍼파라미터의 예이다. 그 이름은 아주 특이하지만, 실제로 그 뒤에 간단한 이유가 있다. 모든 신경망은 사실 주어진 입력 벡터(입력)에 클래스 레이블(출력)을 할당하는 함수이다. 신경망이 그것을 수행하는 방식은 연산과 주어진 매개변수를 통해서이다. 연산은 로지스틱 함수, 행렬 곱셈 등을 포함하며 매개변수는 가중치나 바이어스와 같은 입력이 아닌 숫자이다. 바이어스는 단순히 가중치이며 신경망은 오류를 역전파함으로써 좋은 가중치 집합을 찾는다. 연산은 항상 동일하기 때문에 신경망에 의해 수행되는 모든 학습은 실제로 좋은 가중치 집합을 찾는 것이라고 할 수 있다. 즉 단순히 매개변수를 조정하는 것이다. 더 이상 기중치 조정 이외에는 아무 것도 없고 마법도 없다. 이제 이것이 분명해졌고, 하이퍼파라미터가 무엇인지 말할 수 있다. 하이퍼파라미터는 신경망에 의해 학습할 수 없는 신경망에 사용되는 숫자이다. 예를 들어, 학습률 또는 은닉층의 뉴런 수를 예로 들 수 있다.

즉, 학습으로는 하이퍼파라미터를 조정할 수 없으며 수동으로 조정해야 한다는 것을 의미한다. 그것을 하는 과학적 방법이 없고 직관과 경험의 문제이기 때문에 여기서 기계학습은 예술의 경향이 강하게 된다. 그러나 하이퍼파라미터의 좋은 집합을 찾는 것이 쉽지는 않다는 사실에도 불구하고, 그것을 하는 표준 절차가 있다. 이를 위해 우리는 데이터 집합을 훈련 집합과 테스트 집합으로 분리하는 아이디어를 재검토해야 한다. 테스팅을 위해 데이터 포인트의 10%를 유지했다고 가정하고 나머지는 훈련 집합으로 사용하려고 한다. 이제 훈련 집합에서 10%의 데이터 포인트를 가져 와서 **검증 집합**(*validation set*)이라고 부른다. 따라서 훈련을 위한 훈련 집합으로 데이터 포인트의 80%를 사용하게 되고, 검증 집합에 10%를 사용하고, 테스트 집합을 위해 10%를 유지하게 된다. 아이디어는 주어진 하이퍼파라미터 집합으로 훈련 집합을 훈련시키고 검증 집합에서 이를 테스트하는 것이다. 만족스럽지 않다면, 우리는 신경망을 재훈련하고 검증 집합을 다시 테스트한다. 우리는 좋은 분류가 나올 때까지 이 작업을 수행한다. 그런 다음에야 어떻게 동작하는지 테스트 집합으로 테스트한다.

낮은 훈련 오류와 높은 테스트 오류는 과대적합의 표시이다. 이것은 단지 훈련과 테스트를 할 때에는(하이퍼파라미터 튜닝없이) 지켜야 할 좋은 규칙이다. 그러나 하이퍼파라미터를 튜닝한다면 검증 집합에서 작은 오류를 얻을 때까지 하이퍼파라미터를 변경하기 때문에 훈련과 검증 집합 모두에 과대적합을 얻을 수 있다. 분류기가 학습 집합의 노이즈를 학습한 이후에 오류가 오도될 정도로 작아질 수 있다면 우리는 검증 집합의 노이즈에 맞게 수동으로 하이퍼파라미터를 변경한다. 이후에 테스트 집합에 비례하는 작은 오류가 있으면 성공한 것이고, 그렇지 않으면 처음부터 다시 시작해야 한다. 물론 훈련, 검증 및 테스트 집합의 크기를 변경할 수도 있지만 이들이 표준 출발 값(각각 80%, 10% 및 10%)이다.

우리는 학습률로 돌아간다. 학습률을 포함시키는 아이디어는 처음에 [8]에서 명시적으로 제안되었다. 이전 장에서 보았듯이 학습률은 우리가 원하는 업데이트의 양을 제어한다. 학습률은 일반적인 가중치 업데이트 규칙의 일부이므로 역전파의 맨 마지막 단계에 역할을 한다. 학습률의 여러 유형을 살펴보기 전에, 추상적 세팅[2]에서 학습률이 왜 중요한지 알아보자. 우리는 이전 절에서 제안한 포물선으로 아이디어를 일반화하여 학습에 대한 추상적인 모델을 구성할 것이다. 우리는 이것을 한 방향 이상으로 움직일 수 있도록 3차원으로 확장할 필요가 있다. 우리가 사용할 3D 표면의 전체 모양은 우묵한 그릇과 같다(그림 5.2).

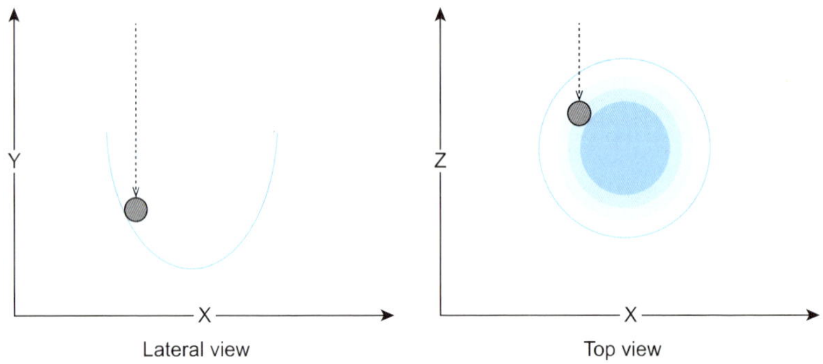

그림 5.2 그래디언트 그릇

그것의 옆모습은 축 x와 y에 의해 주어진다(z는 보지 않는다). 위에서 보았을 때(x 및 z축이 보이고 y축은 보이지 않음), 원 또는 타원처럼 보인다. (x_k, z_k)에 점을 '떨어뜨리면' 좌표 (x_k, z_k)의 곡선에서

2) 우리는 Geoffrey Hinton의 수업에서 이 추상화에 대한 아이디어를 얻는다.

값 y_k를 얻을 수 있다. 다르게 말하자면 우리가 그 점을 떨어뜨리면 그릇을 향해 낙하하여 그릇 표면에 닿자마자 멈추는 것이라고 하자(우리의 점은 씹는 껌처럼 끈적거리는 물건이라고 상상해보자). 정확한 점 (x_k, z_k) (위에서 보았을 때)으로 떨어뜨리면 끈적거리는 물체의 최종 '높이'는 알 수 없지만 그것은 그릇의 옆면으로 떨어질 때 측정할 것이다.

그래디언트는 중력과 같으며 y를 최소화하려고 한다. 우리가 비유를 계속하기 원한다면 물리적 세계에 몇 가지 변화를 주어야 한다: (a) 우리가 항상 끈적거리는 객체를 가지고 있는 것은 아니고((x, z)만 가지고 어떻게 점의 y값을 얻을 수 있는지 설명하기 위해 그것이 필요했다), 작은 구슬이 움직임이 끝났을 때, 끈적한 물건으로 변한다고 하자(또는 '얼어붙었다'고 생각할 수도 있다). (b) 마찰이나 관성이 없고, 아마도 가장 직관적이지 않지만, (c) 우리의 중력은 물리적 중력과 비슷하지만 다르다.

(c)에 대해 더 자세히 설명해보자. 우리가 위에서 보았을 때, x와 z축만 보고 구슬을 떨어뜨린다. 우리는 구슬이 움직여야 하는 방향(위에서 보는 x와 z 뷰)을 자동으로 생성한다는 의미에서 우리의 중력이 물리적인 중력처럼 행동하기를 원한다. 이 행동은 구슬이 그릇의 곡률을 따라 이동하여 희망적으로는 그릇의 밑바닥(y의 전역 최솟값)으로 이동하게 한다.

우리는 그것이 물리적인 중력과 달라, 이 방향에서의 움직임의 양이 y에 대한 최솟값의 정확한 위치에 의해 결정되지 않는다고 하자. 즉, 구슬이 밑바닥에 정착하지 않고 그릇의 다른 면까지 움직일 수 있다고 하자(그리고 다시 끈끈한 물체가 된 것처럼 거기에 남아 있다). 우리는 지금은 움직임의 양을 지정하지 않고, 실제 최솟값에 도달하는 데 필요한 정확한 양이 되는 경우는 거의 없다고 가정한다. 때로는 조금 더 커서 오버 슛이 되고 때로는 조금 작아서 도달하지 못한다. 한 가지 매우 중요한 점이 있다: 곡률이 최솟값을 '향한다'는 것, 그러나 우리는 최솟값이 아니라 현재 있는 점의 곡률을 따른다는 것이다. 어떤 의미에서 구슬은 매우 '근시안적'이다: 현재 곡률만 보고 이동한다. 우리는 곡률이 0일 때 최솟값을 찾았음을 알게 될 것이다. 우리의 예에서는 곡률이 0인 점이 하나뿐인 '이상적인 그릇'이 있고 이는 y에 대한 전역 최솟값을 가진다는 것을 주목하자. 곡률 0인 점이 전체 최솟값이라고 말할 수 없는 복잡한 표면이 얼마나 더 있을지 상상해보라. 그러나 또한 복잡한 표면 중 하나를 우리의 그릇으로 변환하는 변환을 할 수 있다면 완벽한 학습 알고리즘을 가질 수 있다는 것에 주목하라.

또한, 약간의 부정확성을 추가하여, 중력의 방향이 그릇의 곡률의 '일반적인 방향'이지만—때로는 최솟값의 약간 왼쪽에, 때로는 약간 오른쪽에, 드문 경우에만 곡률이 정확하게 따른다고 상상해보자.

이제 우리는 추상적 의미에서 학습을 설명하기에 완벽한 환경을 갖추고 있다. 학습의 각 에포크는 그릇의 곡률의 '일반적인 방향'에서 하나의 움직임(어느 정도의 양)이며, 완료 후에 그것은 그것이 있는 곳에 머문다. 두 번째 에포크에서는 '얼어붙은 것을 녹여서' 다시 곡률에 대한 일반적인 방향을 따른다. 이 두 번째 움직임은 첫 번째 움직임의 연속이거나, 구슬이 최솟값(밑바닥)을 초과하면 반대 방향으로 움직일 수 있다. 과정은 무한정 지속될 수 있지만, 여러 에포크가 끝나면 움직임이 실제로 작고 현저하지 않을 것이므로, 미리 정해진 수의 에포크 이후 또는 개선이 현저하지 않을 때 중지할 수 있다.[3]

이제 학습률로 돌아가 보자. 학습률은 우리가 취할 이동의 양을 제어한다. 1의 학습률은 전체 이동을 의미하고 0.1의 학습률은 이동의 10%만 하는 것을 의미한다. 앞서 언급했듯이 우리는 전역 학습률 또는 매개변수화 된 학습률을 가질 수 있어서 학습률은 지금까지의 에포크 수 또는 다른 매개변수와 같은 특정 조건에 따라 변경된다.

우리 그릇으로 돌아가보자. 지금까지 둥근 그릇이 있었지만, 긴 타원 모양의 얕은 그릇이 있다고 상상해보자(그림 5.3). 우리가 좁은 가운데에 구슬을 떨어뜨리면 이전과 거의 같은 상황이 된다. 그러나 왼쪽 상단 부분에 떨어뜨리면 아주 얕은 곡률을 따라 움직이며 밑바닥을 향하는 방향을 찾기 위해 매우 많은 수의 에포크를 필요로 한다. 학습률은 여기서 도움이 될 수 있다. 우리가 이동의 일부분만 취하면, 다음 이동을 위한 곡률의 방향은 얕은 긴 타원 모양의 얕은 그릇의 한쪽 모서리에서 반대편 모서리로 이동하는 경우보다 훨씬 더 나을 것이다. 그것은 더 작은 스텝을 만들지만 훨씬 더 신속하게 좋은 방향을 칮을 것이다.

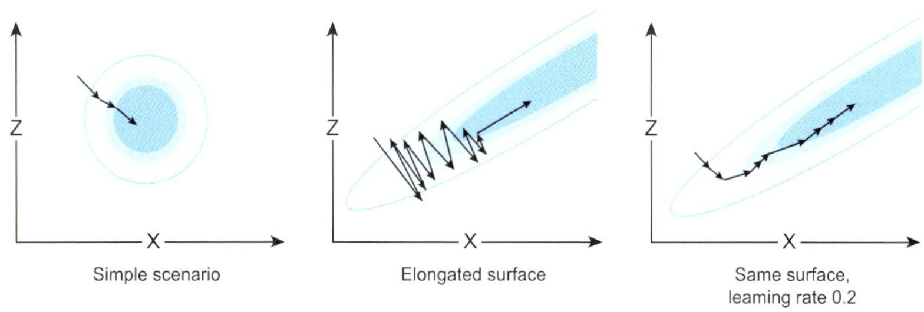

그림 5.3 학습률

3) 이것은 실제 오버피팅을 방지하기 위해 사용되는 기법으로 조기 정지(early stopping)라고 불린다.

이것은 학습률 η를 위한 전형적인 값을 논의하게 한다. 가장 자주 사용되는 값은 0.1, 0.01, 0.001 등이다. 0.03과 같은 값은 단순히 손실되어 가장 가까운 대수(logarithm, 0.03의 경우 0.01)와 매우 유사하게 동작한다.[4] 학습률은 하이퍼파라미터이며 모든 하이퍼파라미터와 마찬가지로 검증 집합에서 조정해야 한다. 그래서 우리는 제안된 하이퍼파라미터 표준 값 중 일부를 시도해서 어떻게 동작하는지를 보고 그에 맞게 수정할 것을 제안한다.

학습률과 비슷하지만 **관성**(*inertia*) 혹은 **모멘텀**(*momentum*)이라고도 불리는 아이디어로 우리의 관심을 돌려보자. 비공식적으로 말하자면, 학습률은 현재 단계에서 유지해야 할 이동의 양을 제어하는 반면, 모멘텀은 현재 단계에서 이전 단계로부터 유지하는 이동의 양을 제어한다. 모멘텀이 해결하고자 하는 문제는 지역 최솟값의 문제이다. 우리의 그릇 문제로 돌아가서 이번에는 그릇을 수정하여 지역 최솟값이 있다고 하자. 그림 5.4에서 측면도를 볼 수 있다. 학습률은 '위에서 보는' 뷰와 관련되지만 모멘텀은 '측면' 뷰의 문제를 해결한다는 점에 주목하라.

구슬은 평상시처럼 떨어지고(이미지에서 회색으로 표시됨) 곡률을 따라 계속되고 곡률이 0일 때 멈춘다(이미지에서 검은 색으로 표시됨). 그러나 문제는 곡률 0이 전역 최솟값일 필요는 없고 단지 지역 최솟값이어도 된다는 것이다. 그것이 물리적 시스템이라면, 구슬은 모멘텀을 가지게 될 것이고, 그것은 지역 최소를 넘어 전역 최솟값으로 떨어질 것이다. 거기에서 앞뒤로 조금 왔다갔다 하다가 정착할 것이다. 신경망에서의 모멘텀은 단지 이 아이디어의 공식화 일뿐이다.

---

4) 그래디언트 폭주를 위해 학습률을 사용할 수 있다. 그래디언트 폭주를 직접보고 싶다면 5 또는 10의 η 값을 사용해보라.

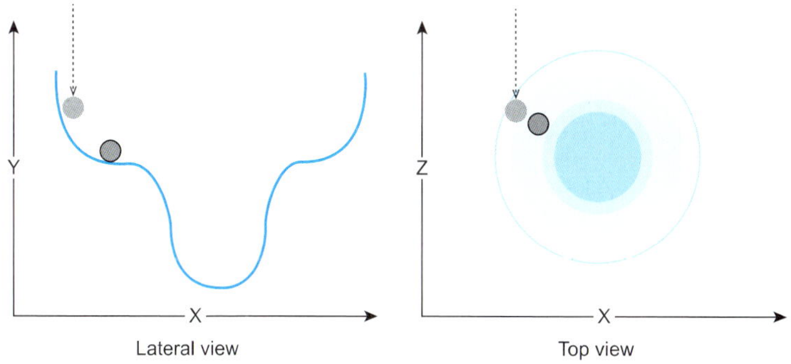

그림 5.4 지역 최솟값

학습률과 같이 모멘텀도 일반 가중치 업데이트 규칙에 추가된다:

$$w_i^{new} = w_i^{old} - \eta \frac{\partial E}{\partial w_i^{old}} + \mu(|w_i^{old} - w_i^{older}|)$$

여기서 w_i^{new}는 계산할 현재 가중치이고, w_i^{old}는 가중치의 이전 값이고 w_i^{older}는 그 전에 가중치의 값이다. μ는 모멘텀 비율이며 0에서 1까지의 범위이다. 그것은 반복에서 유지할 이전 가중치 변화의 양을 직접 제어한다. μ에 대한 일반적인 값은 0.9이며 일반적으로 0.10에서 0.99 사이의 값으로 조정된다. 모멘텀은 역전파의 마지막 발견만큼 오래되었으며 루멜하트, 힌튼, 윌리엄스 [9]에 의해 같은 논문에 처음 발표되었다.

신경망이 학습하고 과대적합을 줄이는 방법을 개선하기 위한 마지막 흥미로운 기술이 있는데 **드롭아웃**(*dropout*)이라는 것이다. 우리는 정규화를 비용 함수에 정규화 항을 추가하는 것으로 정의했으며, 이 정의에 따르면 드롭아웃은 정규화가 아니지만 훈련 오류와 시험 오류 사이의 갭을 줄이고 결과적으로 과대적합이 감소한다. 정규화를 이 갭을 줄이는 기법으로 정의할 수 있다면 드롭아웃도 정규화 기술이라고 할 수 있다. 드롭아웃을 '구조적 정규화'로 L_1 및 L_2 정규화를 '수치적 정규화'로 부를 수 있지만 표준 용어는 아니며 사용하지 않을 것이다.

드롭아웃은 처음에 [10]에서 설명되었지만 [11]과 특히 [12]에서 더 자세한 내용을 찾을 수 있다. 드롭아웃은 놀라울 정도로 간단한 기술이다. 우리는 0에서 1까지의 범위의 드롭아웃 매개변수 π를 추가한다(확률로 해석됨). 각 에포크에서 모든 가중치는 π의 확률로 0으로 설정된다(그림 5.5). 가중치 업데이트를 계산하기 위해 w_k^{old}가 필요한 일반적인 가중치 업데이트 규칙으로 돌아가서, 에포크 n에서 가중치가 0으로 설정된 경우, 에포크 $n + 1$에 대한 w_k^{old}는 에포크 $n - 1$의 w_k가 된다. 드롭아웃은 네트워크가 중복을 학습하도록 하여 데이터 집합의 필수 속성을 분리해 내는데 좋다. π의 일반적인 값은 0.2이지만 다른 모든 하이퍼파라미터와 마찬가지로 검증 집합에서 조정해야 한다.

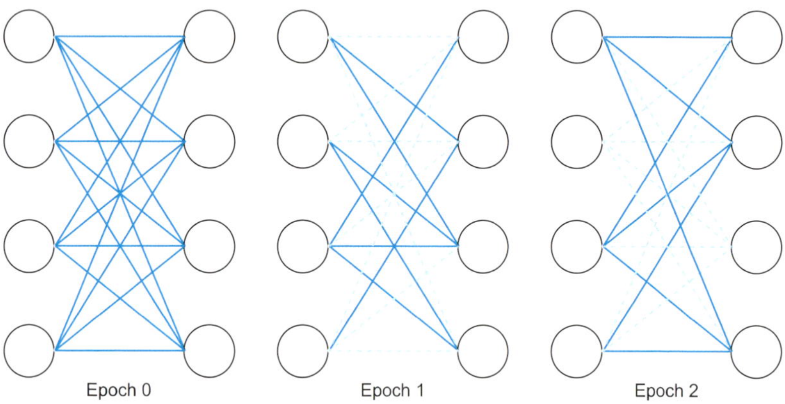

그림 5.5 π = 0.5인 드롭아웃

5.4 확률적 경사 하강과 온라인 학습

지금까지 이 책에서 우리는 하나의 중요한 질문[5]에 대해 조금 부족한 듯하다: 조감도 관점에서 역전파는 어떻게 작동하는가? 우리는 역전파를 설명하기 위해 충분한 개념적 이해를 가질 수 있을 때까지 혼란을 피하기 위해 이 질문을 피해 왔는데 이제는 명확히 설명할 수 있다. 신경망에서의 역전파는 다음과 같은 방식으로 동작한다: 한 번에 하나의 훈련 샘플을 가져와 네트워크를 통해 전달하고 각각에 대한 제곱된 오류를 기록한다. 그런 다음 이를 사용하여 평균 (제곱) 오류를 계산한다. 평균 제곱 오류를 얻으면 더 좋은 가중치 집합을 찾기 위해 이를 경사 하강을 사용하여 역전파한다. 이것이 끝나면, 우리는 훈련의 한 에포크를 마친 것이다. 우리는 원하는 만큼 많은 에포크 동안 이것을 할 수 있다. 대개 우리는 고정된 수의 에포크를 계속하거나 더 이상 오류를 줄이는데 도움이 되지 않으면 중단한다.

역전파를 설명할 때 우리가 사용한 것은 크기 1의 훈련 집합(하나의 예제)이었다. 이것이 전체 훈련 집합(특이할 정도로 작은 훈련 집합)인 경우, 이것은 (전체) 경사 하강(일괄 학습이라고도 함)의 예이다. 그러나 우리는 그것을 훈련 집합의 부분 집합이라고 생각할 수 있다. 크기 n의 훈련 집합에서 무작위로 선택된 부분 집합을 사용할 때 **확률적 경사 하강**(*stochastic gradient descent*) 또는 **미니배치 학습**(*minibatch learning*, 배치 크기 n)을 사용한다고 말한다. 크기 1의 미니배치로 학습하는 것을 온라인 학습이라고 한다. 온라인 학습은 고정된 훈련 집합에서 하나씩 임의로 선택[6]하는 '고정적(stationary)'

5) 우리는 몇 가지에 부족한 상태였는데 이 절에서는 좀 더 정확하게하기 위해 다시 정의하려고 한다.

6) 우리는 또한 무작위가 아닌 선택을 사용할 수도 있다. 여기에서 가장 흥미로운

방식이거나, 아니면 오는 순서대로 새로운 훈련 샘플을 제공[7]하는 것일 수 있다. 따라서 우리는 이전 장의 역전파 예제를 온라인 학습의 사례로 생각할 수 있다.

이제 우리는 지금까지 무시해 왔던 전문 용어적 기교를 소개할 수 있는 입장이 되었다. 에포크는 전체 훈련 집합에 대해 전진 및 후진하는 하나의 완전한 과정이다. 크기가 10000인 훈련 집합을 10개의 미니배치로 나눈다면,[8] 1개의 배치에 대해 하나의 전진 및 후진 과정을 하나의 **반복**(*iteration*)이라고 하고, 10개의 반복(미니배치의 수)을 하나의 **에포크**(*epoch*)라고 한다. 이것은 각주에 명시된 대로 샘플이 분리된 경우에만 적용된다. 미니배치를 위한 훈련 샘플의 무작위 선택을 사용하면 10번의 반복으로 한 에포크가 되지 않는다. 반면 훈련 집합을 뒤섞은 후 10개로 나누면 10번의 반복이 한 에포크가 된다.

무작위 샘플링으로 전체 그래디언트를 잘 예측할 수 있기 때문에 확률적 경사 하강은 일반적으로 훨씬 빨리 수렴하지만, 최솟값이 확연히 드러나 있지 않으면(그릇이 너무 얕음) 이전 절의 그림 5.3(중간 부분)에서 보았던 문제를 악화시키는 경향이 있다. 이면에 있는 직관적인 이유는 우리가 얕은 곡률을 가지고 무작위로 표본을 샘플

아이디어 중 하나는 가장 단순한 경우를 먼저 학습하고 더 까다로운 단계로 진행하는 것인데, 이러한 접근 방식을 커리큘럼 학습이라고 한다. 이것에 대한 자세한 내용은 [13]을 참조하라.

7) 이것은 감독학습과 비감독학습과 더불어 기계학습의 세 가지 주요 영역 중 하나인 강화학습과 유사하지만, 이 책에 포함시키지 않기로 결정했다. 이유는 딥러닝에 대한 처음 소개 개념의 범주 밖이기 때문이다. 더 많은 것을 알고 싶다면, [14]를 참조하라.

8) 명확히 말하자면 임의로 나누는게 아니다. 첫 번째 배치는 1~1000의 훈련 샘플이 포함되고 두 번째는 1001~2000 등의 두 번째 샘플이 포함된다.

링할 때 우리는 처음에 가진 곡률에 대한 적은 정보를 거의 잃어버리는 경향 때문이다. 그런 경우에는 모멘텀을 가진 완전 경사 하강법이 좋은 선택일 수 있다.

5.5 다중 은닉층 문제: 소실되거나 폭주하는 그래디언트

지난 장에서 살펴본 완전 기능 피드포워드 신경망의 계산으로 돌아가 보자. 그것은 2개의 입력 뉴런, 2개의 은닉 뉴런[9] 및 1개의 출력 뉴런을 갖는 것을 의미하는 구성 (2, 2, 1)을 갖는 신경망이었음을 기억하라. 우리가 계산한 가중치 업데이트를 다시 방문해보자:

- $w_1^{old} = 0.1, w_1^{new} = 0.1007$
- $w_2^{old} = 0.5, w_2^{new} = 0.502$
- $w_3^{old} = 0.4, w_3^{new} = 0.4024$
- $w_4^{old} = 0.3, w_4^{new} = 0.307$
- $w_5^{old} = 0.2, w_5^{new} = 0.2373$
- $w_6^{old} = 0.6, w_6^{new} = 0.6374$

가중치 갱신량을 보면 두 가중치가 다른 가중치보다 훨씬 더 많이 갱신되었음을 알 수 있다. 이 두 가중치(w_5와 w_6)는 출력층과 은닉층을 연결하는 가중치이다. 나머지 가중치는 입력층과 은닉층을 연결한다. 그런데 왜 더 많이 갱신될까? 그 이유는 우리가 적은 층을 역전파했기 때문이다. 역전파는 구조적으로 말하면 체인 규칙이다.

9) 단일 은닉층에 두 개의 뉴런이 있다. 두 개의 은닉층이 있고 첫 번째에는 두 개의 뉴런, 두 번째에는 네 개의 뉴런이 있으면 (3, 2, 4, 1)이었다.

체인 규칙은 미분의 곱이다. 그리고 우리가 필요로 하는 모든 것의 도함수[10)]는 0과 1 사이의 값을 가진다. 따라서 역전파해야 하는 층들을 추가하면 0에서 1까지의 숫자를 더 많이 곱해야 하고 일반적으로 이것은 매우 빠르게 작아지는 경향이 있다. 이것은 정규화가 없을 때 얘기이고, 정규화가 있으면 더 나빠질 수 있다. 이유는 항상 작은 가중치가 선호되기 때문이다(가중치 업데이트는 도함수로 인해 작을 수 있기 때문에 비정규화 부분이 가중치를 늘릴 가능성이 거의 없음). 이 현상을 **그래디언트 소실**(*vanishing gradient*)이라고 한다.

우리는 이 문제를 피하기 위해 가중치를 매우 큰 값으로 초기화하고 역전파가 이들을 올바른 값으로 수정하도록 시도할 수 있다.[11)] 이 경우, 우리는 매우 큰 그래디언트를 얻어 학습을 또 방해할 수도 있다. 그래디언트의 방향은 올바른 방향이지만 한 스텝의 크기가 그 스텝 이전보다 솔루션에서 더 멀어지게 할 수 있기 때문이다. 이야기의 교훈은 일반적으로 문제는 소실되는 그래디언트이지만, 우리가 근본적으로 우리의 접근 방식을 바꾸면 우리는 심지어 더 나쁜 반대 방향으로 날아갈 수 있다는 것이다. 우리가 역전파해야 하는 많은 층을 사용하는 경우, 경사 하강법은 너무 불안정하다.

소실되는 그래디언트 문제의 중요성을 설명하기 위해, 우리는 소실되는 그래디언트가 딥러닝이 솔루션인 문제라는 것에 주목해야 한다. 진짜로 딥러닝을 정의하는 것은 그래디언트 소실 문제를 피하면

10) 우리는 이 말을 사실로 만들기 위해 조정된 값을 사용하였다. 우리가 필요로 하는 도함수 중 일부는 0에서 1 사이의 값이 되지만, 시그모이드 도함수는 0과 1 사이에 수학적으로 바운드되어 있으며, 많은 층(예 : 8)이 있으면 시그모이드 도함수가 역전파를 지배하게 된다.

11) 일반적인 접근법이 찰흙 조각(찰흙을 제거하고, 때로는 추가하고)과 같은 것이라면 가중치를 큰 값으로 초기화하는 직관은 돌이나 나무 블록을 사용하고 조각을 깍아내는 것이라고 할 수 있다.

서도 많은 층을 쌓는 것이 가능하게 하는 기술이다. 일부 딥러닝 기법은 문제를 정면으로 다루는 반면(LSTM), 일부는 그것을 회피하려고 시도하며(컨볼루션 신경망), 일부는 단순한 신경망이 아닌 다른 연결들을 사용하고(홉필드 네트워크), 일부는 솔루션을 해킹하고(잔여 연결), 일부는 우위를 점하기 위해 이상한 신경망 현상을 이용한다(오토인코더). 이 책의 나머지 부분에서는 이러한 기법과 아키텍처에 대해 설명한다. 역사적으로 말하자면, 그래디언트 소실 문제는 1991년 Sepp Hochreiter가 그의 학위 논문 [15]에서 처음 발견했다. 그의 논문 지도교수는 Jürgen Schmidhuber였고, 그 둘은 1997년에 우리가 다음 장에서 자세히 살펴볼 가장 영향력 있는 순환 신경망 구조 중 하나(LSTM)를 개발하게 된다[16]. 동일한 저자에 의한 흥미로운 논문 [17]은 소실되는 그래디언트에 대한 논의에 대해 많은 세부 사항을 제공한다.

우리는 이 책의 두 번째 부분을 계속하기 전에 마지막 언급을 한다. 우리는 가장 대중적이고 영향력 있는 신경망 구조로 믿는 것을 선택했지만 앞으로 더 많은 것이 발견될 것이다. 이 책의 목적은 존재하는 모든 것에 대한 포괄적인 견해를 제공하는 것이 아니라 독자가 연구 수준의 딥러닝 논문과 전문자료를 읽는 데 필요한 지식과 직관을 습득하도록 돕는 것이다. 이것은 딥러닝에 관한 최종적인 이야기는 아니지만, 불완전한 첫 번째 소개이다. 우리는 이 놀라운 인지과학과 인공지능 분야의 광대한 풍요로움과 다양성을 독자들에게 보여줄 다양한 신경망 구조를 포함하기 위해 진지한 노력을 기울였다.

참고문헌

1. A.N. Tikhonov, On the stability of inverse problems. Dokl. Akad. Nauk SSSR **39**(5), 195-198(1943)
2. A.N. Tikhonov, Solution of incorrectly formulated problems and the regularization method. Sov. Math. **4**, 1035-1038 (1963)
3. M.A. Nielsen, *Neural Networks and Deep Learning* (Determination Press, 2015)
4. R. Tibshirani, Regression shrinkage and selection via the lasso. J. Roy. Stat. Soc. Ser B (Methodol.) **58**(1), 267-288 (1996)
5. A. Ng, Feature selection, L1 versus L2 regularization, and rotational invariance, in *Proceedings of the International Conference on Machine Learning* (2004)
6. D.L. Donoho, Compressed sensing. IEEE Trans. Inf. Theory **52**(4), 1289-1306 (2006)
7. E.J. Candes, J. Romberg, T. Tao, Robust uncertainty principles: exact signal reconstruction from highly incomplete frequency information. IEEE Trans. Inf. Theory **52**(2), 489-509 (2006)
8. J. Wen, J.L. Zhao, S.W. Luo, Z. Han, The improvements of BP neural network learning algorithm, in *Proceedings of 5th International Conference on Signal Processing* (IEEE Press, 2000), pp. 1647-1649
9. D.E. Rumelhart, G.E. Hinton, R.J. Williams, Learning internal representations by error propagation. Parallel Distrib. Process. **1**, 318-362 (1986)
10. G.E. Hinton, N. Srivastava, A. Krizhevsky, I. Sutskever, R. Salakhutdinov, Improving neural networks by preventing co-adaptation of feature detectors (2012)
11. G.E. Dahl, T.N. Sainath, G.E. Hinton, Improving deep neural networks for LVCSR using rectified linear units and dropout, in *IEEE International Conference on Acoustic Speech and Signal Processing* (IEEE Press, 2013), pp. 8609-8613
12. N. Srivastava, G.E. Hinton, A. Krizhevsky, I. Sutskever, R. Salakhutdinov, Dropout: a simple way to prevent neural networks from overfitting. J. Mach. Learn. Res. **15**, 1929-1958 (2014)

13. Y. Bengio, J. Louradour, R. Collobert, J. Weston, Curriculum learning, in *Proceedings of the 26th Annual International Conference on Machine Learning, ICML 2009, New York, NY, USA*, (ACM, 2009), pp. 41–48
14. R.S. Sutton, A.G. Barto, *Reinforcement Learning: An Introduction* (MIT Press, Cambridge, 1998)
15. S. Hochreiter, Untersuchungen zu dynamischen neuronalenNetzen,Diploma thesis, Technische Universität Munich, 1991
16. S. Hochreiter, J. Schmidhuber, Long short-term memory. Neural Comput. **9**(8), 1735–1780 (1997)
17. S. Hochreiter, Y. Bengio, P. Frasconi, J. Schmidhuber, Gradient flow in recurrent nets: the difficulty of learning long-term dependencies, in *A Field Guide to Dynamical Recurrent Neural Networks*, ed. by S.C. Kremer, J.F. Kolen (IEEE Press, 2001)

CHAPTER 6

컨볼루션 신경망

6.1 로지스틱 회귀로의 3번째 방문

이 장에서는 1998년에 Yann LeCun과 그외 사람들이 처음으로 발명한 컨볼루션 신경망을 탐구한다[1]. LeCun과 그의 팀이 구현한 아이디어는 더 오래 전 것이고 1981년 생리학 및 의학 분야의 노벨상을 안겨준 David H. Hubel과 Torsten Weisel이 1968년에 발표한 세미나 논문 [2]의 아이디어를 토대로 구축되었다. 그들은 동물 시각 피질을 탐구하여 뇌의 작지만 잘 정의된 영역에서의 활동과 시각 필드의 작은 영역의 활동 사이의 연관성을 발견했다. 어떤 경우에는 시각 필드의 일부를 담당하는 정확한 뉴런을 정확하게 찾아내는 것이 가능했다. 이것은 그들을 시각 필드의 부분과 정보를 처리하는 개별 뉴런 사이의 연결을 기술하는데 사용되는 개념인 **수용 필드**(*receptive field*)의 발견으로 이끈다.

수용 필드의 개념은 컨볼루션 신경망을 구축하는데 필요한 세 번째이자 마지막 요소를 완성한다. 그렇다면 나머지 두 부분은 무엇일까? 첫 번째는 기술적 세부사항이다: 이미지(2D 배열)를 벡터에 펼친다. 대부분의 현대적인 구현은 배열을 쉽게 처리하지만, 핵심 내부에서 배열들은 종종 벡터로 펼쳐진다. 이 방법이 손이 덜 가고 독자로 하여금 일부 기술적인 세부사항을 파악하게 할 수 있기 때문에

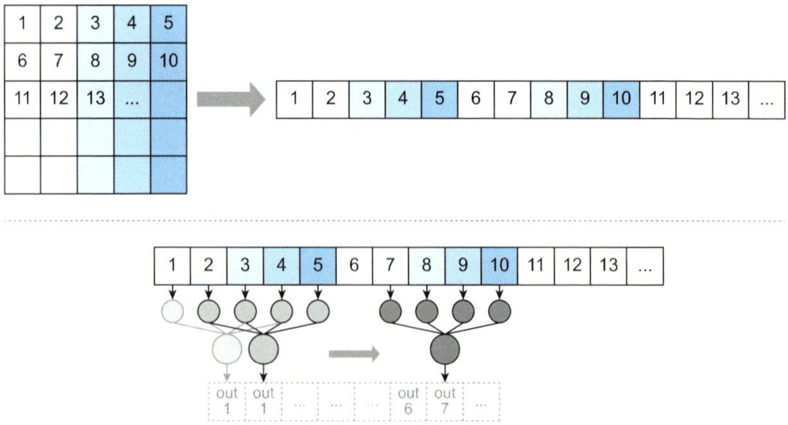

그림 6.1 로지스틱 회귀 분석으로 1D 컨볼루션 층 만들기

우리 설명에 채택한다. 그림 6.1의 맨 위에서 5 × 5 이미지를 펼치는 설명을 볼 수 있다. 두 번째 구성요소는 이미지 벡터를 가져와서 처리를 담당하는 단일 주력 뉴런에 제공하는 것이다. 우리가 무엇을 사용할 수 있는지 알아낼 수 있는가?

당신이 '로지스틱 회귀'라고 말한다면, 옳다! 그러나 우리는 다른 활성화 함수를 사용할 것인데 구조는 동일할 것이다. 컨볼루션 신경망은 하나 이상의 컨볼루션 층이 있는 신경망이다. 이것은 어려운 정의는 아니지만 빠르고 간단하다. 컨볼루션 층을 사용하지만 컨볼루션 신경망이라고 불릴 수 없는 아키텍처가 있을 것이다.[1] 이제 우리는 컨볼루션 층이 무엇인지 설명하려 한다.

컨볼루션 층은 이미지[2]와 입력 크기 4(이 크기는 대개 4 또는 9,

1) Yann LeCun은 한 인터뷰에서 '컨볼루션 신경망(convolutional neural network)'이 아닌 '컨볼루션 네트워크(convolutional network)'를 선호한다고 말했다.

2) 이 의미에서 이미지는 0에서 255 사이의 값을 가진 2D 배열이다. 그림 6.1에서 우리는 위치의 번호를 매겼는데 그것들은 어떤 값을 포함한다는 의미에서 그것들을 '셀 번호'라고 생각할 수 있다. 이것은 단지 그들의 순서를 나타낸다. 또한

때로는 16)의 작은 로지스틱 회귀를 취하고 전체 이미지에 걸쳐 로지스틱 회귀를 전달한다. 즉, 첫 번째 입력은 펼친 벡터의 구성요소 1-9로 구성되며 두 번째 입력은 구성요소 2-10이고 세 번째 입력은 3-11 구성요소 등이다. 프로세스 전체를 그림 6.1 아래 부분에서 볼 수 있다. 이 프로세스는 구성요소 1에서 시작하지만 4개의 구성요소를 사용하고 단일 출력을 생성하기 때문에 전체 입력 벡터보다 작은 출력 벡터를 만든다. 최종 결과는 로지스틱 회귀(이 로지스틱 회귀를 컨볼루션 신경망에서 로컬 수용 필드라고 부름)로 10차원 벡터를 따라 이동한다면 7차원 출력 벡터를 생성한다(그림 6.1의 하단 참조). 이러한 유형의 컨볼루션 계층은 1D **컨볼루션 층** 또는 **시간 컨볼루션 층**(*temporal convolutional layer*)이라고 한다. 시계열을 사용할 필요는 없지만(어떤 데이터든 평평하게 만들 수 있기 때문에 모든 데이터를 사용할 수 있다) 이름은 고전적인 2D 컨볼루션 층과 구별된다.

우리는 다른 접근법을 취할 수 있는데 말하자면 출력 차원을 입력과 같게 하려고 한다. 그러나 그러면 우리의 4차원 로컬 수용 필드는 '셀' -1, 0, 1, 2의 입력에서 시작해서 0, 1, 2, 3 등으로 계속 진행하여 8, 9, 10, 11로 마무리 한다(왜 12로 갈 필요가 없는지 직접 그려서 알 수 있다). 출력 벡터가 입력 벡터와 동일한 크기가 되도록 -1, 0 및 11 요소를 넣는 것을 **패딩**(*padding*)이라고 한다. 추가 구성요소는 일반적으로 값 0을 넣지만 이미지의 첫 번째 및 마지막 구성요소 값이나 모든 값의 평균을 취하는 경우가 있다. 패딩을 할 때 중

예를 들어 100 × 100 RGB 이미지의 경우 각 이미지는 치수(100, 100, 3)가 있는 3D 배열(텐서)이다. 배열의 마지막 차원은 빨강, 녹색 및 파랑의 세 채널을 의미한다.

요한 것은 컨볼루션 층이 혼동하여 패딩의 규칙성을 학습하도록 하지 않는 방법을 생각하는 것이다. 패딩(및 우리가 논의한 다른 개념)은 평평화된(flattened) 벡터에서 평평하지 않은 이미지로 전환할 때 훨씬 더 직관적이 될 것이다. 하지만 우리가 계속하기 전에 마지막으로 코멘트할 한 가지! 우리는 로컬 수용 필드를 한 번에 하나의 구성요소씩 옮겼지만, 둘 이상으로 이동할 수도 있다. 끝 부분 근처에서 더 빠르게 움직이고 벡터의 중심을 향하면 더 느리게 움직임으로서 얼마나 많이 움직일지를 동적으로 변화시켜 실험할 수도 있다. 입력들 사이에 수용 필드를 이동시키는 구성요소 수를 나타내는 매개변수를 컨볼루션 층의 **보폭**(*stride*)이라고 한다.

이미지를 벡터로 평평화하지 않은 것처럼 생각하여 2D에서 상황을 검토해보자. 이것은 컨볼루션 층의 전형적인 설정이며, 이러한 층을 2D **컨볼루션 층** 또는 **평면 컨볼루션 층**(*planar convolutional layer*)이라고 한다. 우리가 3D를 사용한다면 우리는 그것을 **공간의**(*spatial*)이라고 부르며 4D 또는 그 이상의 **하이퍼공간**(*hyperspatial*)이라고 부른다. 문헌에서 2D 컨볼루션 층을 '공간'이라고 지칭하는 것이 일반적인데, 그러나 이는 우리를 혼동스럽게 만든다.

우리가 4, 9 및 16을 가장 자주 사용하는 이유는 로지스틱 회귀(로컬 지각 필드, local perceptive field) 입력이 이제 2D여야 하고 이것이 각각 2 × 2, 3 × 3 및 4 × 4 등의 제곱이기 때문이다. 보폭은 이제 이미지에서 이 정사각형의 움직임을 나타낸다. 왼쪽으로부터 출발해서 오른쪽으로 이동하고 끝나면 한 행 아래로 이동하여 스캔하지 않고 왼쪽 끝까지 이동하고 다시 왼쪽에서 오른쪽으로 스캔을 시작한다(그림 6.2의 맨 위 부분에서 이 과정의 단계를 볼 수 있다). 한 가지 분명한 것은 이제 적은 수의 출력을 얻는다는 것이다. 10 × 10 이

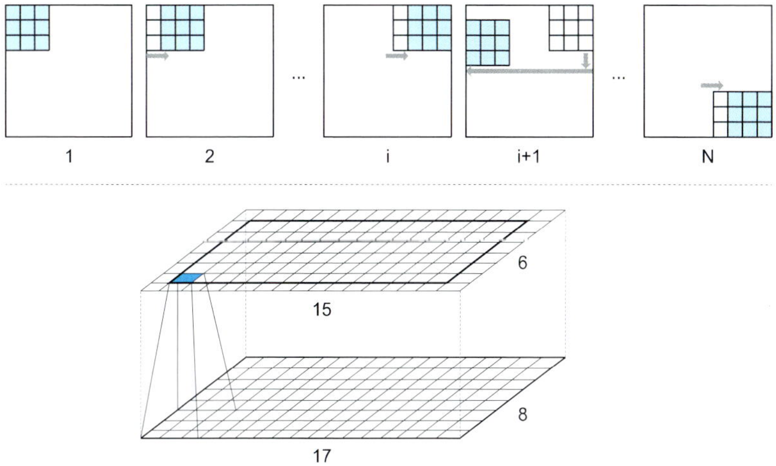

그림 6.2 2D 컨볼루션 층

미지를 스캔하기 위해 3 × 3 로컬 수용 필드를 사용하는 경우, 로컬 수용 필드로부터의 출력으로 8 × 8 배열을 얻는다(그림 6.2의 하단 부분 참조). 이로써 컨볼루션 층이 완료된다.

컨볼루션 신경망은 다중 층을 갖는다. 3개의 컨볼루션 층과 하나의 완전 연결 층으로 구성된 컨볼루션 신경망을 생각해보자. 크기 10의 이미지를 처리하고 3개의 층 모두 3 × 3의 로컬 수용 필드가 있다고 가정하자. 그것의 임무는 그림에 자동차가 있는지 없는지를 결정하는 것이다. 네트워크가 어떻게 작동하는지 살펴보자.

첫 번째 층은 10 × 10 이미지를 취하고 크기가 8 × 8인 출력을 생성하여 (가중치 및 바이어스를 무작위로 초기화 함) 두 번째 컨볼루션 층에(무작위로 초기화 된 가중치와 바이어스로 된 로컬 수용 필드가 있는데 역시 3 × 3을 사용하기로 결정했다.) 전달되고 6 × 6 크기의 결과를 산출한다. 이것은 세 번째 층(세 번째 로컬 수용 필드가 있음)에 주어지고 세 번째 컨볼루션 층은 4 × 4 이미지를 생성한다.

그런 다음 이를 16차원 벡터로 전개한 후 출력 뉴런이 하나인 표준 완전 연결 층으로 공급하고 비선형성으로는 로지스틱 함수를 사용한다. 이것은 실제로는 위장한 또 다른 로지스틱 회귀이지만, 그것은 하나 이상의 출력 뉴런을 가질 수도 있어서 적절한 로지스틱 회귀가 아니므로, 우리는 **크기가 1인 완전 연결 층**(*fully-connceted layer*)이라고 부른다. 입력 층의 크기는 지정하지 않고 이전 계층의 출력과 같다고 가정한다. 로지스틱 함수를 사용하므로 0과 1 사이의 출력을 생성하고 출력을 이미지 레이블과 비교한다. 오류가 계산되고 역전파되며, 이것은 데이터 집합의 모든 이미지에 대해 반복되어 신경망의 훈련을 완성한다.

컨볼루션 층을 훈련한다는 것은 층의 로컬 수용 필드(및 완전 연결 층의 가중치 및 바이어스)를 훈련하는 것을 의미한다. 단일 바이어스 및 적은 수의 가중치(로컬 수용 필드의 단위 수와 같은)가 있다. 이 점에서, 이것은 작은 로지스틱 회귀와 같으며, 이것이 바로 컨볼루션 신경망이 빠르게 훈련되게 만드는 것이다 — 학습할 매개변수의 수가 적다. 로지스틱 회귀와 로컬 수용 필드 간의 주요 구조적 차이는 로컬 수용 필드에서는 임의의 활성화 함수를 사용할 수 있고 로지스틱 회귀에서는 (로지스틱 회귀라고 부르기를 원한다면) 로지스틱 함수를 사용해야 한다는 것이다. 가장 자주 사용되는 활성화 함수는 ReLU(*rectified linear unit*)이다. x의 ReLU는 단순히 0과 x의 최대값이다. 즉 입력이 음수이면 0을 반환하고 그렇지 않으면 그냥 입력을 반환한다. 기호로는 다음과 같다:

$$\rho(x) = max(x,\ 0) \tag{6.1}$$

2D에서의 패딩은 단순히 이미지 주위의 n 픽셀의 '프레임'이다.

우리가 3 × 3 로컬 수용 필드만 사용한다면, 3(픽셀)의 패딩을 사용하는 것은 이미지 경계 위로 한 픽셀 가는 것이므로 별로 의미가 없다.

6.2 특징 맵과 풀링

이제는 컨볼루션 신경망이 어떻게 작동하는지 알게 되었으므로 트릭을 사용할 수 있다. 컨볼루션 층이 예를 들어, 3 × 3 로컬 수용 필드(9개의 가중치, 1개의 바이어스)로 10 × 10 이미지를 스캔하고 새로운 8×8 '이미지'를 출력으로 만드는 문제를 상기하자. 또한 이미지에 색상을 위한 3개의 채널이 있다고 가정하자. 3개의 채널이 있는 이미지는 어떻게 처리할 수 있을까? 자연스러운 대답은 동일한 수용 필드(훈련 가능하지만 무작위로 초기화된 가중치 및 바이어스를 가짐)를 통해 실행하는 것이다. 이것은 좋은 전략이다. 그러나 우리가 그것을 뒤집어 3개의 채널에 걸쳐 하나의 로컬 수용 필드를 사용하는 대신 하나의 채널에 5개의 로컬 수용 필드를 사용한다면 어떨까? 로컬 수용 필드는 크기와 가중치 및 바이어스로 정의된다. 여기서 아이디어는 같은 크기를 유지하면서 다른 수용 필드를 다른 가중치와 바이어스로 초기화하는 것이다.

즉, 10 × 10 3채널 이미지를 스캔할 때 15 × 8 × 8 출력 이미지를 구성하는 것이다. 이러한 이미지를 **특징 맵**(*feature map*)이라고 한다. 그것은 15채널로 8 × 8 이미지를 갖는 것과 같다. 이는 좋은 표현을 학습하는 하나의 특징 맵(예를 들어 개의 이미지에서 눈이나 코)만으로 신경망의 전반적인 정확도를 크게 높일 수 있기 때문에 매우 유용하다[3](전체 신경망의 작업은 개 이미지와 개가 아닌 다양한 객체를 분류하는 것(예 : 이미지에서 개 검출)이라고 가정하자).

여기서 중요한 것은 10 × 10 3채널 이미지가 8 × 8 15채널 이미지로 변환된다는 것이다. 입력 이미지는 더 작지만 더 깊은 객체로 변형되었으며, 이는 모든 컨볼루션 층에서 발생한다.[4] 이미지를 더 작게 만드는 것은 정보를 더 컴팩트하지만 더 깊게 표현하는 것을 의미한다. 컴팩트함을 추구하는데서, 우리는 컨볼루션 층의 앞 또는 뒤에 새로운 계층을 추가할 수 있다. 이 새로운 층을 **최대 풀링**(*max-pooling*) 층이라고 한다. 최대 풀링 층은 풀 크기를 하이퍼파라미터로 사용하는데 보통 2 × 2이다. 그런 다음 입력 이미지를 다음과 같은 방식으로 처리한다: 이미지를 2 × 2 영역(그리드와 같이)으로 나누고 각 4픽셀 풀에서 최대값을 택하여 하나의 픽셀이 된다. 원본 이미지와 동일한 순서로 이 픽셀들로 새로운 이미지를 구성한다. 2 × 2 최대 풀링 층은 원래 이미지 크기의 절반 크기의 이미지를 생성한다(채널 번호는 증가시키지 않는다). 물론, 최대 대신에, 4개 픽셀의 평균, 최소 등과 같은 다른 픽셀 선택 방법이 사용될 수 있다.

최대 풀링 이면의 개념은 그림의 중요한 정보가 인접한 픽셀에 거의 포함되지 않는다는 것이고(이 부분은 '4개 중 하나 선택'을 설명한다). 이 정보는 종종 어두운 픽셀에 포함된다(최대를 사용하는 경우를 설명). 이것이 일반적으로 타당하지 않을 수도 있는 매우 강한 가정이라는 것을 즉시 눈치 챘을 수도 있다. 최대 풀링은 이미지 자체에는 거의 사용되지 않지만(비록 사용될 수는 있어도), 이미지 자체가 아니라 매우 특이한 이미지인 학습된 특징 맵에 사용된다. 컨볼

---

3) 여기에서 가중치 초기화가 얼마나 중요한지 알 수 있다. 우리는 무작위 초기화보다 나은 몇 가지 기술을 보유하고 있지만 좋은 가중치 초기화 전략을 찾는 것은 중요한 열린 연구 주제이다.

4) 패딩을 사용하면 동일한 크기를 유지하지만 깊이는 늘린다. 패딩은 이미지의 가장자리에 중요한 정보가 있을 때 유용하다.

루션 층에서 나오는 특징 맵을 프린트하려면 아래 절의 코드를 수정해보라.[5] 화면 해상도를 줄이는 관점에서 최대 풀링을 생각해 볼 수 있다. 일반적으로 1200 × 1600 이미지에서 개를 인식한다면 저해상도인 600 × 800 이미지에서도 그를 인식할 수 있다.

일반적으로 컨볼루션 신경망은 컨볼루션 층 다음에 최대 풀링 계층, 그 뒤에 컨볼루션 층 등으로 구성된다. 이미지가 네트워크를 통과함에 따라 많은 층이 만들어진 후에 많은 채널을 가진 작은 이미지가 생성된다. 그런 다음 이를 벡터로 전개하고 마지막에 분류 문제와 관련이 있는 부분을 추출하기 위해 간단한 로지스틱 회귀를 사용할 수 있다. 로지스틱 회귀(이번에는 로지스틱 함수)는 표현의 어느 부분이 분류에 사용되는지를 선택하고 목표와 비교될 결과를 생성한 다음 오류를 역전파한다. 이것은 완전한 컨볼루션 신경망을 형성한다. 4개의 계층을 가진 간단하면서도 완전히 기능하는 컨볼루션 네트워크가 그림 6.3에 나와 있다.

컨볼루션 신경망은 왜 쉽게 훈련시킬 수 있을까? 대답은 사용된 매개변수의 수에 있다. MNIST를 위한 5계층 심층 완전 연결 신경망은 역전파가 거쳐야 하는 수많은 가중치를 가지고 있다.[6] 모두 3 × 3의 수용 필드를 가진 5계층 컨볼루션 신경망(컨볼루션 층만 포함하는)은 45개의 가중치와 5개의 바이어스를 가지고 있다. 이 구성은 임의의 큰 이미지에 사용할 수 있음을 주목하자: 입력 층(이 경우에는

---

5) 특징 맵이 있는 배열(텐서)을 얻고 2D로 스쿼시하기 위해 필요한 모든 것이 이 책에 있지만 텐서를 이미지로 시각화하는 방법을 찾기 위해 인터넷을 검색해야 할 수도 있다. 그것은 유용한 (그러나 고급) 파이썬 연습이라고 생각하자.

6) 층당 100개의 뉴런을 가지고 단 하나의 출력 뉴런만 있다면 총 784 · 100+100 · 100+100 · 100+100 · 1 = 98500개의 매개변수가 되며 이것은 '바이어스 없이' 이다!.

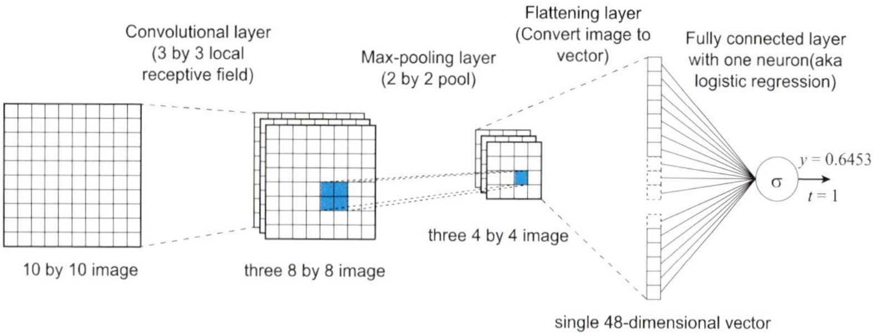

그림 6.3 컨볼루션 층, 최대 풀링 층, 편평화 층 및 뉴런 한 개의 완전 연결 층이 있는 컨볼루션 신경망

컨볼루션 층)을 확장할 필요는 없지만 이미지를 축소하려면 더 많은 컨볼루션 층이 필요하다. 특징 맵을 추가하더라도 각각의 특징 맵 훈련은 서로 독립적이므로 병렬로 훈련할 수 있다. 이렇게 하면 프로세스의 계산 속도가 빨라질 뿐만 아니라 여러 프로세서에 프로세스를 분할할 수도 있다. 반대로 정규 피드포워드 완전 연결 네트워크를 통한 오류 역전파는 매우 순차적인데 그 이유는 내부 층의 도함수를 계산하기 위해 외부 층의 도함수가 있어야 하기 때문이다.

6.3 완전한 컨볼루션 신경망

우리는 이제 파이썬에서 완전한 컨볼루션 신경망을 보여준다. Keras 라이브러리를 사용하여 차원에 대해 너무 신경 쓰지 않고 구성요소들로부터 신경망을 구축할 수 있다. 여기에 있는 모든 코드는 하나의 파이썬 파일에 저장하고 터미널이나 명령 프롬프트에서 실행해야 한다. 파이썬 코드를 실행하는 다른 방법이 있으니, 자유롭게 실험해보라. 파일에 두어야 하는 코드의 첫 번째 부분은 Keras와 Numpy로부

터의 import를 처리하는 부분이다:

```
import numpy as np
from keras.models import Sequential
from keras.layers import Dense, Dropout, Activation, Flatten
from keras.layers import Convolution2D, MaxPooling2D
from keras.utils import np_utils
from keras.datasets import mnist
(train_samples, train_labels), (test_samples, test_labels) = mnist.load_data()
```

Keras 저장소에서 MNIST를 import하는 것을 알 수 있다. 이 코드의 마지막 줄에는 훈련 샘플, 훈련 레이블, 테스트 샘플 및 테스트 레이블이 네 가지 변수로 로드된다. 이 파이썬 파일의 대부분의 코드는 실제로 컨볼루션 신경망에 공급되기 위해 충족시켜야 하는 요구사항을 해결하기 위해 MNIST 데이터를 포맷팅(또는 사전 처리)하는 데 사용된다. 코드의 다음 부분은 MNIST 이미지를 처리한다:

```
train_samples = train_samples.reshape(train_samples.shape [0], 28, 28, 1)
test_samples = test_samples.reshape(test_samples.shape [0], 28, 28, 1)
train_samples = train_samples.astype('float32')
test_samples = test_samples.astype('float32')
train_samples = train_samples/255
test_samples = test_samples/255
```

먼저 코드가 실제로는 중복되어 있다는 점에 주목하라: 모든 작업은 훈련 집합과 테스트 집합 모두에서 수행되는데 우리는 하나만 설명할 것이며(훈련 집합에 대해 이야기할 것이다) 다른 하나는 똑같은 방식으로 동작한다. 이 코드 블록의 첫 번째 행은 MNIST를 보유하고 있는 배열을 재구성한다. 이 재구성의 결과는 (60000, 28, 28, 1) 차원의 배열이다.[7] 첫 번째 차원은 단순히 샘플의 수이고, 두 번째와

7) 수학적으로 말하면 텐서

세 번째는 이미지의 28 × 28 크기를 나타내며 마지막 하나는 채널이다. RGB일 수도 있지만 MNIST는 그레이 스케일이기 때문에 불필요한 것으로 보일 수 있다. 그러나 배열(초기 차원이 (60000, 28, 28)) 재구성의 중요한 포인트는 실제로 최종 차원에 하나의 구성요소를 추가하는 것에 있다. 그 이유는 컨볼루션 층을 진행함에 따라 특징맵이 이 방향으로 추가될 것이므로 우리는 그것을 수용할 수 있도록 텐서를 준비할 필요가 있기 때문이다. 세 번째 행은 배열의 항목들을 `float32` 유형으로 선언한다. 이것은 단순히 실수로 취급된다는 것을 의미한다. 파이썬은 이것을 자동으로 하지만 계산 속도를 크게 높이는 Numpy는 타입 선언이 필요하므로 이 라인을 넣어야 한다. 다섯 번째 라인은 배열 항목을 0에서 255 범위에서 0에서 1 사이의 범위로 정규화한다(픽셀의 회색 비율로 해석된다. 이제 샘플을 처리했으므로 원핫 인코딩으로 레이블(0에서 9까지의 숫자)을 사전 처리해야 한다. 우리는 다음 코드로 이것을 수행한다:

```
c_train_labels = np_utils.to_categorical(train_labels, 10)
c_test_labels = np_utils.to_categorical(test_labels, 10)
```

이를 통해 데이터의 사전 처리가 끝났고 실제 컨볼루션 신경망을 계속 구축할 수 있다. 다음 코드는 층을 지정한다:

```
convnet = Sequential()
convnet.add(Convolution2D(32, 4, 4, activation='relu' input_shape=(28,28,1)))
convnet.add(MaxPooling2D(pool_size=(2,2)))
convnet.add(Convolution2D(32, 3, 3, activation='relu')
convnet.add(MaxPooling2D(pool_size=(2,2)))
convnet.add(Dropout(0.3))
convnet.add(Flatten())
convnet.add(Dense(10, activation='softmax')
```

이 코드 블록의 첫 번째 줄은 새로운 빈 모델을 만들고 나머지 라인들은 네트워크 사양을 채운다. 두 번째 라인은 첫 번째 층을 추가한다. 이 경우에는 32개의 특징 맵을 생성해야 하고 활성화 함수로 ReLU가 사용되고 4×4 수용 필드가 있는 컨볼루션 층이다. 첫 번째 층의 경우 우리가 제공할 각 훈련 샘플의 입력 차원을 지정해야 한다. Keras는 개별 훈련 샘플을 나타내기 위해 배열의 첫 번째 차원을 택하고 그에 따라 데이터 집합을 인식하기(parse) 때문에 `input_shape = (28, 28, 1)`을 취하도록 지정한 후에 (60000, 28, 28, 1) 대신에 (65600, 28, 28, 1) 텐서를 제공해도 걱정할 필요가 없다. 그러나 코드는 (60000, 29, 29, 1) 또는 (60000, 28, 28) 데이터 집합을 제공하면 동작하지 않을 것이다. 세 번째 행은 풀 크기가 2×2로 최대 풀링 층을 지정한다. 다음 줄은 3×3의 수용 필드가 있는 컨볼루션 층인 3번째 층을 지정한다. 여기서는 입력차원을 지정할 필요가 없다. Keras가 우리를 위해 해준다. 그 다음에는 풀 크기가 2×2 인 또 다른 최대 풀링 층이 있다.

이 후 우리는 드롭아웃 '층'을 갖는다. 이것은 실제 층은 아니고 이전 층과 다음 층 사이의 연결의 수정이다. 연결은 모든 연결에 대해 0.3의 드롭아웃 비율을 포함하도록 수정된다. 다음 줄은 텐서를 전개한다. 이것은 고정 크기 행렬을 벡터[8]로 변환하기 위해 설명한 프로세스의 일반화된 버전으로, 임의의 텐서에 대해 일반화된다.

전개된 벡터는 표준 완전 연결 피드포워드 층[9]인 최종 층(이 블록의 마지막 코드 라인)으로 전달되고, 전개된 벡터에 구성요소가 있는 만큼의 입력을 받아들이며 10개의 값(10개의 출력 뉴런)을 출력한다.

8) 28×28 행렬을 784차원의 벡터로 변환할 수 있음을 기억하자.
9) Keras는 'Dense'라고 부른다.

이들은 각각 하나의 숫자에 대한 해당 확률이다. 어떤 출력이 어떤 숫자를 나타내는지는 레이블을 원핫 인코딩했을 때의 순서에 따라 정의된다.

마지막 층에서 사용되는 softmax 활성화 함수는 두 개 이상의 클래스에 대한 로지스틱 함수의 버전인데 나중 장들에서 설명하겠지만 지금은 여러 클래스(0–9의 각 라벨에 각 한 클래스)에 대한 로지스틱 함수로 생각할 수 있다. 이제 모델을 지정했으므로 컴파일해야 한다. 모델을 컴파일한다는 것은 Keras가 두 번째 컨볼루션 층의 입력 크기나 전개된 벡터의 차원과 같이 지정하지 않은 모든 필요한 세부 정보를 추론하고 채울 수 있음을 의미한다. 코드의 다음 행은 모델을 컴파일한다:

```
convnet.compile(loss='mean_squared_error', optimizer=
'sgd', metrics=['accuracy'])
```

여기서 우리는 훈련 방법을 확률적 경사 하강인 'sgd'로 지정했으며, 오류 함수로 MSE를 사용했다는 것을 알 수 있다. 또한 훈련시, 정확도를 계산하도록 Keras에 요청했다. 다음 코드 행은 컴파일된 모델을 훈련한다:

```
convnet.fit(train_samples, c_train_labels,
batch_size=32, nb_epoch=20, verbose=1)
```

이 코드 라인은 train_samples를 훈련 샘플로, c_train_labels을 훈련 레이블로 사용하여 모델을 훈련한다. 또한 배치 크기는 32이며 20 에포크(epoch)로 훈련한다. 'verbose' 플래그는 1로 설정되어 훈련의 세부사항을 출력한다. 이제는 정확도를 프린트하고 학습한 내용으로부터 새로운 데이터 집합에 대해 예측하는 코드의 마지막 부분으로 넘어간다.

```
metrics = convnet.evaluate(test_samples, c_test_labels, verbose=1)
print()
print("%s: %.2f%%" % (convnet.metrics_names[1], metrics[1]*100))
predictions = convnet.predict(test_samples)
```

마지막 줄이 중요하다. 여기에 test_samples를 넣었다. 그러나 이것을 예측을 위해 사용하려는 경우, 새로운 샘플을 넣어야 한다. 그것은 첫 번째 차원 외에는 test_samples과 정확히 동일한 차원들을 가져야 한다. 변수 predictions은 첫 번째 차원 외에 c_test_labels와 동일한 차원들을 갖지만 test_samples 및 c_test_labels의 첫 번째 차원은 동일하다(해당 샘플 집합에 대한 예측된 레이블이기 때문에). 끝부분에 실제 예측을 보기 위해 print(predictions) 또는 predictions에 저장된 배열의 차원을 보기 위해 print(predictions.shape)를 추가할 수 있다. 이 29줄의 코드(마지막 줄을 추가한 경우 30줄)는 완전하게 기능하는 컨볼루션 신경망을 구성한다.

6.4 컨볼루션 신경망으로 텍스트 분류하기

컨볼루션 신경망의 표준 설정이 이미지의 패턴 인식이지만, 컨볼루션 신경망을 사용하여 텍스트를 분류할 수도 있다. 표준 접근법은 단어 대신 문자를 프리미티브로 사용하고 문자 수준의 텍스트 표현을 긍정 또는 부정 감성과 같은 상위 개념으로 매핑하는 것이다. 이것은 멋진 특징 공학이나 지식이 풍부한 논리적 시스템이 없이 사용된 글자를 학습하는 것만으로 원시 텍스트에서 상당한 언어 처리를 수행할 수 있기 때문에 매우 흥미롭다. 이 절에서는 Xiang Zhang, Junbo Zhao 및 Yann LeCun가 쓴 **텍스트 분류를 위한 문자 수준 컨볼루션 네트워크**(*Character-level Convolutional Networks for Text Classification*) [3]라는 고전적인 논문을 탐구한다. 논문 자체는 우리가 여기서 제시하는 것보다 훨씬 풍부하지만, 우리는 저자가 사용한 접근법의 골격을 보여줄 것이다. 우리는 독자가 연구 논문을 읽는 방법을 이해할 수 있도록 돕기 위해 이 작업을 수행하는 것이며 독자는 `arxiv.org/abs/1509.01626`에서 논문 사본을 다운로드하고 여기에서 작성한 내용과 텍스트를 비교할 것을 권한다. 특히 흥미롭다고 생각하는 논문을 학생들이 이해하는 것을 돕기 위한 같은 목표를 가진 비슷한 절이 몇 개 더 있을 것이다. 물론 더 많은 독창적이고 흥미로운 논문들이 많이 있는데 우리는 몇 개만 골라야했지만, 독자들이 더 많은 것을 찾아 스스로 읽어 볼 것을 권한다.

텍스트 분류를 위한 문자 수준 컨볼루션 네트워크 논문은 텍스트를 분류하기 위해 컨볼루션 신경망을 사용한다. 저자가 탐구하는 작업 중 하나는 아마존 리뷰 감성 분석이다. 가장 널리 사용되는 감성 분석 데이터 집합이며 다양한 출처에서 얻을 수 있다. 아마도 가장 좋은 정보는 https://www.kaggle.com/bittlingmayer/amazonreviews 이다. 이를 실행하기 위해서는 약간의 포맷팅이 필요하며, 이것이 작동하도록 하는 것은 데이터와 씨름하는 훌륭한 연습이 될 것이다. 처음에 이 파일의 모든 행은 레이블된 리뷰이다. 원시 파일의 두 샘플은 다음과 같다(레이블은 두 개만 있고 어느 레이블이 어떤 것인지 결론 낼 수 있을 것이다):

```
__label__1 Waste of money!
__label__2 Great book for travelling Europe:
```

저자는 몇 가지 아키텍처를 사용하는데 우리는 더 큰 아키텍처에 중점을 둔다. 네트워크는 1D 컨볼루션 층을 사용한다. 여기서는 벡터가 아닌 $m \times n$ 행렬을 처리하는 1D 컨볼루션 층의 예를 살펴본다. 1D 컨볼루션 층은 동일한 방법으로 동작하기 때문에 벡터 처리와 동일하다. 단, 벡터인 경우의 단일 행 대신 m행을 모두 사용한다. 로컬 수용 필드의 '너비'는 보폭과 마찬가지로 하이퍼파라미터로 유지된다. 여기서 보폭은 논문 전체에 걸쳐 1이다.

논문에 사용된 네트워크의 첫 번째 층은 크기 1024이며 로컬 수용 필드(논문에서는 '커널'이라고 함)는 7이고, 다음에 풀 크기가 3인 풀링 층이 있다. 논문에서는 이 모든 것을 '층 1'이라고 부른다. 저자는 풀링을 컨볼루션 층의 일부로 간주하지만 Keras는 풀링을 별도의 층으로 처리하므로 여기에서는 독자가 Keras에서 다시 만들 수 있도록 층을 다시 열거할 것이다. 세 번째와 네 번째 레벨은 첫 번째와 두 번째 레벨과 같다. 다섯, 여섯, 일곱 및 여덟 번째 층은 첫 번째 층과 동일하며(풀링이 없는 컨볼루션 층), 아홉 번째 층은 사이즈 3인 풀을 가진 최대 풀링 층이다(즉 두 번째 층과 유사 함). 열 번째 층은 평평화 층이며, 11번째 및 12번째 층은 크기가 2048인 완전 연결 층이다. 마지막 층의 크기는 사용되는 클래스 수에 따라 다르다. 감성을 위해서는 '긍정'과 '부정'이므로 단일 출력 뉴런(다른 모든 층은 ReLU를 사용함)의 로지스틱 함수를 이용할 수 있다. 우리가 더 많은 클래스를 가지려면 softmax를 사용하겠는데, 이에 대해서는 뒷 장에서 다룰 것이다. 3개의 완전 연결 층 사이에는 두 개의 드롭아웃 층이 있고, 특수한 가중치 초기화 방법이 있지만 여기에서는 무시한다.

이제 작업을 설명하고 데이터 및 레이블이 있는 데이터 집합을 찾을 위치를 제시했으며 신경망 아키텍처를 살펴보았다. 남은 일은 신경망에 데이터를 공급하는 방법을 살펴보는 것이다. 이 경우 인코딩이 필요하다. 인코딩은 본 논문의 가장 까다로운 부분이다.[10)]

저자가 텍스트를 어떻게 인코딩하는지 살펴보자. 우리는 이미 문자 기반 접근법을 사용했음을 언급했으므로 사용할 문자를 지정해야 한다. 즉, 텍스트에 남겨 둘 문자와 제거할 문자를 지정해야 한다. 저자는 소문자로 모든 대문자를 대체하고 영어 알파벳 26자 모두를 유효한 문자로 유지한다. 또한 10개의 숫자와 33개의 다른 문자(괄호, $, # 등 포함)를 유지한다. 그들은 총 69개이다. 그들은 또한 종종 \n으로 표시되는 뉴라인 문자를 유지한다. 이것은 Enter 또는 Return 키가 눌러질 때 생성하는 문자이다. 직접 보지는 못하지만 컴퓨터가 새로운 라인을 생성한다. 이것은 어휘 크기가 69임을 의미하며, 이를 M으로 표시할 것이다.

특정한 리뷰의 길이는 L로 표시된다. 리뷰(레이블 부분 제외)는 문자를 사용하여 원핫 인코딩(일명 1-of-M 인코딩)되지만 반전이 있다. 시스템이 인간의 메모리처럼 행동하도록 하기 위해서는 모든 문자열이 거꾸로 된다. 즉, `Waste of money!`은 `!yenom fo etsaW`이 된다. 완전한 예제를 보기 위해 *a*, *b*, *c*, *d*, *S*만을 허용된 문자로 생각하자.[11)] *S*는 여백을 표시한다. 여백을 공백으로 남겨두는 것은 혼동을 야기하기 때문이다(우리는 Python 코드의 들여쓰기를 표시하기 위해 '␣'을 사용했다). 리뷰의 텍스트가 'abbaScadd'이고 $L_{final} = 7$이라고 가정해 보자. 먼저 'ddacSabba'처럼 반대 방향으로 뒤집은

10) 모든 논문은 '가장 까다로운 부분'을 가지고 있을텐데, 대부분 논문의 가장 중요한 부분이기 때문에 이 부분을 해석하는 방법을 배우는 것이 독자의 임무이다.

11) 전체 알파벳으로는 한 페이지에 설명할 수 없을 것이라서 이지만, 일반 영어 알파벳으로 어떻게 확장되는지 쉽게 상상할 수 있을 것이다.

다음 길이 7로 잘라 'ddacSab'을 얻는다. 그런 다음 이 입력 샘플을 나타내는 $M \times L_{final}$ 행렬을 얻기 위해 원핫 인코딩을 사용한다:

a	0	0	1	0	0	1	0
b	0	0	0	0	0	0	1
c	0	0	0	1	0	0	0
d	1	1	0	0	0	0	0
S	0	0	0	0	1	0	0

만일 우리가 'bad'이라는 리뷰와 $L_{final} = 7$을 가지고 있다면, 먼저 이것을 dab로 바꾸고 $M \times L_{final}$ 행렬의 왼쪽에 넣고 나머지 컬럼들을 0으로 패딩한다:

a	0	1	0	0	0	0	0
b	0	0	1	0	0	0	0
c	0	0	0	0	0	0	0
d	1	0	0	0	0	0	0
S	0	0	0	0	0	0	0

그러나 컨볼루션 신경망의 경우 모든 입력 행렬은 동일한 차원을 가져야 하므로 L_{final}을 갖는다. $L > L_{final}$인 모든 입력은 L_{final}로 클리핑(clipping)되고 $L < L_{final}$인 모든 입력은 길이가 정확히 L_{final}이 되도록 충분한 0을 추가하여 패딩된다. 이것이 저자들이 반전을 사용하는 이유이다. 그래서 우리는 클리핑때, 끝에 있는 최근 정보보다 시작에 있는 더 먼 정보만을 잃어버린다.

이것으로부터 어떻게 Keras 친화적인 데이터 집합을 만들 수 있을까 질문할 수 있다. 첫 번째 작업은 그들을 텐서로 보는 것이다. 이것은 $M \times L_{final}$ 행렬을 모두 모으고 그 행렬에 따라 세 번째 차원을 추가하는 것을 의미한다. 이것은 단순히 우리가 1000개의 $M \times L_{final}$ 행렬을 가지고 있다면, 1개의 $M \times L_{final} \times 1000$ 텐서를 만들 것이라는 것을 의미한다. 우리가 사용할 구현에 따라, $1000 \times M \times L_{final}$ 텐서를 만드는 것이 합리적일 수 있다. 이제 이 텐서(3D Numpy 배열)를 모두 0으로 초기화하고, 1이 있어야 하는 곳에 1을 놓는 함수를 고안하라. 이 아키텍처를 구현하는 Keras 코드를 작성하도록 해보라. 언제나처럼, 막히면 StackOverflow를 찾으라. 전에 비슷한 일을 해본 적이 없다면 최종 결과 코드가 길지 않더라도 일주일이[12] 걸릴 수도 있다. 이것은 딥러닝에서 좋은 연습이므로 건너뛰지 말라.

참고문헌

1. Y. LeCun, L. Bottou, Y. Bengio, P. Haffner, Gradient-based learning applied to document recognition. Proc. IEEE **86**(11), 2278–2324 (1998)
2. D.H. Hubel, T.N. Wiesel, Receptive fields and functional architecture of monkey striate cortex. J. Physiol. **195**(1), 215–243 (1968)
3. X. Zhang, J. Zhao, Y. LeCun, Character-level convolutional networks for text classification, in *Advances in Neural Information Processing Systems 28, NIPS* (2015)

12) 문자 그대로의 일주일이 아닌 하루에 한두시간씩 해서.

CHAPTER 7

순환 신경망

7.1 동일하지 않은 길이의 시퀀스

지금까지의 내용을 전체적으로 살펴보자. 피드포워드 신경망은 벡터를 처리할 수 있으며, 컨볼루션 신경망은 행렬(벡터로 변환되는)을 처리할 수 있다. 우리는 어떻게 길이가 다른 시퀀스를 처리할까? 예를 들어, 서로 다른 크기의 이미지들의 경우, 매치시킬 수 있도록 이미지의 크기를 다시 조정할 수 있다. 800 × 600 이미지와 1600 × 1200 이미지가 있는 경우, 이미지 크기를 간단하게 조정할 수 있다. 두 가지 옵션이 있다. 첫 번째 옵션은 큰 그림을 작게 만드는 것이다. 우리는 두 가지 방법으로 이를 수행 할 수 있다: 4픽셀의 평균을 취하거나 최대-풀링하는 것. 반면에 우리는 픽셀을 보간함으로써 유사하게 이미지를 더 크게 만들 수 있다. 이미지 크기가 잘 조절되지 않는 경우, 예를 들어, 하나는 800 × 600이고 다른 하나는 800 × 555이면, 우리는 단순히 한 방향으로 이미지를 확장할 수 있다. 이미지가 대부분의 모양을 유지하기 때문에 변형은 이미지 처리에 영향을 미치지 않는다. 신경망에 영향을 미치는 경우는 타원과 원을 구별하기 위해 분류자를 만든 다음, 이미지 크기를 조절하는 경우인데 이는 원이 타원 모양으로 보이게 할 수 있기 때문이다. 우리가 MNIST에 관한 절에서 보았듯이, 분석하는 모든 행렬이 동일한 크기라면, 그것들은 긴 벡터에 의해 표현될 수 있다는 점에 주목하라. 크기가 다른 경우, 행들이 길이가 다르기 때문에 벡터로 인코딩하거나 좋은 속성을 유지할 수 없다. 모든 이미지가 20 × 20이면 크기가 400인 벡터로 변환할 수 있다. 즉, 이미지의 세 번째 행에 있는 두 번째 픽셀은 400차원 벡터의 43번째 구성요소이다. 20 × 20 이미지와 30 × 30 이미지가 있는 경우, 각 ?-차원 벡터의 43번째 구성요소(어떻게든 두 번째 것에 대해 차원을 맞출 수 있다고 가정)는 첫 번째 이미지의 세 번째 행, 두 번째 픽셀이 되고 두 번째 이미지의 두 번째 행, 13번째 픽셀이 된다. 그러나 실제 문제는 신경망에 있는 다른 차원(400 및 300)의 벡터를 맞추는 방법이다. 우리가 지금까지 본 모든 것은 고정 차원 벡터를 필요로 한다.

변화하는 차원의 문제는 길이가 다른 시퀀스를 학습하는 문제로 볼 수 있으며 오디오 처리는 다양한 오디오 클립의 길이가 서로 다르기 때문에 이를 필요로 하는 좋은 예이다. 이론상으로는 가장 긴 것을 취해 다른 모든 것들을 이와 같은 길이로 만드는 방법이 있지만 이것은 필요 공간면에서 낭비이다. 그러나 여기서 더 심각한 문제가 있다. 침묵은 언어의 일부이며, 의미를 전달하는데 종종 사용되기 때문에 훈련 집합에서 레이블 1로 레이블된 일부 콘텐츠가 포함된 사운드 클립은 옳을 수 있지만 처음 또는 끝 부분에 10초의 무음을 추가하면 침묵이 있는 클립이 다른 의미를 가질 수 있기 때문에, 레이블 1은 더 이상 적절하지 않을 수 있다. 아이러니, 풍자 및 이와 유사한 현상에 대해 생각해보라.

이제 질문은 우리가 무엇을 할 수 있는가이다. 대답은 우리가 이전에 보았던 것보다 다른 신경망 구조가 필요하다는 것이다. 우리가 지금까지 보아온 모든 신경망은 정보를 앞으로 보내는 연결을 가지고 있으며, 이것이 우리가 '피드포워드 신경망'이라고 부른 이유이다. 출력을 입력으로 층에 다시 공급하는 연결을 통해 동일하지 않은 길이의 시퀀스를 처리할 수 있다. 이로 인해 네트워크가 깊어지지만 가중치가 공유되므로 그래디언트 소실 문제를 부분적으로 피할 수 있다. 이러한 피드백 루프를 가진 네트워크를 **순환 신경망**(*recurrent neural networks*)이라고 한다. 순환 신경망의 역사에서 흥미로운 전개가 있다. 퍼셉트론의 아이디어가 좋아 보이지 않자마자 '다층 퍼셉트론'을 만드는 아이디어는 자연스러운 것처럼 보였다. 이 아이디어는 이론적이고 앞서간 역전파(1986년 이후 널리 받아들여짐)였던 것을 기억하라(아무도 그 당시에는 구현할 수 없었다는 것을 의미한다). 탐구된 이론적 아이디어 중에는 단일 층 추가, 다중 층 추가 및 피드백 루프 추가 등이 모두 자연스럽고 간단한 아이디어였다. 이것은 1986년 이전이었다.

역전파가 아직 가능하지 않았기 때문에 J J. Hopfield는 최초의 성공적인 순환 신경망으로 생각될 수 있는 홉필드 네트워크[1]의 개념을 소개했다. 우리는 10장에서 그들에 대해 자세히 살펴볼 것이다. 그것들은 오늘날 우리가 순환 신경망으로 생각하는 것과 다르므로 특이했다. 가장 중요한 순환 신경망은 Hochreiter와 Schmidhuber에 의해 1997년에 발명된 **장단기 메모리 네트워크**(*long short-term memory networks*) 또는 LSTM이다[2]. 오늘날까지도 가장 널리 사용되는 순환 신경망으로 남아 있으며 음성 인식에서부터 기계 번역에 이르기까지 다양한 분야에서 최첨단의 결과를 이끌어 내고 있다. 이 장에서는 LSTM을 자세히 설명하는데 필요한 개념을 전개하는데 초점을 맞춘다.

7.2 순환 신경망 학습의 세 가지 설정

나이브 베이즈 분류기로 돌아가 보자. 우리가 3장에서 보았듯이, 나이브 베이즈 분류기는 데이터 집합으로부터 $\mathbb{P}$(특징1 | 목표), $\mathbb{P}$(특징2 | 목표) 등을 계산한 후에 $\mathbb{P}$(목표 | 특징들)를 계산한다. 이것은 나이브 베이즈 분류기가 작동하는 방식이지만 모든 분류기(감독학습 알고리즘)는 $\mathbb{P}$(목표 | 특징들) 또는 $\mathbb{P}(\mathbf{t} \mid \mathbf{x})$를 어떤 식으로든 계산하려고 한다. (i) $\mathbb{P}(A) \geq 0$, (ii) $\mathbb{P}(\Omega) = 1$, 여기서 Ω는 가능한 공간, (iii) 서로 다른 $A_n, n \in \mathbb{N}$에 대해, $\mathbb{P}(\bigcup_{n=1}^{\infty} A_n) = \sum_{n=1}^{\infty} \mathbb{P}(A_n)$를 만족하는 모든 $\mathbb{P}$는 확률 술어이다.

기계학습 알고리즘을 조감도 관점에서 분석하기 위해 확률론적 해석을 사용하면, 감독(supervised) 기계학습 알고리즘은 $\mathbb{P}(\mathbf{t} \mid \mathbf{x})$를 계산할 수 있다고 말할 수 있다($\mathbf{x}$는 입력 벡터, $\mathbf{t}$는 목표 벡터[1])). 이것은 **고전적인 설정**, 레이블이 있는 단순한 감독학습이다.

순환 신경망은 많은 레이블된 시퀀스를 받아들이고 각 시퀀스의 레이블을 예측함으로써 이 표준 설정에서의 학습을 수행할 수 있다. 예를 들어 감정에 따라 오디오 클립을 분류할 수 있다. 그러나 순환 신경망은 훨씬 더 많은 것을 할 수 있다. 또한 여러 레이블이 있는 시퀀스로부터 학습할 수 있다. 작업을 수행하기 위해 훈련시키고자 하는 산업용 로봇 팔을 상상해보라. 그것은 많은 센서를 가지고 있으며 방향을 학습해야 한다(단순화를 위해 동서남북의 네 방향만

---

1) 기계학습 문헌에서 예측자의 결과를 나타내는 표기법 $\hat{y}$를 찾고 y는 목표값을 나타내기 위해 사용하는 것이 일반적이다. 우리는 딥러닝에 더 일반적인 다른 표기법을 사용했는데 여기서 y는 예측자의 출력을 나타내며 t는 실제값이나 목표를 나타내는데 사용된다.

가정하자). 그러면 훈련 집합은 이동 시퀀스로 생성되며, 각각은 $x_1Nx_2Nx_3Wx_4Ex_5Wx_6W$ 또는 x_1Nx_2W와 같은 일련의 방향들로 구성된다. 이것이 이전에 우리가 본 것과 어떻게 다른지 주목하라. 여기서 우리는 일련의 센서 데이터(x_i)와 움직임(N, E, S 또는 W이며, D로 나타냄)을 가지고 있다. 시퀀스를 xD 조각으로 분해하는 것은 매우 나쁜 생각일 수 있다. 왜냐하면 $xNxN$ 형태의 움직임이 제일 많이 발생할 수 있고 이것은 시퀀스 시작 부분에서만 의미가 있을 수 있기 때문이다(예를 들어 '플랫폼에서 벗어나라' 명령처럼). 시퀀스는 분해될 수 없으며 다음 상태를 예측하기 위해 이전 상태를 아는 것만으로는 충분하지 않다. 다음 상태가 현재에만 의존한다는 생각은 **마르코프 가정**(*Markov assumption*)으로 알려져 있다. 순환 신경망의 가장 큰 장점 중 하나는 마르코프 가정을 만들 필요가 없다는 것이며 더 복잡한 행동을 모델링할 수 있다는 것이다. 즉, 순환 신경망은 각 부분에 레이블이 있는 길이가 다른 시퀀스들로부터 학습하고 알려지지 않은 벡터를 예측할 때 많은 레이블을 생성하는 것을 의미한다. 이것을 **순차 설정**(*sequential setting*)이라고 한다.

세 번째 설정은 순차 설정의 진화된 형태이고 이를 **다음-예측 설정**(*predict-next setting*)이라고 부를 수 있다. 이 설정은 레이블이 필요없으며 자연 언어 처리에 일반적으로 사용된다. 실제로는 레이블이 있지만 암시적이다. 아이디어는 모든 입력 시퀀스(문장)에 대해 순환 신경망이 그것을 부분 시퀀스로 분해하고 다음 단어를 목표로 사용한다는 것이다. 문장의 시작과 끝 부분에 수동으로 입력해야 하는 특별한 토큰이 필요하다. 여기서는 $('시작')과 &('끝')로 표시한다. 'All I want for Christmas is you'라는 문장이 있다면, 먼저 '$ all I want for Christmas is you &'로 변환해야 한다.[2] 그런 다음 문장은 입력과 목표로 나뉘어 ('입력 문자열', '목표')와 같이 표시된다.

- ('$','all')
- ('$ all','I')
- ('$ all I','want')
- ('$ all I want', 'for')
- ('$ all I want for', 'Christmas')
- ('$ all I want for Christmas', 'is')
- ('$ all I want for Christmas is', 'you')
- ('$ all I want for Christmas is you', '&').

그런 다음 순환 신경망은 단어 시퀀스를 들은 후, 가장 가능성이 높은 다음 단어를 반환하는 방법을 학습한다. 이것은 순환 신경망이 입력으로부터 확률 분포, 즉 $\mathbb{P}(\mathbf{x})$를 학습하고 있음을 의미하는데, 목표가 없기 때문에 사실상 이것은 비감독학습을 하는 것이다. 목표는 입력으로부터 합성된다.

일반적으로 훑어보고 싶은 단어 수(즉, '입력 문자열' 부분의 단어 길이)를 제한하기를 원한다. 이것은 튜링 테스트의 기초가 되는 질문 응답 기능으로 볼 수 있기 때문에 실제로 상당히 중요하다. 이는 유용한 도구뿐만 아니라 일반 AI를 향한 단계이다. 그러나 우리는 여기서 작은 조정을 해야 한다. 순환 신경망이 시퀀스에 이어 가장 가능성 있는 단어를 학습하면 그것은 반복적으로 나타날 수 있다. 훈련 집합에서 다음 다섯 문장을 가지고 있다고 상상해보자:

- 'My name is Cassidy'

2) 우리가 유지한 대문자를 주목하고 이유를 알고자 노력하라.

- 'My name is Myron'
- 'My name is Marcus'
- 'My name is Marcus'
- 'My name is Marcus'.

순환 신경망은 $\mathbb{P}(Marcus) = 0.6$, $\mathbb{P}(Myron) = 0.2$ 및 $\mathbb{P}(Cassidy) = 0.2$로 결론지을 수 있다. 따라서 'My name is'이라는 시퀀스가 주어지면 가장 높은 확률을 가지기 때문에 항상 'Marcus'를 선택하게 된다. 여기에서 요령은 가장 높은 확률로 하나를 선택하게 하는 것이 아니라 순환 신경망이 모든 결과의 개별 확률을 갖는 모든 입력 시퀀스에 대한 확률 분포를 작성한 다음 무작위로 샘플링해야 한다는 것이다. 그 결과, 총 시간의 60%는 'Marcus'가 출력되지만 때로는 'Myron'과 'Cassidy'도 출력된다. 이것이 발생할 수 있는 많은 문제를 실제로 해결한다는 점에 유의하라. 그렇지 않다면 동일한 단어 순서에 대해 항상 동일한 응답을 나타낸다. 우리는 신속한 블랙박스 보기를 마쳤으므로, 이제 순환 신경망의 메커니즘에 대해 깊이 파고 들 것이다.

7.3 피드백 루프 추가 및 신경망 펼치기

이제 순환 신경망이 어떻게 작동하는지 보도록 하자. 소실되는 그래디언트 문제를 기억해보자. 우리는 층을 하나씩 추가하는 것이 경사하강법으로 가중치를 학습하는 능력을 심각하게 손상시키는 것을 보았다. 그 이유는 움직임이 매우 작거나 때로는 반올림으로 0이 되기도 하기 때문이다. 컨볼루션 신경망은 공유 가중치 집합을 사용하여 이 문제를 해결하여 동일한 가중치가 업데이트 될 때마다 조금씩 학습해도 문제가 되지 않는다. 유일한 문제는 컨볼루션 신경망이 이미지나 기타 제한된 시퀀스에만 가장 적합하도록 하는 매우 특정한 아키텍처를 가지고 있다는 것이다.

순환 신경망은 간단한 피드포워드 신경망에 새로운 층을 추가하는 것이 아니라 은닉층에 순환 연결을 추가하여 동작한다. 그림 7.1a는 간단한 피드포워드 신경망을 보여 주며 그림 7.1b는 그림 7.1a의 간단한 피드포워드 신경망에 순환 연결을 추가하는 방법을 보여준다. 주어진 층으로부터의 출력은 간단한 피드포워드 신경망에 대해서 **I**, **O** 및 **H**로 표시되고, 순환 연결을 추가할 때에는 $\mathbf{H}_1$, $\mathbf{H}_2$, $\mathbf{H}_3$, $\mathbf{H}_4$, $\mathbf{H}_5$, …로 표시된다. 간단한 피드포워드 신경망의 가중치는 $\mathbf{w}_x$(입력-은닉) 및 $\mathbf{w}_o$(은닉-출력)로 표시된다. 한 은닉층으로부터 나오는 다중 출력과 다중 은닉층을 혼동하지 않는 것이 중요한데 층이 실제로 가중치로 정의되기 때문에, 즉 각각의 층은 고유한 가중치 집합을 가지며, 여기서는 모든 $\mathbf{H}_n$이 $\mathbf{w}_h$라고 하는 동일한 가중치 집합을 공유하기 때문이다. 그림 7.1c는 그림 7.1b와 완전히 동일하지만 차이점은 개별 뉴런들(원들)을 벡터(직사각형)로 응축한 것인데, 우리가 계산에서 3장 이후로 해왔던 것으로 지금은 시각적인 디스플레이에서도 이를 수행한다. 순환 연결을 추가하려면 계산에 가중치 집합 $\mathbf{w}_h$를 추가해야 하며 이것이 신경망에 순환을 추가하는데 필요한 전부이다.

순환 연결이 모두 지정되도록 순환 신경망을 전개할 수 있다. 그림 7.2a는 이전 신경망을 보여 주며 그림 7.2b는 순환 연결을 전개하는 방법을 보여준다. 그림 7.2c는 그림 7.2b와 동일하지만 순환 신경망 문헌에 사용된 적절하고 상세한 표기법을 사용하며, 우리는 순환 신경망이 어떻게 동작하는지 간단히 코멘트하기 위해 이 표현에 초점

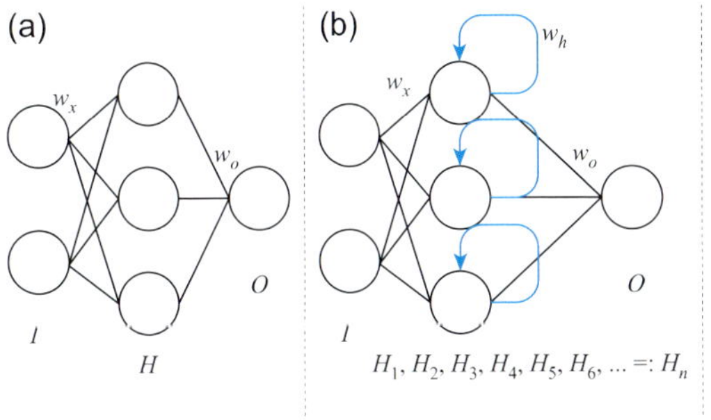

그림 7.1 간단한 피드 포워드 신경망에 순환 연결 추가

을 맞출 것이다. 다음 절에서는 참조용으로 그림 7.2c 이미지를 사용할 것이며 이것은 나머지 장들에서 표준 표기법으로 사용된다.[3]

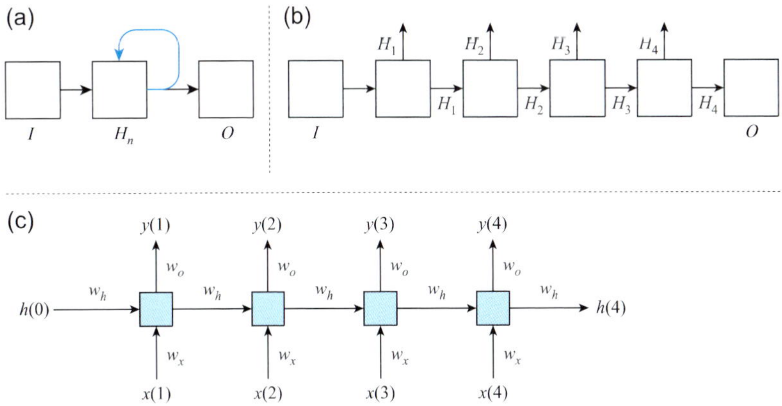

그림 7.2 순환 신경망 펼치기

3) 적절한 표기법으로의 점진적 전환을 시각적으로 나타내기 위해 회색 음영을 사용했다.

7.4 엘만 네트워크

그림 7.2c에 대해 살펴보자. $\mathbf{w}_x$는 입력 가중치, $\mathbf{w}_h$는 순환 연결 가중치, $\mathbf{w}_o$는 은닉-출력 가중치를 나타낸다. 이전과 같이 x들은 입력이고 y들은 출력이다. 그러나 여기에는 시간 개념이 들어가는 추가적인 순차적 성질이 있다. 그래서 $x(1)$은 첫 번째 입력이고 나중에 $x(2)$를 얻고, 등등. 출력도 마찬가지이다. 고전적인 설정의 경우 $x(1)$ (입력 벡터 제공을 위해) 및 (전체) 출력으로 $y(4)$만 사용한다. 그러나 순차 및 다음-예측 설정에 대해서는 모든 x 및 y를 사용한다.

간단한 피드포워드 네트워크에서의 상황과는 달리, 여기에는 h도 있으며, 이들은 순환 연결에 대한 입력을 나타낸다. 시작하기 위해 단순히 모든 항목을 0으로 설정하여 $h(0)$를 생성할 수 있다. 우리는 모든 요소를 계산하는 방법을 볼 수 있는 예제 계산을 제공할 것이고 그것은 계산을 부분 부분하는 것보다 훨씬 통찰력이 있을 것이다. 우리는 f로 비선형성을 나타낼 것이며, 그것을 로지스틱 함수로 생각할 수 있다. 잠시 후에 소프트맥스라는 새로운 비선형성을 볼 것인데 소프트맥스는 여기에서 사용될 수 있으며 순환 신경망에 자연스럽게 적합하다. 따라서 순환 신경망은 최종 시간 t에서 출력 y를 계산한다. 계산은 다음과 같은 재귀적 구조로 전개될 수 있다($h(0)$가 필요한 이유가 명확해짐).

$$y(t) = f(\mathbf{w}_o^\top h(t)) = \tag{7.1}$$

$$= f(\mathbf{w}_o^\top f(\mathbf{w}_h^\top h(t-1) + \mathbf{w}_x^\top x(t))) = \tag{7.2}$$

$$= f(\mathbf{w}_o^\top f(\mathbf{w}_h^\top f(\mathbf{w}_h^\top h(t-2) + \mathbf{w}_x^\top x(t-1)) + \mathbf{w}_x^\top x(t))) = \tag{7.3}$$

$$= f(\mathbf{w}_o^\top f(\mathbf{w}_h^\top f(\mathbf{w}_h^\top f(\mathbf{w}_h^\top h(t-3) + \mathbf{w}_x^\top x(t-2)) + \mathbf{w}_x^\top x(t-1)) + \mathbf{w}_x^\top x(t))). \tag{7.4}$$

우리는 이것을 다음 두 개의 식으로 줄일 수 있다:

$$h(t) = f_h(\mathbf{w}_h^\top h(t-1) + \mathbf{w}_x^\top x(t)) \tag{7.5}$$

$$y(t) = f_o(\mathbf{w}_o^\top h(t)), \tag{7.6}$$

여기서 f_h는 은닉층의 비선형성이고 f_o는 출력층의 비선형성이며 반드시 같은 함수일 필요는 없지만 원하는 경우 동일할 수 있다. 이러한 유형의 순환 신경망은 언어학자이자 인지과학자 제프리 엘만(Jeffrey L. Elman)을 따라 엘만 네트워크[3]라고 불린다.

식 (7.5)에서 $h(t-1)$를 $y(t-1)$로 바꾸면 다음과 같이 된다:

$$h(t) = f_h(\mathbf{w}_h^\top y(t-1) + \mathbf{w}_x^\top x(t)). \tag{7.7}$$

우리는 심리학자, 수학자 및 인지과학자 마이클 조던(Michael I. Jordan)의 이름을 딴 조던 네트워크[4]를 얻는다. 엘만과 조던 네트워크는 모두 **단순 순환 신경망**(*simple recurrent networks, SRN*)으로 알려져 있다. 단순 순환 신경망은 오늘날의 애플리케이션에서는 거의 사용되지 않지만, 오늘날 사용되는 주요 순환 구조이며 훨씬 복잡한 LSTM으로 진행하기 전에 순환 신경망을 설명하는 것이 좋은 방법이다. SRN을 얕보기 쉽지만, 처음 제안되었을 때, 그것은 단어 주머니(Bag-of-words)나 n-그램과 같은 생경한 표현에 의존하지 않고도 텍스트의 단어를 조작할 수 있는 최초의 모델이었다. 어떤 의미에서 이러한 표현은 사람들은 언어 이해를 위해 단어 주머니와 같은 것을 사용하지 않기 때문에 언어 처리가 컴퓨터에 매우 이질적인 것이라고 말하는 것처럼 보였다. SRN은 오늘날 우리가 가지고 있는 단어 시퀀스 처리 패러다임으로서의 언어 처리로 향하는 결정적인 행보였고 전체 과정을 인간의 지능에 훨씬 가깝게 만들었다. 결과적으로 SRN은 이전에는 불가능해 보였던 것이 지금 가능한 것이 되는 중요한 단계를 밟았으므로 인공지능의 획기적인 단계로 간주되어야 한다. 그러나 2년 후 더 강력한 아키텍처가 모든 실제 응용 프로그램을 장악하지만 이 강점은 비싼 대가와 함께 온다: LSTM은 SRN보다 훨씬 느리게 학습된다.

7.5 장단기메모리

이 절에서는 장단기메모리(LSTM)의 작동 방식을 그래픽으로 보여줄 것이며 관심있는 독자는 우리의 설명과 함께 제공되는 이미지를 따라 LSTM을 처음부터 코딩하는데 아무런 문제가 없을 것이다. LSTM의 이 절에 있는 모든 이미지는 Christopher Olah의 블로그에서 가져온 것이다.[4] 우리는 거기에서 사용된 것과 동일한 표기법을 사용한다(몇 가지 사소한 디테일은 제외). 그림 7.3의 가중치는 단순한 설명을 위해 생략하지만 우리는 이후 이미지에서 LSTM의 개별 구성요소를 설명할 때 이들을 추가한다. 식 7.5에서 $y(t) = f_o(\mathbf{w}_o \cdot h(t))$ (f_o는 출력층을 위한 비선형성이다)임을 알기 때문에 이 장에서 $y(t)$는 $h(t)$와 동일하지만, 우리는 $y(t)$를 얻기 위해 $h(t)$에 $\mathbf{w}_o$를 곱하는 부분을 여전히 볼 것이다. 이것은 공식적인 견지에서 그다지 중요하지 않지만, 우리는 $y(t)$를 위한 위치를 유지함으로써 더 명확해지기

4) http://colah.github.io/posts/2015-08-Understanding-LSTMs/, 2017-03-22에 접근

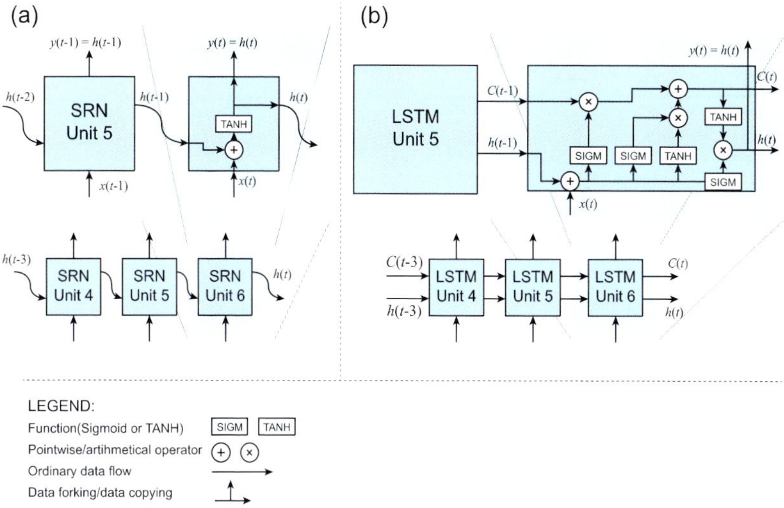

그림 7.3 확대된 SRN과 LSTM 유닛

를 바란다.

그림 7.3은 LSTM에 대한 조감도를 보여주고 SRN과 비교한다. 바로 알 수 있는 한 가지는 SRN이 한 유닛에서 다음 유닛으로의 링크($h(t)$의 흐름) 하나를 갖는 반면, LSTM은 같은 $h(t)$와 $C(t)$도 갖는다는 것이다. 이 $C(t)$는 셀 상태(*cell state*)라고 부르며, 이것은 LSTM을 통한 정보의 주 흐름이다. 상징적으로 말해서 셀 상태는 'LSTM'의 'L', 'T' 및 'M' 즉, 모델의 장기 메모리이다. 그 밖의 일은 셀 상태를 유지하거나 추가해야 할 대상을 결정하기 위한 다른 필터일 뿐이다. 셀 상태는 그림 7.4a에 강조되어 있다(지금은 이미지의 $f(t)$와 $i(t)$를 무시하고 이후 단락에서 그것들이 어떻게 계산되는지 볼 것이다).

LSTM은 소위 게이트(*gate*)를 이용하여 셀에서 정보를 추가하거나 제거하며 이들이 LSTM에서 나머지 유닛을 구성한다. 게이트는 실제

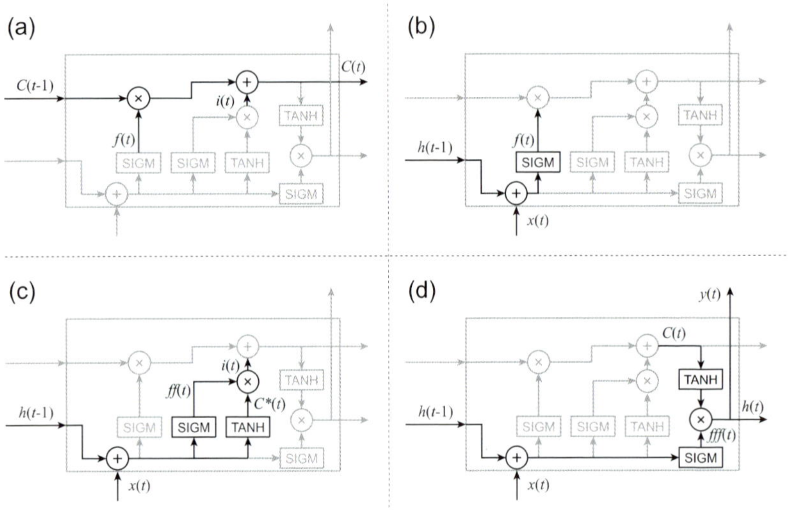

그림 7.4 셀 상태 (a), 망각 게이트 (b), 입력 게이트 (c) 및 출력 게이트 (d)

로 매우 간단하다. 이들은 덧셈, 곱셈, 비선형성의 조합이다. 비선형성은 단순히 정보를 '스쿼시'하기 위해 사용된다. 로지스틱 또는 시그모이드 함수(이미지에서 SIGM으로 표시)는 정보를 0과 1 사이의 값으로 스쿼시하는데 사용되며 하이퍼볼릭 탄젠트(이미지에서 TANH로 표시)는 정보를 −1과 1 사이의 값으로 '스쿼시'하는데 사용된다. 다음과 같은 방식으로 그것을 생각할 수 있다: TANH가 퍼지 '부정/중립/긍정' 결정을 내리는 반면, SIGM은 퍼지 '예/아니오' 결정을 내린다. 그들은 이것을 제외하고는 아무것도 하지 않는다.

첫 번째 게이트는 망각 게이트(forget gate)이며, 이는 그림 7.4b에 강조되어 있다. '게이트'라는 이름은 논리 게이트와의 유사성에서 비롯된다. 유닛 t에서의 망각 게이트는 $f(t)$로 표시되며 간단히 $f(t) := \sigma(\mathbf{w}_f(x(t) + h(t-1)))$이다. 직관적으로 가중치가 있는 입력 및 가중치가 있는 이전 은닉 상태가 기억되는 정도를 제어한다. σ는 로지스틱 함수의 기호이다.

가중치에 관해서는 여러 가지 접근 방법이 있지만 가장 직관적 것은 $\mathbf{w}_h$를 여러 다른 가중치, $\mathbf{w}_f$, $\mathbf{w}_{ff}$, $\mathbf{w}_C$ 및 $\mathbf{w}_{fff}$로 나누는 것이다.[5] 기억할 점은 가중치를 보는 다른 방법들이 있다는 것이고 그들 중 일부는 단순한 모델과 동일한 이름을 사용하려고 시도하지만, 딥러닝을 위한 가장 자연스러운 접근법은 기본 '빌딩 블록'으로 구성된 아키텍처를 LEGO® 블록처럼 조립한 다음, 각 블록은 고유한 가중치 집합을 가져야 하는 것이다. 완전 신경망의 모든 가중치는 역전파로 훈련되며, 조인트 훈련은 실제로 신경망을 연결된 전체로 만든다(각 LEGO 블록이 구조를 만들기 위해 다른 블록에 연결하기 위한 돌출(stud)이 있는 것처럼).

입력 게이트라고 하는 다음 게이트(그림 7.4c에서 강조됨)는 좀 더 복잡하다. 기본적으로 셀 상태에 무엇을 넣을지를 결정한다. 그것은 다른 가중치들로 된 또 다른 망각 게이트(우리는 상상도 할 수 없지만 $ff(t)$로 나타냄)로 구성되어 있지만 셀 상태에 추가할 후보를 만드는 추가 모듈도 가지고 있다. $ff(t)$는 저장 메커니즘으로 생각할 수 있다. 이 메커니즘은 셀 상태에 저장할 입력의 양을 제어한다. 기호로 쓰면:

$$ff(t) := \sigma(\mathbf{w}_{ff}(x(t) + h(t-1))), \tag{7.8}$$

$$i(t) := ff(t) \cdot C^*(t). \tag{7.9}$$

우리가 누락한 것은 후보($C^*(t)$로 표시)에 대한 계산이다. 계산은 매우 쉽다: $C^*(t) := \tau(\mathbf{w}_C \cdot (x(t) + h(t-1)))$, 여기서 τ는 하이퍼볼릭

---

5) 우리는 여기서 아주 정확하지는 않으며 LSTM의 w_f는 SRN의 w_x와 실제로 동일하고 이전 w_h의 구성요소는 아니라는 점에 주목하라.

탄젠트 또는 *tanh*에 대한 기호이다. 하이퍼볼릭 탄젠트를 사용하여 결과를 −1과 1 사이의 값으로 스쿼시한다. 직관적으로 범위의 음수 부분(−1에서 0)은 빠른 '부정'을 얻을 수 있는 방법으로 볼 수 있어서 예를 들어 언어의 반대말을 신속하게 처리하는 것과 같이 반대를 얻을 수 있다고 간주할 수 있다.

이전에 보았듯이 LSTM 장치에는 세 가지 출력이 있다: $C(t)$, $y(t)$ 및 $h(t)$. 우리는 현재 셀 상태 $C(t)$를 계산하는데 필요한 모든 것을 가지고 있다(이 계산은 그림 7.4a에 나와 있다):

$$C(t) := f(t) \cdot C(t-1) + i(t). \tag{7.10}$$

$y(t) = g_o(\mathbf{w}_o \cdot h(t))$ (여기에서 g_o는 비선형성임)이기 때문에 남은 것은 $h(t)$를 계산하는 것이다. $h(t)$를 계산하기 위해, 우리는 망각 게이트의 세 번째 사본($fff(t)$)이 필요하다. 입력의 어느 부분을 얼마만큼 $h(t)$에 포함시킬지 결정해야 한다:

$$fff(t) := \sigma(\mathbf{w}_{fff}(x(t) + h(t-1))). \tag{7.11}$$

이제 남은 것은 완전한 출력 게이트인데(결과는 실제로는 $o(t)$가 아니라 $h(t)$), $fff(t)$에 현재 셀 상태를 −1과 1 사이로 스쿼시해서 곱해야 한다:

$$h(t) := fff(t) \cdot \tau(C(t)). \tag{7.12}$$

그리고 이제 마침내 우리는 완벽한 LSTM을 갖게 되었다. 마지막으로, $fff(t)$는 셀 상태의 가장 중요한 부분이 무엇인지 말하려고 하는 '초점' 메커니즘으로 생각할 수 있다. $f(t)$, $ff(t)$, $fff(t)$를 복잡하게 생각할 수도 있지만, 아이디어는 이들이 모두 다른 부분에 참여한다는 것이다. 그럼으로써 우리는 그들이 원하는 메커니즘을 제공할 수 있기를 바란다('직전 유닛으로부터의 기억', '입력 저장' 및 '셀 상태의 이 부분에 집중' 등). 이것은 우리의 큰 희망일 뿐이며, 우리가 사용하기로 선택한 계산 시퀀스나 정보의 흐름 이외에 LSTM에 이러한 해석을 '강요'할 방법이 없다. 이것은 이러한 해석이 은유적이라는 것을 의미하며, 우리가 행운의 추측을 한 경우에만 이러한 메커니즘이 실제로 인간 두뇌의 메커니즘과 일치할 것이다.

LSTM은 1997년 Hochreiter와 Schmidhuber에 의해 처음 제안되었으며[2] 자연 언어 처리, 시계열 분석 및 기타 많은 순차적 작업을 위한 가장 중요한 심층 아키텍처 중 하나가 되었다. 오늘날 순환 신경망에 관한 최고의 참고 서적 중 하나는 [5]이며, 이 놀라운 구조를 전문으로 하고자 하는 독자라면 누구나 읽어볼 것을 추천한다.

7.6 순환 신경망으로 다음 단어 예측하기

이 절에서는 텍스트에서 다음 단어를 예측하는 데 사용되는 간단한 순환 신경망의 실용적인 예를 제시한다. 이러한 종류의 작업은 예측뿐만 아니라 질의응답도 가능하기 때문에 매우 융통성이 있다—(단일 단어) 응답은 단지 시퀀스의 다음 단어이다. 우리가 사용하는 예제는 주석과 설명이 충분한 [6]의 예제를 수정한 것이다. 코드를 이해하기 쉽도록 원래 코드의 일부분이 수정되었다. 이전 절에서 설명한 것처럼 이 코드는 동작하는 Python3 코드이지만 종속된 것들을 설치해야 할 것이다. 이 장(chapter)의 코드를 보고 개념을 이해할 수도 있겠지만, 미묘한 것들을 보려면 컴퓨터에 실제 코드가 있어야 한다.[6] 우리는 필요한 파이썬 라이브러리를 임포트하여 시작한다:

```
from keras.layers import Dense, Activation
from keras.layers.recurrent import SimpleRNN
from keras.models import Sequential
import numpy as np
```

다음은 하이퍼파라미터를 정의한다.

```
hidden_neurons = 50
my_optimizer ="sgd"
batch_size = 60
error_function = "mean_squared_error"
output_nonlinearity = "softmax"
cycles = 5
epochs_per_cycle = 3
context = 3
```

잠시 우리가 무엇을 사용하는지 보자. hidden_neurons 변수는 얼마나 많은 은닉 유닛을 사용할 것인지를 간단하게 나타낸다. 여기서 엘만 유닛을 사용하므로 이것은 은닉층의 피드백 루프 수와 같다. optimizer 변수는 어떤 Keras 최적화 도구를 사용할 것인지를 정의한다. 이 경우에는 확률적인 경사 하강인데 다른 것들도 있다.[7] 느낌을 얻기 위해 몇 가지 최적화 도구를 시험해 보는 것이 좋다. "sgd"는 그것의 Keras 이름이기 때문에 "SGD"나 "stochastic_GD", 혹은 다른 비슷한 게 아니라 정확히 입력해야 한다. batch_size는 확률적 그래디언트의 일회 반복에 대해 사용하는 예제의 수를 말한다. 변수 error_function="mean_squared_error"는

6) 이책의 GitHub 저장소에서 가져오거나, 이 절의 모든 코드를 하나의 간단한 파일(.txt)로 입력하고 이름을 변경하여 확장자를 .py로 바꿀 수 얻을 수 있다.

7) 전체 리스트는 https://keras.io/optimizers/에 있다.

Keras에게 이전에 사용한 MSE를 사용하도록 지시한다.

그러나 지금 우리는 활성화 함수 `output_nonlinearity`에 도달했고, 우리는 이전에 보지 못했던 무엇인가를 보는데 바로 Keras 이름 `"softmax"`인 **소프트맥스** 활성화 함수 또는 비선형성이다. softmax 함수는 다음과 같이 정의된다.

$$\zeta(z_j) := \frac{e^{z_j}}{\sum_{n=1}^{N} e^{z_k}}, j = 1, \ldots, N. \tag{7.13}$$

softmax는 매우 유용한 함수이다. 기본적으로 임의의 실수 값으로 이루어진 벡터 $\mathbf{z}$를 0에서 1 사이의 값을 갖고, 더해서 1이 되는 벡터로 변환한다. 이것이 다분류 문제[8]에서 클래스의 확률이 될 수 있는 출력을 얻기 위해 심층망의 마지막 층에 softmax가 자주 사용되는 이유이다. 벡터 $\mathbf{z}$에 두 개의 구성요소 z_0 및 z_1(이진 분류를 시뮬레이션 할 것임)만 있는 경우, 정확히 로지스틱 함수 분류가 될 것이고 단지 가중치는 $\mathbf{w}_\sigma = \mathbf{w}_{\zeta 1} - \mathbf{w}_{\zeta 0}$가 된다. 이제 SRN 코드의 다음 부분을 계속할 수 있고 나머지 매개변수들은 다음 코드에서 활성화될 때 코멘트할 것이다.

```
def create_tesla_text_from_file(textfile="tesla.txt"):
␣␣␣␣clean_text_chunks = []
␣␣␣␣with open(textfile, 'r', encoding='utf-8' as text:
␣␣␣␣␣␣␣␣for line in text:
␣␣␣␣␣␣␣␣␣␣␣␣clean_text_chunks.append(line)
␣␣␣␣clean_text = ("".join(clean_text_chunks)).lower()
␣␣␣␣text_as_list = clean_text.split()
```

8) 두 개 이상의 클래스가 있는 문제. 2진 분류에서 우리는 A와 B의 두 클래스를 가지며, 실제로는 하나의 클래스에서만 분류를 수행하고(출력층의 로지스틱 함수로) 확률 점수 p_A를 얻는다. 그런 다음 B의 확률 점수는 1 - p_A로 계산된다.

```
␣␣␣␣return text_as_list
text_as_list = create_tesla_text_from_file()
```

이 코드 부분은 일반 텍스트 파일 tesla.txt를 열고 훈련 및 예측에 사용한다. 이 파일은 utf-8로 인코딩해야 하며, 아니면 코드의 'utf-8'을 적절한 파일 인코딩을 반영하도록 변경해야 한다. 오늘날 대부분의 텍스트 편집기는 '파일 인코딩'(파일의 실제 인코딩)과 '인코딩'(편집기에서 해당 파일의 텍스트를 표시하는데 사용되는 인코딩)을 구별한다. 이 방법은 사용 중인 컴퓨터의 사용 가능한 RAM 크기의 약 70%에 해당하는 파일에 적용된다. 우리가 평범한 텍스트 파일에 대해 이야기하고 있기 때문에, 16 GB 머신에 10 GB 파일을 가지고 있으면 잘 작동할 것이고, 10 GB는 평범한 텍스트치고는 엄청 큰 것이다(비교를 위해, 일반 텍스트의 메타 데이터와 페이지 히스토리가 있는 영어 위키피디아 전체의 크기가 14 GB이다). 더 큰 데이터 집합의 경우, 큰 파일을 여러 개의 덩어리로 분리하여 배치로 간주하고 하나씩 제공하는 등의 방법을 사용하는데 이러한 대용량 데이터 처리의 세부 사항은 이 책에서 다루지 않는다.

파이썬이 파일을 열고 읽을 때, 한 줄씩 리턴하므로 우리는 실제로 이러한 행을 clean_text_chunks라는 목록에 누적하고 있다. 그런 다음 이 모든 것을 하나의 커다란 문자열인 clean_text로 묶은 다음, 이를 개별 단어로 잘라서 text_as_list라는 목록에 저장한다. 이 목록이 전체 함수 create_tesla_text_from_ file(textfile="tesla.txt")이 리턴하는 것이다. (textfile = "tesla.txt") 부분은 create_tesla_text_from_file() 함수가 인수(textfile)를 기대하며 우리는 디폴트값인 "tesla.txt"를 제공했음을 의미한다. 즉, 파일 이름을 지정하면 그 파일 이름을 사용하고 그렇지 않으면 "tesla.txt"를 사용한다. 마지막 줄 text_as_list=create_tesla_text_from_file()은 함수(디폴트 파일 이름으로)를 호출하고 함수가 리턴한 내용을 text_as_list 변수에 저장한다. 이제 우리는 모든 텍스트를 각 요소가 단어인 리스트에 갖고 있다. 여기에 단어가 반복되어 있을 수 있지만 코드의 다음 부분에서 처리될 것이므로 괜찮다.

```
distinct_words = set(text_as_list)
number_of_words = len(distinct_words)
word2index = dict((w, i) for i, w in enumerate(distinct_words))
index2word = dict((i, w) for i, w in enumerate(distinct_words))
```

number_of_words는 단순히 텍스트의 단어 수를 카운트한다. word2index는 고유한 단어를 키로 사용하고 해당 텍스트의 위치를 값으로 사용하여 사전을 생성하고, index2word는 정반대의 작업을 수행하고 위치가 키이고 단어가 값인 사전을 만든다. 다음 코드는 아래와 같다:

```
def create_word_indices_for_text(text_as_list):
␣␣␣␣input_words = []
␣␣␣␣label_word = []
␣␣␣␣for i in range(0,len(text_as_list) - context):
␣␣␣␣␣␣␣␣input_words.append((text_as_list[i:i+context]))
␣␣␣␣␣␣␣␣label_word.append((text_as_list[i+context]))
␣␣␣␣return input_words, label_word
input_words,label_word = create_word_indices_for_text(text_as_list)
```

이제 흥미로워진다. 이것은 입력 단어 목록과 원본 텍스트의 레이블 단어 목록을 작성하는 함수로 개별 단어 목록 형태여야 한다. 아이디어를 약간 설명해보자. 우리가 '*why would anyone ever eat anything besides breakfast food?*'라는 텍스트를 가지고 있다고 가정해 보자. 그러면 다음 단어를 예측하기 위해 '입력'/'레이블' 구조를 만들고자 하며 우리는 이 문장을 배열로 분해하여 수행한다:

Input word 1	Input word 2	Input word 3	Label word
why	would	anyone	ever
would	anyone	ever	eat
anyone	ever	eat	anything
ever	eat	anything	besides
eat	anything	besides	breakfast
anything	besides	breakfast	food?

우리는 세 개의 입력 단어를 사용하고 다음 단어를 레이블로 선언한 다음 한 단어씩 이동하고 그 과정을 반복했다. 우리가 사용하는 입력 단어의 수는 실제로 하이퍼파라미터 `context`에 의해 정의되며 변경할 수 있다. `create_word_indices_for_text(text_as_list)` 함수는 목록 형식의 텍스트를 가져 와서 입력 단어 목록과 레이블 단어 목록을 만들고 이를 모두 리턴한다. 코드의 다음 부분은 아래와 같다.

```
input_vectors = np.zeros((len(input_words),
context, number_of_words), dtype=np.int16)
vectorized_labels =
np.zeros((len(input_words), number_of_words),
dtype=np.int16)
```

이 코드는 0으로 채워진 '빈' 텐서를 생성한다. '행렬'과 '텐서'라는 용어는 수학에서 나왔는데, 이들은 특정 연산에서 동작하고 구별되는 객체이다. 컴퓨터 과학은 그것들을 둘 다 다차원 배열로 취급한다. 차이점은 컴퓨터 과학이 구조에 초점을 둔다는 것이다: 일차원을 따라 반복하면 해당 차원의 모든 요소('축'이라고 함)는 같은 모양을 갖는다. 텐서의 엔트리 유형은 int16이지만 원하는 대로 변경할 수 있다.

텐서 차원에 대해 이야기해 보자. 텐서 input_vectors는 기술적으로 3차 텐서라고 부른다. 그러나 실제로 이것은 3차원 또는 단순히 3D 배열을 갖는 '행렬'일 뿐이다. input_vectors 텐서의 차원을 이해하기 위해, 먼저 원핫 인코딩되는 세 단어(즉, context에 의해 정의된 개수의 단어)가 있음을 보라. 우리는 텍스트로부터 구분되는 단어만을 사용했기 때문에 기술적으로 단어 주머니가 아닌 원핫 인코딩을 사용함을 주목하라. 원핫 인코딩을 하기 때문에 두 번째 차원이 확장된다. 이것이 텐서의 context와 number of words 차원을 처리하고, 세 번째 것(코드에서 첫 번째인 len(input_words))은 실제로 이전 상에서 모든 입력 벡터를 포함하는 행렬처럼 모든 입력을 함께 묶는데 사용된다. vectorized_labels는 동일하지만 여기서는 context 변수로 지정된 세 개 또는 *n*개의 단어가 아니라 단 하나의 레이블 단어만 있으므로 텐서에서 하나 적은 차원이 필요하다. 두 개의 빈 텐서를 초기화했으므로, 적절한 위치에 1을 넣기 위한 무엇인가가 필요하다. 코드의 다음 부분은 아래와 같다.

```
for i, input_w in enumerate(input_words):
␣␣␣␣for j, w in enumerate(input_w):
␣␣␣␣␣␣␣␣input_vectors[i, j, word2index[w]] = 1
␣␣␣␣␣␣␣␣vectorized_labels[i, word2index[label_word[i]]] = 1
```

조금 어렵지만 이 코드가 어떻게 텐서를 '크롤링하고' 1들을 제자리에 넣는지를 스스로 알아보라.[9] 이제 우리는 지저분한 부분을 모두 완성했고 코드의 다음 부분은 Keras 기능을 갖춘 완전한 단순 순환 신경망을 실제로 지정한다.

```
model = Sequential()
model.add(SimpleRNN(hidden_neurons, return_sequences=False,
input_shape=(context,number_of_words), unroll=True))
model.add(Dense(number_of_words))
model.add(Activation(output_nonlinearity))
model.compile(loss=error_function, optimizer=my_optimizer)
```

여기에서 조정할 수 있는 대부분의 것들은 실제로 하이퍼파라미터에 배치된다. 이 부분에서는 특히 두 번째 라인 또는 세 번째 및 네 번째 라인 등, 층을 지정하는 라인을 복제하여 여러 개의 새로운 몇 개의 층을 추가하는 것을 제외하고는 바뀌는게 없다. 유일하게 남은 일은 모델이 얼마나 잘 동작하는지와 출력으로서 어떤 결과를 만들어 내는지를 보는 것이다. 이것은 코드의 마지막 부분에서 다음과 같이 수행된다:

```
for cycle in range(cycles):
␣␣␣␣print("> —. <" * 50)
␣␣␣␣print("Cycle: %d" % (cycle+1))
␣␣␣␣model.fit(input_vectors, vectorized_labels, batch_size = batch_size,
epochs = epochs_per_cycle)
␣␣␣␣test_index = np.random.randint(len(input_words))
␣␣␣␣test_words = input_words[test_index]
␣␣␣␣print("Generating test from test index %s with words %s:" % (test_
index, test_words))
```

9) 이것은 아마도 이 책에서 가장 어려운 작업 중 하나이지만 4줄짜리 코드이고 이해에 매우 유용할 것이므로 건너뛰지 말기 바란다.

```
    input_for_test = np.zeros((1, context, number_of_words))
    for i, w in enumerate(test_words):
        input_for_test[0, i, word2index[w]] = 1
    predictions_all_matrix = model.predict(input_for_test, verbose = 0)[0]
    predicted_word = index2word[np.argmax(predictions_all_matrix)]
    print("THE COMPLETE RESULTING SENTENCE IS: %s %s" % ("".join(test_words),
predicted_word))
    print()
```

코드의 이 부분은 전체 SRN을 훈련하고 테스트한다. 테스트는 일반적으로 우리가 보유한 데이터(테스트 집합)의 일부를 예측한 다음 정확도를 측정한다. 하지만 이것은 레이블이 없는 다음-예측 설정이므로 다른 접근 방식을 채택해야 한다. 방법은 한 사이클씩 훈련하고 테스트하는 것이다. 한 사이클은 훈련 세션(몇 개의 에포크)으로 구성되며 텍스트에서 테스트 문장을 생성하고 신경망이 제공한 단어가 텍스트의 단어 뒤에 놓일 때, 의미가 맞는지 확인한다. 이것으로 1사이클이 완료된다. 이 사이클은 누적되며 문장은 연속되는 주기마다 점점 더 의미가 있어진다. 우리는 각각 3개 에포그를 갖는 5개의 사이클을 훈련하도록 하이퍼파라미터에 지정했다.

우리가 했던 것에 대해 간단히 얘기해 보자. 계산 효율성을 위해 다음-예측에 사용된 대부분의 도구는 **마르코프 가정**을 사용한다. 비공식적으로 마르코프 가정은 시간의 시작에서부터 모든 단계를 고려해야 할 확률 $\mathbb{P}(s_n \mid s_{n-1}, s_{n-2}, s_{n-3}, \cdots)$를 단순한 이전 단계만 고려하는 확률 $\mathbb{P}(s_n \mid s_{n-1})$로 단순화한다. 시스템이 이 계산상의 우회로를 취하면 '마르코프 가정'을 사용한다는 것이다. 어떤 프로세스가 정말로 이선 상태만의 문제인 것으로 판명되면 그것을 **마르코프 프로세스**라고 한다. 언어 생산은 마르코프 프로세스가 아니다. 당신이 분류기이고 '훈련' 문장을 가지고 있다고 가정해보자: 'We need to remember what is important in life: friends, waffles, work. Or waffles, friends, work. Does not matter, but work is third'. 그것이 마르코프 프로세스였고 기능상의 큰 손실 없이 마르코프 가정을 할 수 있다면 단 한 단어만 있으면 되고 다음 단어를 말할 수 있다. 당신이 'Does'를 가지고 있다면, 당신은 훈련 집합에서 이것 뒤에는 항상 'not'이 온다고 말할 수 있고, 당신은 옳을 것이다. 그러나 'work'가 주어진다면, 좀 더 어렵겠지만, 확률 분포를 이용해 벗어날 수 있다. 하지만 다음-예측 설정이 없으면 어떻게 해야 할까? 예를 들어 당신의 일이 말하는 사람이 혼란스러울 때(즉, 의미를 파헤치려고 할 때) 그것을 알아내야 하는 것이라면? 그러면 비교를 위해 앞의 모든 단어가 필요할지 모른다. 많은 경우, 절차를 조금 생략해서 non-Markov 프로세스에 대해 마르코프 가정을 하고 벗어날 수 있다. 하지만 요점은 다른 많은 기계학습 알고리즘과 달리 순환 신경망이 마지막 단계뿐만 아니라 많은 시간 단계를 처리하기 때문에 마르코프 가정을 할 필요가 없다는 것이다.

우리가 순환 신경망을 떠나기 전에 언급할 필요가 있는 것이 하나 있다. 역전파가 어떻게 작동하는지 이다. 순환 신경망에서의 역전파는 **시간에 따른 역전파**(*backpropagation through time : BPTT*)라고 한다. 우리의 코드에서는 Keras의 기본 백엔드인 TensorFlow가 자동으로 그래디언트를 계산했기 때문에 역전파에 대해 걱정할 필요가 없었다. 그러나 핵심 내부에서 어떤 일이 일어나는지 보도록 하자. 역전파의 목표는 $\mathbf{w}_x$, $\mathbf{w}_h$ 및 $\mathbf{w}_o$와 관련하여 오류 E의 그래디언트를 계산하는 것임을 기억하자.

MSE와 SSE 오류 함수에 관해 이야기할 때, 우리는 오류를 합산하고 이것이 기계학습에 충분하다는 것을 알았다. 또한 주어진 시점에

서 각 훈련 샘플의 그래디언트를 합할 수 있다:

$$\frac{\partial E}{\partial w_i} = \sum_t \frac{\partial E_t}{\partial w_i}. \tag{7.14}$$

전체 예제가 어떻게 동작하는지 보자. 말하자면, 우리는 E_2의 그래디언트를 계산하고자 한다:

$$\frac{\partial E_2}{\partial \mathbf{w}_o} = \frac{\partial E_2}{\partial \mathbf{y}_2}\frac{\partial \mathbf{y}_2}{\partial \mathbf{z}_2}\frac{\partial \mathbf{z}_2}{\partial \mathbf{w}_o}. \tag{7.15}$$

이것은 시간에 대한 요소가 아무런 역할을 하지 않음을 의미한다. 예상대로, $\mathbf{w}_h$($\mathbf{w}_x$는 유사함)에 대해서는 다음과 같이 조금 다르다:

$$\frac{\partial E_2}{\partial \mathbf{w}_h} = \frac{\partial E_2}{\partial \mathbf{y}_2}\frac{\partial \mathbf{y}_2}{\partial \mathbf{h}_2}\frac{\partial \mathbf{h}_2}{\partial \mathbf{w}_h} \tag{7.16}$$

그러나 $\mathbf{h}_2 = f_h\,(\mathbf{w}_h\mathbf{h}_1 + \mathbf{w}_x\mathbf{x}_2)$을 기억하자. 이는 전체 식이 $\mathbf{h}_1$에 의존한다는 것을 의미한다. 따라서 $\mathbf{w}_h$와 관련하여 도함수를 원한다면, 우리는 그것을 상수로 취급할 수 없다. 적절한 방법은 마지막 항을 다음과 같이 합계로 바꾸는 것이다:

$$\frac{\partial \mathbf{h}_2}{\partial \mathbf{w}_h} = \sum_{i=0}^{2} \frac{\partial \mathbf{h}_2}{\partial \mathbf{h}_i}\frac{\partial \mathbf{h}_i}{\partial \mathbf{w}_h} \tag{7.17}$$

따라서 합산을 제외하고 시간에 따른 역전파는 표준 역전파와 정확히 동일하다. 이 계산의 단순함이 실제로 SRN이 같은 수의 숨겨진 층을 가진 피드포워드 신경망보다 그래디언트 소실 문제에 더 강한 이유이다. 최종 이슈에 대해 이야기하자. 이전에 사용한 오류 함수는 MSE으며 이것은 회귀 및 이진 분류에 대한 올바른 선택이다. 다중 클래스 분류를 위한 더 나은 선택은 **교차 엔트로피 오류 함수**(*cross-*

entropy error function)로서 다음과 같이 정의된다:

$$CE = -\frac{1}{n} \sum_{i \in currBatch} (t_i \ln y_i + (1 - t_i) \ln(1 - y_i)) \tag{7.18}$$

여기서 t는 목표이고, y는 분류기 결과이고, i는 현재 일괄 처리 대상 및 출력에 대해 반복하는 더미 변수이며, n은 일괄 처리의 모든 샘플 수이다. 교차 엔트로피 오류 함수는 로그 우도(log-likelihood)에서 유도되지만 이 유도는 다소 지루하고 우리가 필요한 것을 넘어서기 때문에 건너뛴다. 교차 엔트로피는 오류 함수의 보다 자연스러운 선택이지만 개념적으로 이해하기는 쉽지 않으므로 이 책에서 MSE를 사용했다. 하지만 모든 다중 클래스 분류 작업에 CE를 사용하고 싶을 것이다. Keras 코드는 `loss = categorical_crossentropy`인데, 모든 손실 함수는 https://keras.io/losses/에서 자유롭게 탐색할 수 있다. 다른 컨텍스트에서 논의할 몇 가지 함수가 신경망에서 손실 혹은 오류 함수로 사용될 수 있다는 것을 발견하면 놀랄 것이다. 실제로, 좋은 손실 함수를 찾거나 정의하는 것은 종종 딥러닝 모델로 좋은 정확도를 얻는 데 매우 중요한 부분이다.

참고문헌

1. J.J. Hopfield, Neural networks and physical systems with emergent collective computational abilities. Proc. Nat. Acad. Sci. U.S.A **79**(8), 2554–2558 (1982)
2. S. Hochreiter, J. Schmidhuber, Long short-term memory. Neural Comput. **9**(8), 1735–1780 (1997)
3. J.L. Elman, Finding structure in time. Cogn. Sci. **14**, 179–211 (1990)
4. M.I. Jordan, Attractor dynamics and parallelism in a connectionist sequential machine, in *Proceedings of the 26th Annual International Conference on*

Machine Learning, Erlbaum, NJ, USA (Cognitive Science Society, 1986), pp. 531–546

5. A. Graves, *Supervised Sequence Labelling with RecurrentNeuralNetworks* (Springer, NewYork, 2012)
6. A. Gulli, S. Pal, *Deep Learning with Keras* (Packt publishing, Birmingham, 2017)

CHAPTER 8

오토인코더

8.1 표현 학습

이 장과 다음 장에서는 분산 표현 학습이나 표현 학습이라고도 불리는 비감독 딥러닝(unsupervised deep learning)에 대해 살펴본다. 하지만 우리는 우선 3장에서 남긴 공란을 채워야 한다. 3장에서 우리는 PCA를 분산 표현을 학습하는 형태로 논의하고 $Z = XQ$를 찾는 것으로 문제를 공식화했다. 여기서 모든 특징은 무상관화(decorrelated)되어 있다. 여기에서 우리는 행렬 Q를 계산할 것이다. X의 공분산 행렬이 있어야 한다. 주어진 행렬의 공분산 행렬은 원래 행렬 요소들의 공분산을 나타낸다. 두 랜덤 변수 X와 Y의 공분산은 $COV(X, Y) := \mathbb{E}(X - \mathbb{E}(X))\ (Y - \mathbb{E}(Y)))$로 정의되고 두 개의 랜덤 변수가 어떻게 같이 변하는지를 보여준다. 조금 얼버무려 이야기 하면 데이터와 관련된 모든 것이 랜덤 변수로 생각될 수 있고 랜덤 변수 X에 대해 $\mathbb{E}(X) = MEAN(X)$라고 생각할 수도 있다.[1] 이것은 X의 분포가 균일할 경우에만 유지되지만, 그렇지 않은 경우에도 실용적인 관점에서 도움이 될 수 있다. 특히 기계학습에서는 어딘가에 어느 정도의 최적

1) 기대값은 실제 가중치 합이며 빈도 테이블에서 계산할 수 있다. 5명 중 3명이 5점을 받고 다른 2명은 3점이면 $\mathbb{E}(X) = 0.6*5 + 0.4*3$이다.

화가 있을 수 있기 때문에 우리는 약간 엉성할 수도 있다.

주의 깊은 독자는 $MEAN(X)$이 단일 값인 반면, $\mathbb{E}(X)$는 실제로 벡터라는 것을 눈치 챘을 것이다. 그러나 우리는 그걸 바로잡기 위해 브로드캐스팅이라는 것을 사용할 것이다. 값 v를 n-차원 벡터 $\mathbf{v}$로 브로드캐스팅한다는 것은 $\mathbf{v}$의 모든 구성요소에 동일한 v를 넣는 것을 의미한다.

$$broadcast(v, n) = \underbrace{(v, v, v, \ldots, v)}_{n} \tag{8.1}$$

우리는 행렬 X의 공분산 행렬을 $\Xi(X)$로 표시할 것이다. 이것은 표준 표기법은 아니지만 (표준 표기법은 C 또는 Σ) 이 책에서 표준 표기법을 다른 의미로 사용하기 때문에 이 표기법을 사용하여 혼동을 피할 것이다. 좀 더 공식적으로 공분산 행렬을 처리하기 위해, 임의의 변수로 채워진 열 벡터 $\mathbf{X} = (X_1, X_2, \cdots, X_d)^{\mathrm{T}}$가 있는 경우, 공분산 행렬 Ξ_X(Ξ_{ij}로 나낼 수도 있음)는 다음과 같이 정의할 수 있고 $\Xi_{ij} = COV(X_i, X_j) = \mathbb{E}((X_i - \mathbb{E}(X_i))(X_j - \mathbb{E}(X_j)))$, 또는 전체 $d \times d$ 행렬을 쓰면 다음과 같다:

$$\Xi_{\mathbf{X}} = \begin{bmatrix} \mathbb{E}((X_1 - \mathbb{E}(X_1))(X_1 - \mathbb{E}(X_1))) & \cdots & \mathbb{E}((X_1 - \mathbb{E}(X_1))(X_d - \mathbb{E}(X_d))) \\ \mathbb{E}((X_2 - \mathbb{E}(X_2))(X_1 - \mathbb{E}(X_1))) & \cdots & \mathbb{E}((X_2 - \mathbb{E}(X_2))(X_d - \mathbb{E}(X_d))) \\ \vdots & \ddots & \vdots \\ \mathbb{E}((X_d - \mathbb{E}(X_d))(X_1 - \mathbb{E}(X_1))) & \cdots & \mathbb{E}((X_d - \mathbb{E}(X_d))(X_d - \mathbb{E}(X_d))) \end{bmatrix} \tag{8.2}$$

이제 공분산 행렬이 실제로는 그 자체 요소들 사이의 공분산(covariance)을 측정한다는 것이 명백할 것이다. 행렬 $\Xi(X)$에 어떤 속성이 있는지 살펴보자. 첫째, X와 Y의 공분산은 Y와 X의 공분산과 동일하므로 대칭이어야 한다. $\Xi(X)$는 또한 **양 한정 행렬**(*positive-def-*

inite matrix)이므로 스칼라 $v^T Xz$는 모든 0이 아닌 벡터 **v**에 대해 양수이다.

약간 다른 주제인 **고유벡터**(*eigenvectors*)에 대해 살펴보자. $d \times d$ 행렬 A의 고유벡터는 A가 곱해질 때 **방향**이 변하지 않는 (그러나 길이는 변하는) 벡터이다. 정확하게 그 중 d개가 있음을 증명할 수 있다. 고유벡터를 찾는 방법은 어려운 부분이며, 많은 접근 방법이 있는데, 많이 알려진 방법 중 하나는 경사 하강법(gradient descent)이다. 모든 수치 라이브러리들이 고유벡터를 찾을 수 있기 때문에 자세한 내용은 다루지 않겠다.

따라서 행렬 A로 곱해진 고유벡터는 방향만 바꾸지 않고 길이만 변한다. 고유벡터를 정규화하고 $\mathbf{v}_i$로 표시하는 것은 일반적인 관행이다. 이 길이의 변화는 보통 λ_i로 표시하고 **고유값**(*eigenvalue*)라고 부른다. 이것은 실제로 행렬의 고유벡터와 고유값의 본질적인 특성, 즉 $A\mathbf{v}_i = \lambda_i \mathbf{v}_i$을 만든다.

$\mathbf{v}_s$와 λ_s가 수어지면, 우리는 λ_s들 내림자순으로 정렬함으로써 시작한다:

$$\lambda_1 > \lambda_2 > \ldots > \lambda_d$$

고유벡터와 고유값 사이에 일대일 대응 관계가 있으므로 고유벡터의 고유값 순서를 간단히 '복사'할 수 있기 때문에 해당 고유벡터들 $\mathbf{v}_1, \mathbf{v}_2, \cdots, \mathbf{v}_d$의 배열을 생성할 수 있다(이들 각각은 다음과 같은 형태이다 : $\mathbf{v}_i = (v_i^{(1)}, v_i^{(2)}, \ldots, v_i^{(d)}), 1 \leq i \leq d$). 이제 대응하는 고유값의 순서로 정렬된 고유벡터를 컬럼으로 갖는 $d \times d$ 행렬을 생성한다(마지막 단계에서 우리는 통상적인 행렬 엔트리 명명 규칙을 따라 엔트리들을 간단히 다시 명명할 것이다):

$$V = (\mathbf{v}_1^\top, \mathbf{v}_2^\top, \ldots, \mathbf{v}_d^\top) = \begin{bmatrix} v_1^{(1)} & v_2^{(1)} & \cdots & v_d^{(1)} \\ v_1^{(2)} & v_2^{(2)} & \cdots & v_d^{(2)} \\ \vdots & \vdots & \ddots & \vdots \\ v_1^{(d)} & v_2^{(d)} & \cdots & v_d^{(d)} \end{bmatrix} = \begin{bmatrix} v_{11} & v_{12} & \cdots & v_{1d} \\ v_{21} & v_{22} & \cdots & v_{2d} \\ \vdots & \vdots & \ddots & \vdots \\ v_{d1} & v_{d2} & \cdots & v_{dd} \end{bmatrix}$$

우리는 이제 0의 공백 행렬 (크기 $d \times d$)을 생성하고 람다를 대각선에 내림차순으로 넣고 이 행렬을 Λ라고 한다:

$$\Lambda = \begin{bmatrix} \lambda_1 & 0 & \cdots & 0 \\ 0 & \lambda_2 & \cdots & 0 \\ \vdots & \vdots & \ddots & \vdots \\ 0 & 0 & \cdots & \lambda_d \end{bmatrix}$$

이제 이것으로 행렬의 고유분해(*eigendecomposition*)에 대해 알아보자. 대칭 행렬 A에 대해 그 고유분해는 다음과 같다:

$$A = V \Lambda V^{-1} \tag{8.3}$$

유일한 조건은 모든 고유벡터 $\mathbf{v}_i$가 선형적으로 독립이라는 것이다. Ξ가 선형적으로 독립된 고유벡터를 가진 대칭 행렬이므로 공분산 행렬 Ξ에 성립하는 다음 방정식을 얻기 위해 고유분해를 사용할 수 있다:

$$\Xi = V \Lambda V^{-1} \tag{8.4}$$

$$\Xi V = V \Lambda \tag{8.5}$$

V는 직교 함수이므로,[2] 또한 $V^T V = I$이다. 이제 우리는 $Z = XQ$로 돌아갈 준비가 되었다. 변환된 데이터 Z를 살펴보자. Z의 공분산을 X

2) 우리는 증명을 생략하나 [1]과 같은 선형 대수학 교과서에서 찾을 수 있다.

의 공분산과 Q의 곱으로 표현할 수 있다:

$$\Xi_Z = \frac{1}{d}((Z - MEAN(Z))^\top (Z - MEAN(Z))) = \tag{8.6}$$

$$= \frac{1}{d}((XQ - MEAN(X)Q)^\top (XQ - MEAN(X)Q)) = \tag{8.7}$$

$$= \frac{1}{d} Q^\top (X - MEAN(X))^\top (X - MEAN(X))Q = \tag{8.8}$$

$$= Q^\top \Xi_X Q \tag{8.9}$$

이제 우리는 우리가 원하는 것(상관관계 0과 분산에 따라 정렬된 특징들)을 얻을 수 있도록 행렬 Q를 선택해야 한다. 우리는 단순히 $Q := V$를 선택한다. 그러면 우리는 다음을 얻는다:

$$\Xi_Z = V^\top \Xi_X V = V^\top V \Lambda = \Lambda \tag{8.10}$$

우리가 얻은 것을 보자. Z의 대각선 요소를 제외한 모든 요소는 0이다. 즉, Z에 남아있는 유일한 상관관계는 대각선에만 남아있다. 이것은 변수와 자신과의 공분산이며, 사실 이미 보았던 분산이고, 행렬은 분산의 하강 순서로 정렬된다($VAR(X_i) = (COV\ X_i, X_i) = \lambda_i$). 이것이 우리가 원하는 것이다. 2D 경우에 대해 행렬로 PCA를 수행했지만 동일한 아이디어가 텐서에도 적용된다. 주성분 분석에 대한 자세한 내용은 [2]에서 찾을 수 있다.

이로써 우리는 특징들이 공분산이 0이고 분산에 의해 정렬된, 동일한 데이터의 다른 표현을 어떻게 생성할 수 있는지를 보았다. 그렇게 하여 우리는 데이터의 분산 표현을 만들었고, 'height'라는 컬럼은 더 이상 존재하지 않고 합성된 컬럼들이 있다. 여기서 중요한 점은 다양한 분산 표현을 구축할 수 있다는 것이다. 그러나 최종 데이터가 어떤 제약 조건을 따라야 하는지 알고 있어야 한다. 이 제약 조건을 명시하지 않고 남겨 두거나 직접 명시하지 않고 예제를 이용하여 하고자 한다면, 보다 일반적인 접근을 해야 할 것이다. 이 접근은 많은 작업에서 놀라운 범용성을 제공하는 오토인코더로 우리를 안내한다.

8.2 여러 가지 오토인코더의 구조

오토인코더는 3계층 피드포워드 신경망인데 특이한 점 하나가 있다: 목표 **t**는 실제로 입력 **x**와 같은 값이라는 것이다. 즉, 오토인코더의 작업은 단순히 입력을 다시 만드는 것이라는 의미이다. 따라서 오토인코더는 비감독 학습의 한 형태이다. 이것은 출력층이 입력층과 동일한 수의 뉴런을 가져야 한다는 것을 의미한다. 이것은 피드포워드 신경망이 **오토인코더**라고 불리기 위한 유일한 조건이다. 이 버전을 '**순수 오토인코더**(*plain vanilla autoencoder*)'라고 부를 수 있다. 순수 오토인코더에는 문제가 있다. 은닉층에 입력층과 출력층 만큼의 뉴런이 있으면 오토인코더가 항등 함수를 학습하는 위험이 있다. 이는 은닉층에 입력층과 출력층보다 더 적은 수의 뉴런이 있어야 한다는 제약을 낳는다. 이 속성을 만족시키는 오토인코더를 **단순 오토인코더**(*simple autoencoder*)라고 부를 수 있다. 완전히 훈련된 오토인코더의 은닉층은 PCA와 마찬가지로 분산된 표현을 구성하며 PCA와 마찬가지로 이 표현을 로지스틱 회귀 또는 단순한 피드포워드 신경망에 입력으로 제공할 수 있고 일반적인 표현보다 더 나은 결과를 생성한다.

그러나 우리는 **희소 오토인코더**(*sparse autoencoder*)라고 하는 다른 길을 택할 수도 있다. 은닉층 뉴런수를 입력층 뉴런 수의 최대 두 배로 제한하고 0.7 정도의 큰 드롭아웃을 추가한다고 해보자. 그러면, 우리는 각 반복마다 입력층 뉴런수보다 적은 은닉층 뉴런수를 가질 것이지만 동시에 우리는 커다란 은닉층 벡터를 생성할 것이다. 이 큰 은닉층 벡터는 매우 큰 분산 표현이다. 직관적으로 말하자면, 단순 오토인코더는 입력의 다른 표현인 간결한 분산 표현을 만든다는 것이다. 이것은 단순한 신경망이 그것을 소화하고 처리하는 것을 보다 쉽게 만들어줌으로써 더 높은 정확성을 가져온다. 희소 오토인코더는 동일한 방식으로 입력을 소화하지만, 추가로 중복을 학습하고 '희석되고' 더 큰 벡터를 제공하여 처리를 더 쉽게 한다. 초평면이 여러 차원에서 어떻게 작용하는지를 상기해보면 이것이 의미가 있을 것이다. 희소 비율(sparsity rate)을 통해 희소 오토인코더를 정의하는 다른 방법은 임계값 이하의 활성화를 0으로 간주하는 것인데 이는 우리의 접근 방식과 유사하다.

입력에 노이즈를 삽입하여 오토인코더 기능을 더 강하게 만들 수도 있다. 이것은 난수를 삽입한 입력의 사본을 고정된 양(예를 들어 무작위로 선택한 입력의 10%)으로 생성함으로써 이루어진다. 출력은 잡음이 없는 입력 사본이다. 이러한 오토인코더는 **잡음제거**(*denoising*) **오토인코더**라고 한다. 명시적 정규화를 추가하면 **수축**(*contractive*) **오토인코더**로 알려진 오토인코더 유형을 얻는다. 그림 8.1은 다양한 유형의 오토인코더를 보여준다. 다른 많은 유형의 오토인코더가 있지만 더 복잡하고 이 책의 범위를 벗어난다. 관심있는 독자는 [3]을 참조하라.

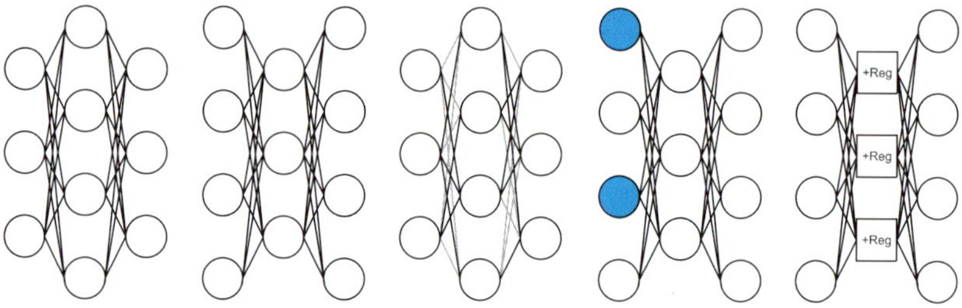

그림 8.1 순수 오토인코더, 단순 오토인코더, 희소 오토인코더, 잡음제거 오토인코더, 수축 오토인코더

모든 오토인코더는 단순한 피드포워드 신경망에 대한 데이터를 사전 처리하는데 사용된다. 이것은 사전 처리된 데이터를 오토인코더에서 가져와야 함을 의미한다. 이 데이터는 오토인코더 전체의 출력이 아니라, 단조로운 일을 수행하는 계층인 가운데 (은닉) 계층의 출력이다.

기술적인 문제를 보자. 잠재 변수(latent variable)의 개념을 공식적이지는 않지만 소개했다. 잠재 변수는 백그라운드에 놓여 하나 이상의 '가시 변수'(visible variable)와 상관관계가 있는 변수이다. 우리는 3장에서 예를 보았다. 우리가 PCA를 비공식적으로 다루었을 때 '키'와 '무게' 뒤에 합성 속성을 가졌다. 이것이 잠재 변수의 대표적인 예이다. 잠재 변수를 가정할 때(또는 생성할 때), 우리는 그것을 정의하는 확률 분포가 있다고 상정한다. 잠재 변수를 발견하거나 정의하는지 여부는 철학적인 질문이지만, 우리가 우리의 잠재 변수(정의된 변수)를 가능한 자연에 있는 잠재 변수(측정하거나 발견하는 잠재 변수)에 가깝게 따르도록 하려는 것은 자명하다. 분산 표현은 희망적으로는 목표 잠재 변수인 잠재 변수의 확률 분포이며 학습은 그들이 매우 유사해지면 끝나게 된다. 이것은 확률 분포 사이의 유사성을 측정할 방법이 있어야 함을 의미한다. 이것은 보통 Kullback-Leibler 발산을 통해 이루어지며 다음과 같이 정의된다:

$$\mathbb{KL}(P, Q) := \sum_{n=1}^{N} P(n) \log \frac{P(n)}{Q(n)} \tag{8.11}$$

여기서 P와 Q는 두 개의 확률 분포이다. $\mathbb{KL}(P, Q)$는 대칭적이지 않다(P와 Q를 바꾸면 달라짐). 전통적으로, Kullback-Liebler 발산은 D_{KL}로 표시되지만, 우리가 사용한 표기법은 이 책의 다른 표기법과 더 일치한다. 더 자세한 내용을 제공하는 여러 출처가 있지만 우리는 독자에게 [3]을 추천한다. 오토인코더는 비교적 오래된 개념이며 1987년에 Dana H. Ballard에 의해 처음 제안되었다[4]. Yann LeCun [5] 또한 Ballard와 독립적으로 유사한 구조를 생각했다. 다양한 유형의 오토인코더와 그 기능에 대한 개요는 다음 절에서 재현할 스택된 잡음제거 오토인코더에 대한 소개 [6]에서 찾을 수 있다.

8.3 스태킹 오토인코더

오토인코더가 레고 블록처럼 보이면 당신은 올바른 직관력을 가진 것이다. 실제로 서로 쌓을 수 있고 그러면 그것을 스택된 오토인코더라고 한다. 그러나 오토인코더의 실제 결과는 출력층에 있는 것이 아니라 중간층의 활성화라는 것을 명심하라. 즉, 스택을 쌓기 위해서는 하나의 오토인코더를 다른 것 뒤에 붙이는 것이 아니고 실제로는 그림 8.2와 같이 중간층을 결합해야 한다. 크기 (13, 4, 13)와 (13, 7, 13)의 두 가지 간단한 오토인코더가 있다고 가정해보자. 동일한 데이터를 처리하려면 입력 및 출력 크기가 동일해야 한다. 중간층 또는 오토인코더 구조만 달라질 수 있다. 간단한 오토인코더의 경우 13, 7, 4, 7, 13개의 스택된 오토인코더를 만들어 스택된다. 오토인코더가 수행하는 작업을 되짚어 보면 자연스러운 병목 현상을 만드는 것이 타당하다. 다른 구조의 경우, 다른 배치를 만드는 것이 타당할 것이다. 스택된 오토인코더의 실제 결과는 중간층에 의해 구축된 분산 표현이다. 우리는 [6]의 접근법에 따라 잡음제거 오토인코더를 스태킹하고 https://blog.keras.io/building-autoencoders-in-keras.html에 제공되어 있는 코드의 수정본을 소개한다. 코드의 첫 번째 부분은 항상 그렇듯이 import 문들로 구성된다:

```
from keras.layers import Input, Dense
from keras.models import Model
from keras.datasets import mnist
import numpy as np
(x_train, _), (x_test, _) = mnist.load_data()
```

마지막 코드 행은 Keras 저장소에서 MNIST 데이터 집합을 로드한다. 수작업으로 이 작업을 수행할 수 있지만 Keras에는 MNIST를

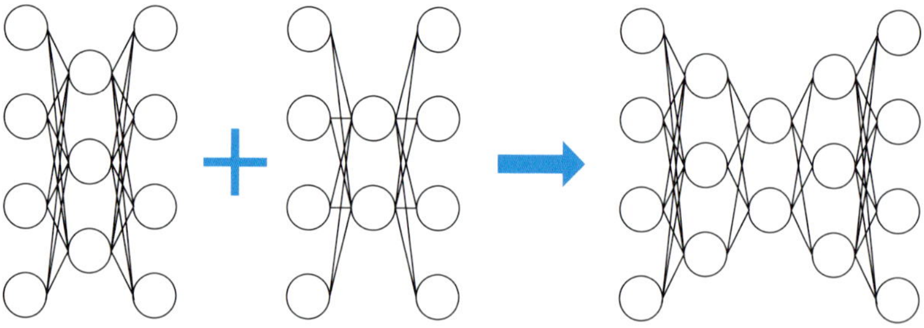

그림 8.2 (4, 3, 4) 및 (4, 2, 4) 오토인코더를 스택한 결과인 (4, 3, 2, 3, 4) 스택된 오토인코더

Numpy[3] 배열에 로드할 수 있는 내장 함수가 있다. Keras 함수는 두 쌍을 반환하는데, 하나는 훈련 샘플과 훈련 레이블(둘다 60000행의 Numpy 배열로)로 구성되고 두 번째는 테스트 샘플과 테스트 레이블(다시 Numpy 배열이지만 이번엔 10000행)로 구성된다. 레이블이 필요 없으므로 기본적으로 휴지통인 _익명 변수로 로드한다. 이 변수가 필요한 이유는 함수가 두 쌍을 반환하기 때문에 필요한 변수를 제공하지 않으면 시스템이 중단되기 때문이다. 그래서 우리는 값을 받아들이고 변수 _에 그냥 덤프한다. 코드의 다음 부분은 MNIST 데이터를 전처리한다.

```
x_train = x_train.astype('float32') / 255.0
x_test = x_test.astype('float32') / 255.0
noise_rate = 0.05
```

코드의 이 부분은 0에서 255까지의 원래 값을 0과 1 사이의 값으로 바꾸고 Numpy 타입을 *float32*(32비트의 정밀도를 갖는 실수)로 선언한다. 또한 우리가 곧 필요하게 될 노이즈율 매개변수를 정의한다:

```
x_train_noisy = x_train + noise_rate * np.random.normal
(loc=0.0, scale=1.0, size=x_train.shape)
x_test_noisy = x_test + noise_rate * np.random.normal
(loc=0.0, scale=1.0, size=x_test.shape)
x_train_noisy = np.clip(x_train_noisy, 0.0, 1.0)
x_test_noisy = np.clip(x_test_noisy, 0.0, 1.0)
```

코드의 이 부분은 데이터 사본에 잡음을 도입한다. np.random.

3) Numpy는 배열과 수치 계산을 위한 파이썬 라이브러리이다.

normal(loc=0.0, scale=1.0, size=x_train.shape)은 loc=0.0(평균)과 scale=1.0(표준 편차)인 가우시안 확률 변수로 채워진 x_train 배열 크기의 새로운 배열을 만든다. 그런 다음 노이즈율과 곱해져서 데이터에 추가된다. 다음 두 행은 실제로 추가된 후에도 모든 데이터가 0과 1 사이에 바인딩되는지 확인한다. 이제 우리는 (60000, 28, 28)과 (10000, 28, 28)을 (60000, 784)와 (10000, 784)로 재구성할 수 있다. 우리는 MNIST를 처음 소개했을 때 이 아이디어를 다뤘고 이제 코드가 실제로 작동하는지 확인할 수 있다.

```
x_train = x_train.reshape((len(x_train), np.prod(x_train.shape[1:])))
x_test = x_test.reshape((len(x_test), np.prod(x_test.shape[1:])))
x_train_noisy = x_train_noisy.reshape((len(x_train_noisy), np.prod(x_train_noisy.shape[1:])))
x_test_noisy = x_test_noisy.reshape((len(x_test_noisy), np.prod(x_test_noisy.shape[1:])))
assert x_train_noisy.shape[1] == x_test_noisy.shape[1]
```

처음 네 줄은 우리가 가지고 있는 네 개의 배열을 변형시키고, 마지막 줄은 잡음있는 훈련과 테스트 벡터의 크기가 같은지 보기 위한 테스트이다. 우리는 오토인코더를 사용하고 있으므로 이것이 만족되어야 한다. 그들이 어떻게든 동일하지 않다면, 전체 프로그램이 중단된다. 의도적으로 프로그램을 중단시키는 것이 이상하게 보일 수 있지만, 중단된 곳을 알기 때문에 실제로 이런 방식으로 제어권을 얻을 수 있다. 가능한 한 많은 테스트를 사용하여 매우 복잡한 코드라도 빠르게 디버깅할 수 있다. 이렇게 하면 코드의 전처리 부분이 끝나고 실제 오토인코더 프로그램을 계속 작성한다:

```
inputs = Input(shape=(x_train_noisy.shape[1],))
encode1 = Dense(128, activation='relu')(inputs)
encode2 = Dense(64, activation='tanh')(encode1)
encode3 = Dense(32, activation='relu')(encode2)
```

```
decode3 = Dense(64, activation='relu')(encode3)
decode2 = Dense(128, activation='sigmoid')(decode3)
decode1 = Dense(x_train_noisy.shape[1], activation='relu')(decode2)
```

이제는 수동으로 층(층 크기 128, 64, 32, 64, 128을 볼 수 있다)들을 연결하기 때문에 우리가 익숙한 것과는 다른 시각을 제공한다. 이름을 보여주기 위해 다른 활성화를 추가했지만 다른 조합으로 자유롭게 실험할 수 있다. 주목해야 할 중요한 점은 입력 크기와 출력 크기가 모두 `x_train_noisy.shape` [1]와 동일하다는 것이다. 층이 지정되면, 모델을 계속 구축한다(다른 옵티마이저[4] 및 오류 함수[5]로 자유롭게 실험해보라):

```
autoencoder = Model(inputs, decode1)
autoencoder.compile(optimizer='sgd', loss='mean_squared_error',metrics=['accuracy'])
autoencoder.fit(x_train,x_train,epochs=5,batch_size=256,shuffle=True)
```

또한 코드가 작동하면 에포크의 수를 늘려야 한다. 마지막으로 우리는 가장 깊은 은닉층의 가중치를 평가, 예측 및 인출할 때 오토인코더 코드의 마지막 부분에 도달한다. 모든 가중치 행렬을 프린트할 때 올바른 가중치 행렬(스택된 오토인코더의 결과)은 차원이 증가하기 시작하는 첫 번째 행렬이다(이 경우 (32, 64)):

```
metrics = autoencoder.evaluate(x_test_noisy, x_test, verbose=1)
print()
print("%s:%.2f%%" % (autoencoder.metrics_names[1], metrics[1]*100))
print()
results = autoencoder.predict(x_test)
all_AE_weights_shapes = [x.shape for x in autoencoder.get_weights()]
```

4) 'adam'으로 해보라.

5) 'binary_crossentropy'로 해보라.

```
print(all_AE_weights_shapes)
ww=len(all_AE_weights_shapes)
deeply_encoded_MNIST_weight_matrix = autoencoder.get_weights()[int((ww/2))]
print(deeply_encoded_MNIST_weight_matrix.shape)
autoencoder.save_weights("all_AE_weights.h5")
```

결과로 생성된 가중치 행렬은 deeply_encoded_MNIST_weight_matrix 변수에 저장된다. 이 변수에는 스택된 오토인코더의 가장 중간층에 대해 학습된 가중치가 포함되어 있으며 이후에 레이블(우리가 덤프한 태그)과 함께 완전 연결 신경망에 공급되어야 한다. 이 가중치 행렬은 원본 데이터 집합의 분산된 표현이다. 모든 가중치의 사본은 나중에 H5 파일에서 사용하기 위해 저장된다. 또한 오토인코더를 사용하여 예측을 수행하기 위해 변수 results를 추가했으나 실제 예측이 아닌 오토인코더 품질을 평가하는 데 주로 사용된다.

8.4 고양이 논문의 재창조

이 절에서는 유명한 '고양이 논문(cat paper)'라고 알려진 *Building High-level Features Using Large Scale Unsupervised Learning*[7]라는 논문에 제시된 아이디어를 재창조한다. 이 놀라운 논문의 미묘함을 보다 잘 묘사하기 위해 단순화를 제시할 것이다. 이 논문은 단지 유튜브 동영상을 봄으로써 고양이를 인식하는 방법을 배우는 신경망을 만든 이래 유명해졌다. 그러나 그게 무슨 뜻인가? 한발 뒤로 물러서 보자. '본다는 것'은 단순히 저자가 1,000만개의 유튜브 동영상에서 프레임을 샘플링하고 RGB로 된 200 × 200 이미지를 얻었음을 의미한다. 자, 까다로운 부분이다: '고양이를 알아낸다는' 것은 무슨 뜻인가? 확실히 그것은 고양이의 이미지에 대해 훈련을 받은 분류기를 만든 다음 고양이를 분류한 것을 의미할 수 있다. 그러나 저자는 이것을 하지 않았다. 그들은 신경망에 레이블이 없는 데이터 집합을 제공한 다음 ImageNet의 고양이 이미지에 대해 테스트했다(부정 샘플은 고양이를 포함하지 않는 임의의 이미지였다). 신경망은 입력을 재구성하는 방법을 학습하도록 훈련되었고(출력 뉴런의 수가 입력 뉴런 수와 동일한 것을 의미한다) 이게 오토인코더이다. 결과 뉴런은 오토인코더의 중간 부분에 있다. 신경망에는 여러 개의 결과 뉴런이 있었다(간단히 하기 위해 4개가 있다고 가정). 그리고 뉴런의 활성화가 패턴을 형성한다는 것을 알았다(활성화는 시그모이드이므로 0에서 1까지 변함). 신경망이 보았던 것(고양이)과 비슷한 것을 분류한다면 예를 들어 뉴런 1- 0.1, 뉴런 2- 0.2, 뉴런 3- 0.5, 뉴런 4- 0.2와 같은 패턴이 형성된다. 그것이 알지 못하는 것인 경우, 뉴런 1은 0.9, 나머지는 0이 된다. 이런 식으로 암시적 레이블 생성이 발견되었다.

그러나 고양이 논문은 또 다른 멋진 결과를 나타냈다. 그들은 비디오에 무엇이 있었는지 신경망에 물었고 신경망은 고양이의 얼굴을 그렸다(tech media가 공식화했다). 그러나 그게 무슨 뜻인가? 그것은 그들이 최고의 'cat finder' 뉴런을 취하여, 우리의 경우 뉴런 3, 그것이 고양이로 인식하는 상위 5개의 이미지를 찾아냈다. cat finder 뉴런이 0.94, 0.96, 0.97, 0.95 및 0.99의 활성화를 가지고 있다고 가정하자. 그런 다음 주어진 뉴런이 활성화 1을 얻도록 하는 새로운 이미지를 찾기 위해 이 이미지들을 결합하고 수정했다(경사 하강과 유사한 수치 최적화를 사용하여). 그 이미지는 고양이 얼굴의 그림이었다. 이것은 공상 과학 소설처럼 보일지도 모르지만, 생각해보면 그것은 특이한 일이 아니다. 그들은 최고의 고양이 인식기 뉴런을 골랐고, 그것이 가장 확신하는 상위 5개의 이미지를 선택했다. 이들이 가장 선명한 고양이 얼굴 사진들이라고 쉽게 상상할 수 있다. 그런 다음 그것들을 결합하고 약간의 대조를 추가해서 그 뉴런의 활성화 1을 생성하는 이미지를 얻은 것이다. 그리고 그것은 데이터 집합의 이미지와 다른 고양이의 이미지였다. 신경망은 고양이의 유튜브 비디오(고양이를 보고 있다는 것을 모른채)를 보도록 느슨하게 세팅되었고, 무엇을 봤는지 대답하도록 유도되었으며 신경망은 고양이의 그림을 그렸다.

우리는 약간 축소했지만 사용된 실제 구조는 엄청났다: 16000개의 컴퓨터 코어(랩톱에 2개 또는 4개의 코어가 있음)가 있으며 신경망은 3일 동안 훈련되었다. 오토인코더는 인간의 시각 피질에 있는 시냅스 수의 여전히 일부분에 불과한 10억 개의 학습 가능한 매개변수를 가졌다. 입력 이미지는 훈련에 대해 200 × 200 × 3이고 테스트에 대해 32 × 32 × 3이었다. 저자는 컨볼루션 신경망과 비슷한 18 × 18의 수용 필드를 사용했지만 이미지에 걸쳐 가중치를 공유하지 않았고 필드의 각 '타일'은 자체 가중치를 가졌다. 사용된 특징 맵의 수는 8이었다. 이 후에 L2 풀링을 사용하는 풀링층이 있었다. L2 풀링은 맥스-풀링과 같은 방식으로 영역(예 : 2 × 2)을 취하지만 입력의 최대값을 출력하는 대신 모든 입력을 제곱하고 더한 다음, 그 제곱근을 취하여 이것을 출력으로 표시한다.

전체 오토인코더는 세 부분으로 구성되며 모두 동일한 구조를 사용한다. 하나의 부분은 입력을 받아 수용 필드(공유 가중치 없음)를 적용한 다음 L2 풀링을 적용하고 마지막으로 지역적 대비 정규화(local contrast normalization)라고 하는 변환을 적용한다. 이 부분이 끝나면 똑같은 두 가지가 있다. 전체 네트워크는 비동기식 SGD로 훈련된다. 즉, 여러 부분에서 동시에 작동하는 많은 SGD가 있으며 중앙 가중치 저장소가 있다는 것을 의미한다. 각 단계가 시작될 때 모든 SGD는 가중치 업데이트를 위하여 저장소에 요청을 하고, 약간 최적화를 하고, 그리고 나면 비동기식 SGD를 실행하는 다른 인스턴스에서 이를 사용할 수 있도록 다시 저장소로 보낸다. 사용된 미니배치 크기는 100이다. 나머지 세부사항은 생략하니 독자는 원본 논문을 참조하라.

참고문헌

1. S. Axler, *Linear Algebra Done Right* (Springer, New York, 2015)
2. R. Vidal, Y. Ma, S. Sastry, *Generalized Principal Component Analysis* (Springer, London, 2016)
3. I. Goodfellow, Y. Bengio, A. Courville, *Deep Learning* (MIT Press, Cambridge, 2016)
4. D.H. Ballard, Modular learning in neural networks, in *AAAI-87 Proceedings* (AAAI, 1987), pp. 279–284
5. Y. LeCun, *Modeles connexionnistes de l'apprentissage (Connectionist Learning Models)* (Université P. et M. Curie (Paris 6), 1987)
6. P. Vincent, H. Larochelle, I. Lajoie, Y. Bengio, P.-A.Manzagol, Stacked denoising autoencoders: learning useful representations in a deep network-with a local denoising criterion. J. Mach. Learn. Res. **11**, 3371–3408 (2010)
7. Q.V. Le,M.A. Ranzato, R. Monga, M. Devin, K. Chen, G.S. Corrado, J. Dean, A.Y. Ng, Building high-level features using large scale unsupervised learning, in *Proceedings of the 29th International Conference on Machine Learning. ICML* (2012)

CHAPTER 9

신경 언어 모델

9.1 단어 임베딩과 단어 유추

신경 언어 모델은 단어와 문장의 분산 표현이다. 그것들은 학습된 표현이고 수치 벡터이다. **단어 임베딩**(*word embedding*)은 단어를 숫자로 변환하는 모든 방법이므로 학습된 신경 언어 모델은 모두 **단어 임베딩**을 얻는 방법이라고 할 수 있다. 우리는 '단어 임베딩'이라는 용어를 사용하여 특정 단어 또는 단어들의 매우 구체적인 숫자 표현을 나타내며 예를 들어, 'Nowhere fast'는 (1, 0, 0, 5.678, −1.6, 1)로 나타낸다. 이 장에서는 가장 유명한 신경 언어 모델인 Word2vec 모델에 초점을 맞춘다. Word2vec 모델은 간단한 신경망으로 단어를 나타내는 벡터를 학습한다.

이는 순환 신경망의 다음 예측(predict-next) 설정과 유사하지만 추가 보너스가 있다: 단어 거리를 계산할 수 있고 유사한 단어들은 가까운 거리에 있다. 전통적으로 문자열로서 두 단어의 거리를 **해밍 거리**(*Hamming distance*)로 측정할 수 있다[1]. 해밍 거리를 측정하려면 두 개의 문자열이 동일한 길이여야 하며 거리는 단순히 다른 문자의 개수이다. 'topos'와 'topoi' 단어 사이의 해밍 거리는 1이고 'friends'와 'fellows' 사이의 거리는 5이다. 'friends'와 '0r$8MMs' 사이의 거리 또한 5라는 것을 주목하자. 단어의 길이로 나누면 백분율로 쉽게 정규화할 수 있다. 이것은 이미 언어를 처리하는 데 유용하지만 한계가 있는 기술이다.

해밍 거리는 문자열 편집 거리(edit distance) 척도로 통칭되는 다양한 **문자열 유사도 측정 값** 중에서 가장 간단한 방법이다. 레벤슈타인 거리 [2]나 자로-윙클러 거리[3, 4]와 같은 더 진화된 형태는 길이가 다른 문자열을 비교할 수 있고 삽입, 삭제 또는 편집과 같은 다양한 오류를 다르게 벌점을 줄 수 있다. 이 모든 것은 그 단어의 형태에 의한 단어의 측정값이다. 그들은 의미의 유사성을 결코 인식하지 못하기 때문에 'professor'와 'teacher'를 비교할 때에는 쓸모가 없다. 이것이 우리가 단어의 의미(즉, 우리가 언어에서 사용하는)에 대한 정보를 전달하는 방식으로 단어를 벡터에 임베딩하려는 이유이다.

단어를 벡터로 나타내면 벡터 사이에 거리 측정이 필요하다. 우리는 전에 이 아이디어를 여러 번 다루었는데 이제 벡터의 **코사인 유사도**라는 개념을 도입할 수 있다. 코사인 유사도에 대한 좋은 개요는 [5]에 나와 있다. 두 개의 n차원 벡터 $\mathbf{v}$와 $\mathbf{u}$의 코사인 유사도는 다음과 같이 주어진다:

$$\mathbb{CS}(\mathbf{v}, \mathbf{u}) := \frac{\mathbf{v} \cdot \mathbf{u}}{||\mathbf{v}|| \cdot ||\mathbf{u}||} = \frac{\sum_{i=1}^{n} v_i u_i}{\sqrt{\sum_{i=1}^{n} v_i^2}\sqrt{\sum_{i=1}^{n} u_i^2}} \tag{9.1}$$

여기서 v_i와 u_i는 $\mathbf{v}$와 $\mathbf{u}$의 성분이고, $||\mathbf{v}||$ 및 $||\mathbf{u}||$는 벡터 $\mathbf{v}$와 $\mathbf{u}$의 각각의 놈(norm)을 나타낸다. 코사인 유사도는 1(같음)에서 −1(반대)까지이며 0은 상관관계가 없음을 의미한다. 단어 주머니를 사용할 때, 단편(fragments)을 나타내는 벡터가 음수 성분을 포함하지 않기 때문에 원핫 인코딩 또는 유사한 단어 임베딩은 코사인 유사도가 0에서 1 사이이다. 그러한 문맥에서는 0이 '반대'의 의미를 갖는다.

우리는 이제 Word2vec 신경 언어 모델을 계속 보여줄 것이다 [6]. 특히, 우리는 입력은 어떤게 필요한지, 출력으로 무엇을 나올 것인지, 튜닝할 매개변수가 있는지, 그리고 전체 시스템에서 그것을 어떻게 사용할 수 있는지, 즉 어떻게 더 큰 시스템의 다른 구성요소와 상호 작용하는지에 대한 질문을 나눌 것이다.

9.2 CBOW와 Word2vec

Word2vec 모델은 skip-gram과 CBOW의 두 가지 아키텍처로 만들 수 있다. 실제로 이 두 가지는 약간의 차이가 있는 얕은 신경망이다. 'Who are you, that you do not know your history?'라는 문장을 이용해 그 차이를 보자. 먼저 대문자와 구두점을 문장에서 정리한다. 두 아키텍처 모두 단어의 컨텍스트(주변의 단어)와 단어 그 자체를 사용한다. 우리는 컨텍스트가 얼마나 큰지 미리 정의해야 한다. 간단하게 크기 1의 컨텍스트를 사용해 보자. 즉, 한 단어의 컨텍스트는 앞의 한 단어와 뒤의 한 단어로 구성된다. 문장을 단어와 컨텍스트 쌍으로 나누어 보자.

우리는 이미 두 버전의 Word2vec이 학습된 모델이라고 얘기했는데, 이는 그들이 뭔가를 배워야 한다는 것을 의미한다. skip-gram 모델은 중간 단어가 주어진 상황에서 컨텍스트 단어를 예측하는 것을 배운다. 이것은 우리가 'who' 모델을 제공하면 'are'를 예측해야 하고 'know'를 제공하면 'not' 또는 'your'을 예측해야 한다는 것을 의미한다. CBOW 버전은 반대인데, 컨텍스트가 1이라고 가정하면 컨텍스트에서 두 개의 단어[1]를 가져 와서(이를 $c1$ 및 $c2$라고 하자) 중간 또는 주요 단어(m으로 표시 함)를 예측하는 데 사용한다.

Context	Word
‘are’	‘who’
‘who’, ‘you’	‘are’
‘are’, ‘that’	‘you’
‘you’, ‘you’	‘that’
‘that’, ‘do’	‘you’
‘you’, ‘not’	‘do’
‘do’, ‘know’	‘not’
‘not’, ‘your’	‘know’
‘know’, ‘history’	‘your’
‘your’	‘history’

단어 임베딩의 생성은 구조적으로 오토인코더와 매우 유사하다. 임베딩을 생성하는 신경망을 만들기 위해 얕은 피드포워드 신경망을 사용한다. 입력 층은 단어 색인 벡터를 받을 것이므로 어휘사전에 있는 단어 수만큼의 입력 뉴런이 필요하다. 은닉 뉴런의 수를 임베딩 크기라고 하고(제안된 수의 범위는 100~1000이며 작은 데이터 집합의 경우의 어휘 수보다 훨씬 작음), 출력 뉴런 수는 입력 뉴런과 동일하다. 입력에서 은닉 연결은 선형이며 즉, 활성화 함수는 없고 은닉층으로부터 출력에는 소프트맥스 활성화 함수가 있다. 입력과 은닉 사이 가중치가 모델의 산출물(오토인코더 산출물과 유사함)이며 이 행렬의 행은 특정 단어에 대한 개별 단어 벡터로 되어 있다. 적절한 단어 벡터를 추출하는 가장 쉬운 방법 중 하나는 이 행렬에 주어진 단어에 대한 단어 색인 벡터를 곱하는 것이다. 이 가중치는 일반적인 방식으로 역전파로 훈련된다. 그림 9.1은 전체 프로세스를 보여준다. 확실하지 않은 부분이 있으면 독자 스스로 이전에 이 책에서 다루었던 내용으로 세부사항을 이해할 것을 부탁하며 아마 큰 어려

1) 컨텍스트가 2이면 4 단어, 앞 두 단어, 뒤 두 단어가 필요하다.

움은 없을 것이다.

CBOW Word2vec의 코드를 계속하기 전에 역사적인 오류를 수정해야 한다. Word2vec의 기본 개념은 주어진 단어의 의미가 문맥에 의해 결정된다는 것인데 문맥은 일반적으로 한 언어에서 단어가 사용되는 방식으로 정의된다. 대부분의 딥러닝 교재(Word2vec에 대한 공식 TensorFlow 문서 포함)는 1954년 Harris 논문 [7]에서 이 아이디어가 기인하며, 1957년에 언어학에서 분포 가설로서 그 아이디어가 알려지게 되었다고 한다[8]. 그런데 이것은 잘못된 것이다. 이 아이디어가 처음 제안된 것은 Wittgenstein의 1953년 철학적 연구(*Philosophical Investigations*)[9]에서였고, 일반 언어 철학과 철학적 논리(주로 언어 형식화를 다루는 논리 영역)가 자연어 처리의 역사에서 중요한 역할을 했기 때문에 역사적 가치는 반드시 인정되고 올바르게 기인되어야 한다.

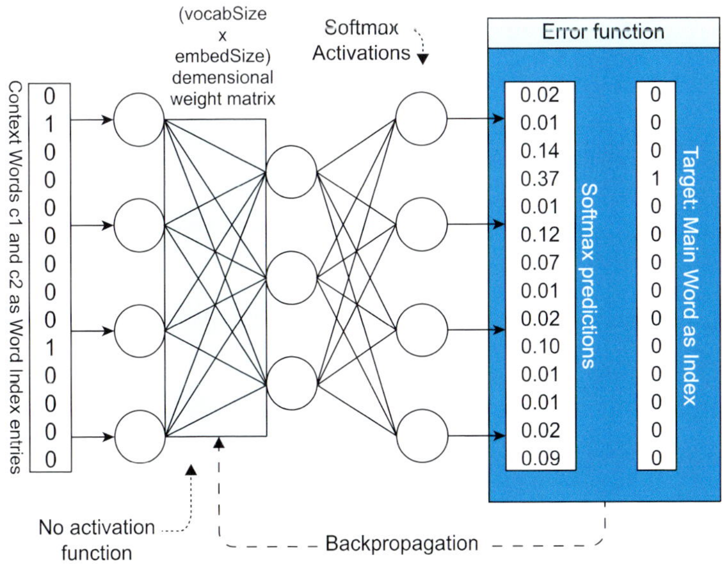

그림 9.1 CBOW Word2vec 구조

9.3 코드에서의 Word2vec

이 절과 다음 절에서는 CBOW Word2vec 구현 예제를 제공한다. 이 두 절의 모든 코드는 연결되어 있으므로 하나의 파이썬 파일에 배치해야 한다. 일반적인 import 문과 하이퍼파라미터로 시작한다:

```
from keras.models import Sequential
from keras.layers.core import Dense
import numpy as np
from sklearn.decomposition import PCA
import matplotlib.pyplot as plt
text_as_list=["who","are","you","that","you","do","not","know","your","history"]
embedding_size = 300
context = 2
```

text_as_list에는 어떤 텍스트도 넣을 수 있어서 여기에 텍스트를 넣거나 텍스트 파일을 단어 리스트로 파싱하는 순환 신경망의 코드 일부분을 사용할 수 있다. 임베딩 크기는 은닉층의 크기이다(결과적으로 단어 벡터가 갖게 되는). 컨텍스트는 주어진 단어의 앞뒤에 있는 단어의 수이다. 컨텍스트가 2인 경우, 이것은 입력을 생성하기 위해 주 단어의 앞 두 단어와 주 단어 뒤 두 단어를 사용함을 의미한다(주 단어는 목표가 된다). 우리는 순환 신경망에 대한 코드의 동일한 부분과 정확히 같은 다음 코드 블록을 계속한다:

```
distinct_words = set(text_as_list)
number_of_words = len(distinct_words)
word2index = dict((w, i) for i, w in enumerate(distinct_words))
index2word = dict((i, w) for i, w in enumerate(distinct_words))
```

이 코드는 두 가지 방식으로 단어 및 색인 사전을 만든다. 하나는 단어는 키, 색인은 값인 것이고 다른 하나는 색인이 키이고 단어가 값인 것이다. 코드의 다음 부분은 조금 까다롭다. 두 개의 리스트를 생성하는 함수를 만드는데 하나는 주 단어의 리스트이고 다른 하나는 주어진 단어에 대한 컨텍스트 단어 리스트이다(리스트의 리스트임).

```
def create_word_context_and_main_words_lists(text_as_list):
    input_words = []
    label_word = []
    for i in range(0,len(text_as_list)):
        label_word.append((text_as_list[i]))
        context_list = []
        if i >= context and i<(len(text_as_list)-context):
            context_list.append(text_as_list[i-context:i])
            context_list.append(text_as_list[i+1:i+1+context])
            context_list = [x for subl in context_list for x in subl]
        elif i<context:
            context_list.append(text_as_list[:i])
            context_list.append(text_as_list[i+1:i+1+context])
            context_list = [x for subl in context_list for x in subl]
        elif i>=(len(text_as_list)-context):
            context_list.append(text_as_list[i-context:i])
            context_list.append(text_as_list[i+1:])
            context_list = [x for subl in context_list for x in subl]
        input_words.append((context_list))
    return input_words, label_word
input_words,label_word = create_word_context_and_main_words_lists(text_as_list)
input_vectors = np.zeros((len(text_as_list), number_of_words), dtype=np.int16)
vectorized_labels = np.zeros((len(text_as_list), number_of_words), dtype=np.int16)
for i, input_w in enumerate(input_words):
    for j, w in enumerate(input_w):
        input_vectors[i, word2index[w]] = 1
        vectorized_labels[i, word2index[label_word[i]]] = 1
```

이 코드 블록이 무엇을 하는지 보자. 첫 번째 부분은 단어 리스트를 가져와 두 개의 리스트를 반환하는 함수의 정의이다. 하나는 해당 단어 리스트(코드에서 label_word)의 사본이고 두 번째는 리스트의 리스트인 input_words이다. 이 리스트에서 각 리스트는 label_word에 있는 해당 단어의 컨텍스트 단어를 전달한다. 전체 함수가 정의된 후 변수 text_as_list를 인자로 호출된다. 그런 다음 두 리스트에 해당하는 단어 벡터를 유지하기 위한 두 개의 행렬이 0으로 생성되고 코드의 마지막 부분은 행렬의 해당 부분을 1로 업데이트하여 컨텍스트를 입력으로 하고 주 단어를 목표로 하는 최종 모델을 만든다. 코드의 다음 부분은 Keras 모델을 초기화하고 훈련한다.

```
word2vec = Sequential()
word2vec.add(Dense(embedding_size, input_shape=(number_of_words,), activation=
"linear", use_bias=False))
word2vec.add(Dense(number_of_words, activation="softmax", use_bias=False))
word2vec.compile(loss="mean_squared_error", optimizer="sgd", metrics=['accuracy'])
word2vec.fit(input_vectors, vectorized_labels, epochs=1500, batch_size=10, verbose=1)
metrics = word2vec.evaluate(input_vectors, vectorized_labels, verbose=1)
print("%s: %.2f%%" % (word2vec.metrics_names[1], metrics[1]*100))
```

이 모델은 이전 절에서 제시한 아키텍처와 밀접하게 일치한다. 우리는 가중치를 얻을 것이고 다른 곳 어디에서도 아무런 정보도 사용하지 않을 것이므로 바이어스를 사용하지 않는다. 이 모델은 1500 에포크로 훈련했으며 독자들은 이를 실험해 볼 수 있다. 대신 skip-gram 모델을 만들고 싶다면 이 행렬을 교환하면 된다. 즉, word2vec.fit(input_vectors, vectorized_labels, epochs=1500, batch_size=10, verbose=1) 부분을 word2vec.fit(vectorized_labels, input_vectors, epochs=1500, batch_size=10, verbose=1)로 바꾸면 skip-gram을 얻을 것이다. 일단 이것이 생기면 다음과 같은 코드로 가중치를 얻는다.

```
word2vec.save_weights("all_weights.h5")
embedding_weight_matrix = word2vec.get_weights()[0]
```

이제 끝났다. 이 코드의 첫 번째 줄은 모든 단어에 대한 단어 벡터를 number_of_words × embedding_size 차원 배열의 형태로 반환하고 우리는 어떤 단어에 대한 벡터를 얻기 위해 적절한 행을 선택할 수 있다. 첫 번째 줄은 네트워크의 모든 가중치를 H5 파일에 저장한다. word2vec으로 여러 가지 작업을 수행할 수 있으며 모든 작업에 대해 이 가중치가 필요하다. 먼저, 우리 코드에서 했던 것처럼 처음부터 가중치를 배울 수도 있다. 둘째, 이전에 습득한 단어 임베딩(Wikipedia 데이터에서 습득했다고 가정)을 미세 조정할 수 있다. 이 경우, 이전에 저장한 가중치를 원본 모델 사본에 로드하고 법률문서와 같이 더 구체적이고 더 밀접하게 연결된 새로운 텍스트에 대해 훈련한다. 우리가 단어 벡터를 사용할 수 있는 세 번째는 원핫 인코딩된 단어(또는 단어 주머니) 대신에 단어 벡터를 사용하고, 감성을 예측하는 것과 같은 작업을 수행하는 다른 신경망에 제공하는 것이다.

H5 파일에는 네트워크의 모든 가중치가 포함되어 있으므로 첫 번째 층의 가중치 행렬만[2)] 사용하려는 경우, 이 행렬은 마지막 줄 코드에 의해 인출되고 embedding_weight_matrix라고 이름 붙여진다. embedding_weight_matrix은 다음 절(이 절의 코드와 동일한 파일에 있어야 함)의 코드에서 사용한다.

2) H5 파일에서 저장하고 로드하는 경우 동일한 구성의 새 네트워크에 모든 가중치를 로드하고 나중에 이를 조정한 다음 여기에서 사용한 것과 동일한 코드로 가중치 행렬을 구하는 것이 좋다.

9.4 단어 공간을 걸어가기–기호 인공지능을 피하는 아이디어

단어 벡터는 단어 임베딩의 흥미로운 유형으로 보기보다 훨씬 많은 것을 할 수 있게 한다. 전통적으로 추론은 한 객체의 다양한 관계 또는 여러 객체의 다양한 관계를 묶는 기호적 개념으로 간주된다. 객체와 그것들을 나타내는 기호는 논리적으로 기초 요소로 여겨져 왔다. 이것은 우리가 명시적으로 정한 것 이외의 내용은 없는 것으로 정의됨을 의미한다. 이것은 수십 년 동안 인공지능(GOFAI)에 대한 논리적인 접근법의 도그마였다. 주요 문제점은 합리성이 지능과 동일시되었다는 것이고, 이것은 더 높은 능력을 갖는 것이 지능을 구체화한 것이라는 것을 의미했다. Hans Moravec[10]은 높은 능력(예 : 체스와 정리 증명)이 실제로 레이블 없는 사진에서 고양이를 인식하는 것보다 쉽다는 것을 발견했다. 이것은 인공지능 공동체가 이전에 받아들여졌던 지능 개념을 다시 생각하게 하였으며, 낮은 수준 추론의 개념을 흥미롭게 생각하게 되었다.

낮은 수준 추론이 무엇인지 설명하기 위한 예제를 들어보자. '토마토는 과일이다'와 '토마토는 현수교이다'라는 두 문장을 생각해 보면, 둘 다 거짓이고 기술적으로는 옳을 것이라고 결론지을 수 있다. 그러나 대부분의 사람들(그리고 지능 있는 동물)은 잘못의 정도를 고려한 퍼지 개념의 생각을 한다. '토마토는 현수교이다'보다 '토마토는 과일이다'라고 말하는 게 덜 틀린 것이다. 이것들은 자연 현상의 문장이 아니라 언어 분류와 언어 사용에 관한 사회적 규약에 관한 문장이다. 당신은 (토마토를 제외하고) 객체를 언급하지 않고, (속성으로 구성된) 설명이나 (공통 속성의 정도를 공유하는) 예제로 정의된 클래스를 가리킨다.

에이전트가 방에 갇혀 있고 외국어로 된 책만 있을 때, 우리는 사람들을 나타내는 단어와 장소를 나타내는 단어와 같은 패턴을 찾을 수 있으면 에이전트는 지능적이라고 생각한다. 그래서 'Luca frequenta la scuola elementare Pedagna'와 'Marco frequenta la scuola elementare Zolino'라는 두 문장을 비슷하다고 분류할 수 있다면, 어느 정도의 지능을 나타낸다고 할 수 있다. 이 맥락에서 'Luca'와 'Pedagna'와의 관계는 'Marco'와 'Zolino'의 관계와 같다는 것까지 알 수도 있다. 그럼 'Luca vive in Pedagna'라는 새로운 문장이 주어지면, 'Marco vive in Zolino'라는 문장을 추론할 수 있을 것이다. 의미론적으로 유사한 용어에 대한 질문은 즉각 추론 문제가 되었다.

실제로 Word2vec을 사용하여 이러한 방식으로 데이터 집합에 있는 용어의 유사성을 찾아 낼 수 있다. 방법을 보려면 코드로 돌아가라. 다음 코드는 이전 절의 코드 바로 뒷부분이다(동일한 파이썬 파일에서). 우리는 embedding_weight_matrix를 사용하여 단어 유사성(실제로 단어 벡터 클러스터링)을 측정하고 단어 벡터를 사용하여 단어를 계산하고 추론하는 흥미로운 방법을 찾을 것이다. 이렇게 하려면 먼저 PCA를 embedding_weight_matrix에 적용하고 처음 두 차원[3]을 유지한 다음 파일에 결과를 쓴다.

```
pca = PCA(n_components=2)
pca.fit(embedding_weight_matrix)
results = pca.transform(embedding_weight_matrix)
x = np.transpose(results).tolist()[0]
y = np.transpose(results).tolist()[1]
```

3) 보다 정확하게는 행렬을 각 열을 분산을 내림차순으로 정렬한 상관관계를 제거한 행렬로 변환한 후, 처음 두 열을 유지하는 것이다.

```
n = list(word2index.keys())
fig, ax = plt.subplots()
ax.scatter(x, y)
for i, txt in enumerate(n):
␣␣␣␣ax.annotate(txt,(x[i],y[i]))
plt.savefig('word_vectors_in_2D_space.png')
plt.show()
```

이것은 그림 9.2를 생성한다. 유사성을 학습하기 위해서는 (플롯에서 볼 때) 아홉 단어 문장보다 훨씬 큰 데이터 집합이 필요하지만 순환 신경망에서 사용한 파서를 사용하여 다른 데이터 집합을 실험해 볼 수 있다.

단어 벡터로 추론하는 것도 아주 간단하다. embedding_weight_matrix에서 해당하는 벡터를 가져 와서 간단한 연산을 수행하면

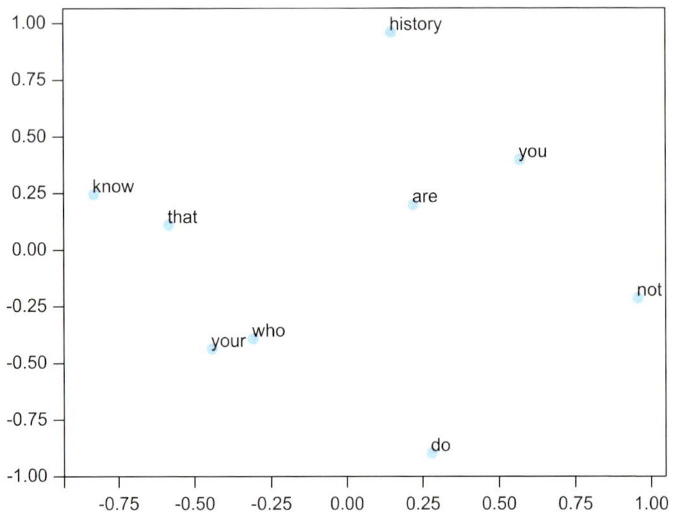

그림 9.2 변환된 2D 공간에서의 단어 유사성 클러스터

된다. 그들은 모두 같은 차원이므로, 더하거나 빼는 것은 아주 쉽다. *w2v*(*someword*)가 'someword'라는 단어에 대한 훈련된 단어 임베딩을 나타낸다고 하자. 고전적인 예를 보면 *w2v*(*king*)에서 *w2v*(*man*)을 빼고 *w2v*(*woman*)을 더하면 결과는 *w2v*(*queen*) 근처에 있게 된다. 심지어 PCA를 사용하여 벡터를 변형하고 처음 두 개 또는 세 개의 구성요소만 유지하더라도 (때로는 왜곡되기도 하지만) 동일한 결과가 유지되는 경우가 있다. 이는 데이터 집합의 품질과 크기에 달려 있으며 우리는 독자들에게 대규모 데이터 집합을 통해 이를 수행하는 스크립트를 작성해 보기를 권한다.

참고문헌

1. R.W. Hamming, Error detecting and error correcting codes. Bell Syst. Tech. J. **29**(2), 147–160 (1950)
2. V.I. Levenshtein, Binary codes capable of correcting deletions, insertions, and reversals. Sov. Phys. Dokl. **10**(8), 707–710 (1966)
3. M.A. Jaro, Advances in record linkage methodology as applied to the 1985 census of tampa florida. J. Am. Stat. Assoc. **84**(406), 414–420 (1989)
4. W.E. Winkler, String comparator metrics and enhanced decision rules in the fellegi-sunter model of record linkage, in *Proceedings of the Section on Survey Research Methods* (American Statistical Association, 1990), pp. 354–359
5. A. Singhal, Modern information retrieval: a brief overview. Bull. IEEE Comput. Soc. Tech. Comm. Data Eng. **24**(4), 35–43 (2001)
6. T. Mikolov, T. Chen, G. Corrado, J. Dean, Efficient estimation of word representations in vector space, in *ICLR Workshop* (2013), arXiv:1301.3781
7. Z. Harris, Distributional structure. Word **10**(23), 146–162 (1954)
8. J.R. Firth, A synopsis of linguistic theory 1930–1955, in *Studies in Linguistic Analysis* (Philological Society, 1957), pp. 1–32

9. L.Wittgenstein, *Philosophical Investigations* (MacMillan Publishing Company, London, 1953)
10. H. Moravec, *Mind Children: The Future of Robot and Human Intelligence* (Harvard University Press, Cambridge, 1988)

CHAPTER 10

다른 신경망 구조들의 개요

10.1 에너지 기반 모델

에너지 기반 모델은 신경망의 특정한 종류이다. 가장 간단한 에너지 모델은 1980년대로 거슬러 올라간 홉필드 네트워크(*Hopfield Network*)이다[1]. 홉필드 네트워크는 종종 간단하다고 생각되지만 여태까지 우리가 봤던 것들과는 매우 다르다. 네트워크는 뉴런들로 구성되어 있으며, 모든 뉴런들은 그들끼리 연결되어 있고 w_{ij}는 뉴런 n_i과 n_j사이를 연결하는 가중치를 말한다. 각각의 뉴런은 그것과 관련된 임계치를 가지고 있으며 b_i로 표시한다. 모든 뉴런은 1 또는 −1의 값을 가지고, 이미지화하려면 −1을 흰색, 1을 검은 색으로 생각할 수 있다(회색의 음영 없음). 뉴런에 대한 입력을 x_i라고 하면, 간단한 홉필드 네트워크는 그림 10.1a와 같다.

네트워크가 만들어지면 훈련을 시작할 수 있다. n이 각 훈련 예제를 나타낼 때, 가중치는 다음 규칙에 따라 업데이트된다.

$$w_{ij} = \sum_{n=1}^{N} x_i^{(n)} x_j^{(n)} \tag{10.1}$$

그런 다음 각 뉴런에 대한 활성화를 계산한다:

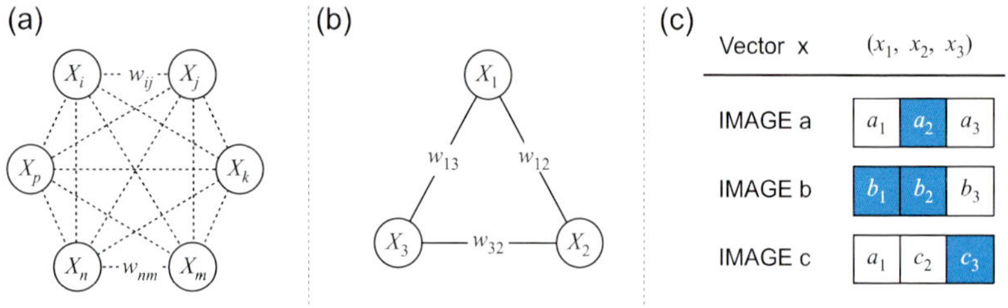

그림 10.1 홉필드 네트워크

$$y_i = \sum_j w_{ij} x_j \tag{10.2}$$

가중치를 업데이트하는 두 가지 가능한 방법이 있는데 동기적으로(모든 가중치를 동시에) 혹은 비동기적으로(한 번에 하나씩, 이게 표준이다) 할 수 있다. 홉필드 네트워크에서는 순환 연결이 없으며, 즉 모든 i에 대해 $w_{ii} = 0$이고 모든 연결은 대칭적, 즉, $w_{ij} = w_{ji}$이다. 그림 10.1b에서 보이는 간단한 홉필드 네트워크가 그림 10.1c의 간단한 1×3 픽셀 '이미지들'을 처리하는 방법을 보자. 벡터는 $a = (-1, 1, -1)$, $b = (1, 1, -1)$ 및 $c = (-1, -1, 1)$이다. 위의 수식을 사용하여 가중치 업데이트를 계산한다.

$$w_{11} = w_{22} = w_{33} = 0$$

$$w_{12} = a_1 a_2 + b_1 b_2 + c_1 c_2 = -1 \cdot 1 + 1 \cdot 1 + (-1) \cdot (-1) = 1$$

$$w_{13} = -1$$

$$w_{23} = -3$$

홉필드 네트워크는 일반적인 신경망의 오류 함수와 유사하게 에너지라고 불리는 성공의 척도를 가지고 있다. 에너지는 네트워크 훈련의 각 단계에 대해 전체 네트워크에 대한 단일 값으로 정의되며 다

음과 같이 계산된다:

$$ENE = -\sum_{i,j} w_{ij} y_i y_j + \sum_i b_i y_i \tag{10.3}$$

학습이 진행되면서 *ENE*는 동일하게 유지되거나 감소하며, 이것이 홉필드 네트워크가 지역 최소값에 도달하는 방식이다. 각 지역 최소값은 일부 훈련 예제의 기억이다. 논리 함수와 로지스틱 회귀를 기억하는가? 우리는 논리곱(conjunction)과 논리합(disjunction)을 위해서는 2개의 입력 뉴런과 하나의 출력 뉴런이 필요하고 XOR을 위해서는 추가적인 은닉 뉴런이 필요했다. 홉필드 네트워크에서 논리곱과 논리합에는 3개의 뉴런이 필요하고 XOR에는 4개의 뉴런이 필요하다.

우리가 간략하게 소개할 다음 모델은 1985년에 처음으로 발표된 볼츠만 머신(*Boltzmann machines*)이다[2]. 언뜻 보기에는 홉필드 네트워크와 매우 유사하지만, 입력 뉴런뿐 아니라 은닉 뉴런도 모두 가중치로 연결되어 있다. 이 가중치는 비순환이고 대칭이다. 볼츠만 머신의 예는 그림 10.2a에 있다. 은닉 유닛은 무작위로 초기화되고 입력을 모방하도록 은닉 표현을 만든다. 이것들은 Kullback-Leibler 발산 $\mathbb{KL}$과 비교될 수 있는 두 확률 분포를 형성한다. 그러면 목표는

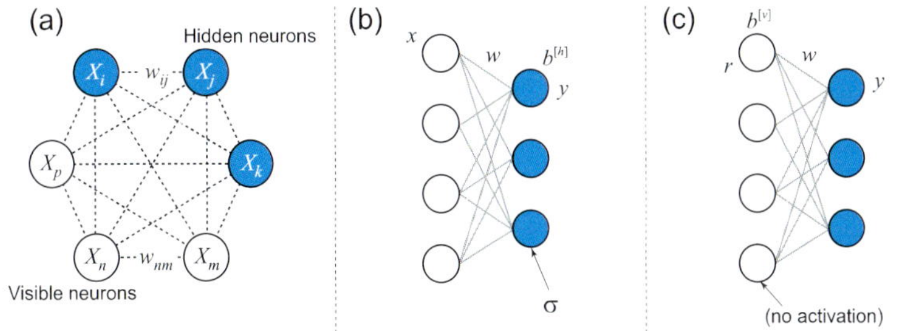

그림 10.2 볼츠만 머신 및 제한된 볼츠만 머신

분명하다. $\frac{\partial \mathbb{KL}}{\partial w}$를 계산하고 그것을 역전파하는 것이다.

이제 **제한된 볼츠만 머신**(*Restricted Boltzmann machines, RBM*) [3]라고 불리는 볼츠만 머신의 하위 클래스를 살펴보자. 구조적으로 말하자면, 제한된 볼츠만 머신은 볼츠만 머신이지만, 같은 층의 뉴런 간에는 연결이 없다(은닉층에서 은닉층으로, 보이는 층에서 보이는 층으로). 이것은 사소한 것처럼 보이지만 실제로 피드포워드 신경망에서 사용되는 역전파의 수정을 사용할 수 있게 한다. 따라서 제한된 볼츠만 머신은 가시 그리고 은닉, 두 가지 층을 가지고 있다. 가시층(일반적인 볼츠만 머신의 경우)은 입력을 넣고 출력을 판독하는 곳이다. 입력을 x_i, 은닉층의 바이어스를 $b_i^{[h]}$로 나타내자. 그러면, 순방향 패스(그림 10.2b 참조) 중에 RBM은 $\mathbf{y} = \sigma(\mathbf{x}^{\mathrm{T}}\mathbf{w} + \mathbf{b}^{[\mathrm{h}]})$를 계산한다. 여기에서 멈추면 RBM은 오토인코더와 유사하지만 두 번째 단계인 재구성이 있다(그림 10.2c 참조). 재구성하는 동안 y는 은닉층으로 전달된 다음 가시층으로 전달된다. 이것은 이들을 동일한 가중치로 곱하고 또 다른 바이어스의 집합을 더함으로써, 즉 $\mathbf{r} = \mathbf{y}^{\mathrm{T}}\mathbf{w} + \mathbf{b}^{[v]}$으로 수행된다. **x**와 **r**의 차이는 $\mathbb{KL}$로 측정된 다음, 이 오류가 역전파에 사용된다. RBM은 취약하기 때문에 매번 0이 아닌 재구성을 얻을 때마다 이것은 좋은 신호이다. 볼츠만 머신은 논리적 **제약식 만족**(*constraint satisfaction*) **해결**과 유사하지만 힌튼과 세즈노브스키가 '약한 제약조건'이라고 부른 것에 초점을 맞춘다. 에너지 함수에서 벗어나 표준 신경망 영역으로 돌아갔음을 인지하라.

우리가 간략히 논의할 마지막 구조는 스택된 RBM인 **심층 신뢰 신경망**(*deep belief network, DBN*)이다. 그들은 [4]와 [5]에서 소개되었으며 개념적으로 스택된 오토인코더와 유사하지만, 생성 모델(generative models)이 되는 역전파를 통해 또는 **대조 발산**(*contras-*

tive divergence)을 통해 훈련될 수 있다. 또한 그들은 이 설정에서는 분류기로 사용될 수도 있다. 대조 발산은 단순히 로그-우도(log-likelihood)의 그래디언트를 효율적으로 근사화하는 알고리즘이다. 대조 발산에 대한 논의는 이 책의 범위를 벗어나지만 관심있는 독자에게는 [6]과 [7]을 안내한다. 에너지 기반 모델의 인지 측면에 대한 논의는 [8]을 참조하라.

10.2 메모리 기반 모델

우리가 탐색할 첫 번째 메모리 기반 모델은 [9]에서 처음 제안된 신경 튜링 머신(*neural turing-machines, NTM*)이다. 튜링 머신이 어떻게 작동하는지 기억해 보라: 읽기 쓰기 헤드와 메모리로 작동하는 테이프가 있다. 그런 다음 튜링 머신은 알고리즘 형태로 함수를 제공받고 함수를 계산한다(주어진 입력을 받아 결과를 출력한다). 신경 튜링 머신은 유사하지만 중요한 점은 모든 구성요소를 훈련할 수 있도록 하여 소프트 연산을 할 수 있고, 잘 할 수 있는 방법을 학습한다는 것이다.

신경 튜링 머신은 LSTM과 유사하게 작동한다. 입력 시퀀스와 출력 시퀀스를 받아들인다. 단일 결과를 출력하려면 마지막 구성요소만 받아들이고 나머지는 모두 버리면 된다. 신경 튜링 머신은 LSTM을 기반으로 하며 LSTM이 단순한 순환 신경망(recurrent network)을 기반으로 구축되는 방식과 유사하게 LSTM을 확장하는 아키텍처로 볼 수 있다.

신경 튜링 머신에는 여러 가지 구성요소가 있다. 첫 번째는 제어기라고 하고 제어기는 단순히 LSTM이다. LSTM과 유사하게, 신경 튜링 머신은 시간적 성분을 갖기 때문에 모든 성분은 t에 의해 색인되고, 시간 t에서의 상태는 $t-1$에서 계산된 성분을 입력으로 취한다. 제어기는 (i) 시간 t에서의 미가공 입력 $\mathbf{x}_t$와 (ii) 이전 단계의 결과 $\mathbf{r}_t$를 취한다. 신경 튜링 머신에는 또 다른 주요 구성요소, 메모리가 있다. 메모리는 M_t로 표시된 텐서이다(보통 그냥 행렬이다). 메모리는 제어기에 대한 입력이 아니지만 전체 신경 튜링 머신의 단계 t에 대한 입력이다(입력은 M_{t-1}임).

완전한 신경 튜링 머신의 구조가 그림 10.3에 나와 있지만, 세부사항은 생략했다[1]. 전체 신경 튜링 머신은 텐서로 표시되어야 하며 경사 하강으로 훈련할 수 있어야 한다. 이것을 가능하게 하기 위해 일반 튜링 머신의 모든 선명한 개념을 퍼지화(fuzzified)하여, 각 메모리 위치가 따로 액세스되지 않고 모든 메모리 위치가 어느 정도씩 액세스된다. 그리고 액세스되는 메모리의 양도 훈련 가능하여 동적으로 변경된다.

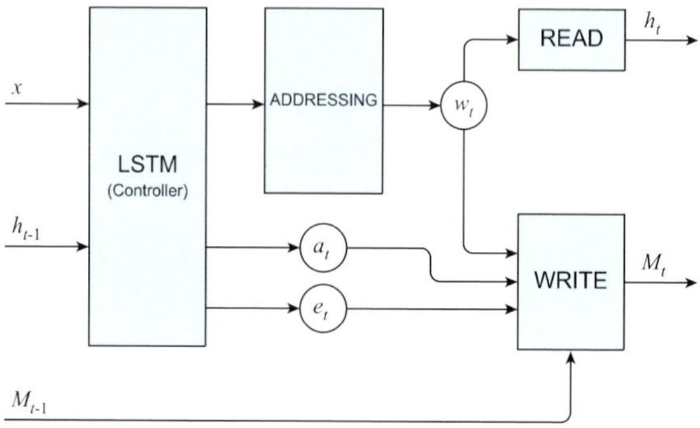

그림 10.3 신경 튜링 머신

1) 자세한 뷰는 NTM의 창시자중의 한사람의 블로그 https://medium.com/aidangomez/the-neural-turing-machine-79f6e806\penalty-\@Mc0a1.를 참조하라.

다시 말하자면 : 신경 튜링 머신에는 새로운 입력 벡터와 이전 단계의 출력을 받는 LSTM(제어기)이 있으며, 출력을 생성하기 위해 메모리 행렬을 사용하고, 모든 것이 훈련 가능하다. 그러나 구성요소는 어떻게 작동할까? 이제 메모리로부터 우리만의 작업을 해보자. 우리는 3개의 벡터를 필요로 하고 이 모든 벡터는 제어기가 생성한다: 가산(add) 벡터 a_t, 소거(erase) 벡터 e_t, 그리고 가중치(weight) 벡터 w_t이다. 그들은 유사하지만 다른 목적으로 사용된다. 나중에 이들이 어떻게 만들어지는지 설명하기로 한다.

메모리가 어떻게 작동하는지 보자. 메모리는 행렬(또는 더 높은 차수의 텐서) M_t로 표현된다. 이 행렬의 각 행을 **메모리 위치**라고 부른다. 메모리에 n개의 행이 있는 경우 제어기는 크기 n(구성요소 범위는 0에서 1까지)의 가중치 벡터를 생성하는데 이 벡터는 각 위치를 얼마나 고려해야 할지를 나타낸다. 이는 하나 또는 여러 위치에 분명한 액세스(crisp access)하거나 그 위치에 퍼지 액세스(fuzzy access)할 수 있다. 이 벡터는 훈련 가능하기 때문에 분명한 경우는 거의 없다. 이것은 $m \times n$ 행렬 M_t와 B의 Hadamard 곱셈(점별 곱셈)으로 간단히 정의된 읽기 연산이다. B는 m-차원 행 벡터 w_t를 전치하고 그 값을 M_t의 차원과 일치하도록 브로드캐스트해서(이 열을 $n-1$번 복사하기만 하면 됨) 얻어진다.

이제 신경 튜링 머신이 쓰기를 할 것이다. 항상 읽고 쓰지만 가끔은 매우 비슷한 값을 쓰기 때문에 우리는 내용이 변경되지 않는다는 인상을 받는다. 이는 NTM이 (없어) 쓰기 여부를 결정한다고 혼동하는 공통 원인이기 때문에 중요하다. NTM은 결정을 내리지 않고 (별도의 결정 메커니즘이 없음) 항상 쓰기를 수행하지만, 때로는 쓰여진 값이 이전 값과 동일할 수도 있다.

쓰기 동작 자체는 (i) 소거 구성요소와 (ii) 가산 구성요소의 두 구성요소로 구성된다. 소거 동작은 그 위치에 대한 가중 벡터 w_t 성분과 소거 벡터 e_t 성분이 모두 1인 경우에만 메모리 위치의 성분을 0으로 리셋한다. 심볼로 나타내면 : $\widehat{M}_t = M_{t-1} \cdot (\mathbf{I} - \mathbf{w}_t \cdot \mathbf{e}_t)$, 여기서 $\mathbf{I}$는 1들의 행 벡터이고 모든 곱은 Hadamard 또는 점별이므로 이러한 곱셈은 교환 가능하다. 차수를 처리하기 위해 필요에 따라 전치하고 브로드캐스트한다. 가산 연산은 M_{t-1} 대신에 $\widehat{M}_t$에서 $M_t = \widehat{M}_t + \mathbf{w}_t \cdot \mathbf{a}_t$을 사용하여 정확히 같은 것을 수행한다. 이러한 것들이 작동하는 방식이 동일하고, 모두 훈련 가능한 구성요소에 대한 연산이라는 점을 기억하라. 본질적인 차이는 없으며 작동 및 학습 가능한 차이만 있다. 이제 두 부분을 연결해야 하며 이는 주소 지정을 통해 수행된다. 주소 지정은 가중치 벡터가 생성되는 방법을 설명하는 부분이다. 이는 많은 구성요소가 포함된 비교적 복잡한 절차이며 자세한 내용은 원본 논문 [9]를 참조하라. 주의해야 할 중요한 점은 신경 튜링 머신은 위치-기반 주소 지정과 컨텐츠-기반 주소 지정이 있다는 것이다.

훨씬 간단하고 비슷하게 파워풀한 두 번째 메모리 기반 모델은 [10]에서 소개된 **메모리 네트워크**(*memory networks*, MemNN)이다. LSTM을 확장하여 장기 의존성 메모리를 개선하는 것이 아이디어이다. 메모리 네트워크는 몇 가지 구성요소를 가지고 있으며, 메모리를 제외하고는 모두 신경망이고, 이는 메모리 네트워크가 모든 파워를 유지하면서 신경 튜링 머신보다 연결주의 정신에 더욱 부합되게 한다. 메모리 네트워크의 구성요소는 다음과 같다:

- 메모리(M) : 벡터 배열
- 입력 특징 맵(**I**) : 입력을 분산 표현으로 변환한다.
- 갱신자(**G**) : **I**가 전달한 분산 표현을 사용하여 메모리를 업데이

트하는 방법을 결정한다.

- 출력 특징 맵(**O**) : 입력 분산 표현을 받아 메모리에서 지지 벡터를 찾고 출력 벡터를 생성한다.
- 응답자(**R**) : **O**에 의해 주어진 출력 벡터를 추가적으로 포맷팅한다.

그들의 연결은 그림 10.4에 나와 있다. 메모리를 제외한 모든 구성요소는 신경망에 의해 설명되며 따라서 학습이 가능하다. 간단한 버전에서 **I**는 word2vec이 될 것이다. **G**는 단순히 사용 가능한 다음 메모리 슬롯에 표현을 저장하고, **R**은 색인으로 단어를 대체하고 필러 단어를 추가하여 출력을 수정한다. **O**가 가장 힘든 일을 한다. 여러 가지 지원 메모리를 찾아야 하며(단일 메모리 스캔 및 업데이트는 홉(*hop*)[2]이라고 함), **I**가 포워드 한 것과 함께 '번들링'하는 방법을 찾아야 한다. 이 '번들링'은 입력과 메모리의 간단한 행렬 곱셈이지만 일부 추가적인 학습된 가중치가 있다. 이것은 항상 연결주의 모델에 있는 것이다: 덧셈, 곱셈 및 가중치. 그리고 가중치는 미술이 일어나는 곳이다. 완전 훈련이 가능한 복잡한 메모리 네트워크가 [11]에 제시되어 있다.

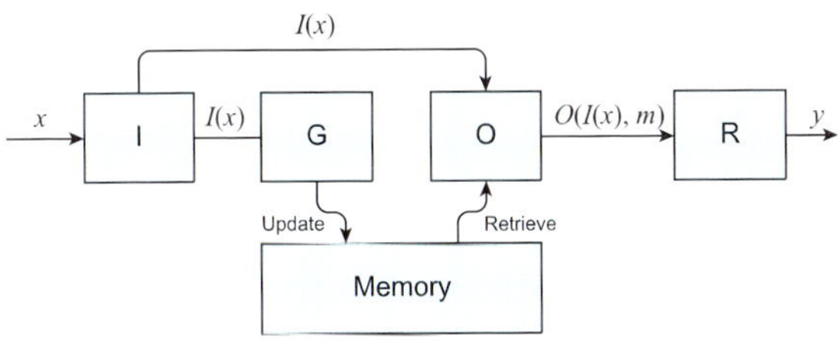

그림 10.4 메모리 네트워크

2) 기본적으로 메모리 네트워크는 한 번의 홉(hop)을 만들지만 특히 자연 언어 처리에서 여러 홉(hop)이 유익한 것으로 나타났다.

신경 튜링 머신과 메모리 네트워크가 공통적으로 가지고 있는 한 가지 문제는 세그먼트화된 벡터 기반 메모리를 사용해야 한다는 것이다. 실수(float)로 된 인코딩 벡터를 사용하여 연속적인 메모리를 가진 메모리 기반 모델을 만드는 것을 보는 건 흥미로울 것이다. 그러나 평범한 메모리 네트워크조차도 LSTM보다 훨씬 더 많은 훈련 가능한 매개변수를 가지고 있으며 훈련에는 많은 시간이 걸릴 수 있으므로 [11]에서 언급한 메모리 모델의 주요 과제 중 하나는 학습 속도를 높일 수 있도록 다양한 구성요소의 매개변수를 재사용하는 것이다. 메모리 네트워크 메모리 주소 지정은 내용 기반이다.

10.3 일반 연결주의 지능의 핵심: bAbI 데이터셋

화려한 과거에도 불구하고 오늘날의 신경망은 AI의 인정된 하위 분야이며 딥러닝은 전체 AI에 대해 동작한다. 어떻게 신경망을 인공지능 시스템으로 평가할 수 있을까 하는 질문이 자연스럽게 나오는데 여기서 튜링 테스트라는 오래된 아이디어가 다시 돌아온다. 다행스럽게도 일반 인공지능을 위한 핵심(kernel)이 되겠다는 아이디어로 만들어진 bAbI [12]라는 장난감 작업(toy tasks)의 데이터 집합이 있다. 일반 AI로 인정받기를 희망하는 에이전트는 bAbI 데이터 집합에 있는 모든 장난감 작업을 통과할 수 있어야 한다. bAbI 데이터 집합은 순수 연결주의적 접근법으로 만나게 되는 가장 중요한 일반 AI 작업 중 하나이다.

데이터 집합의 작업은 자연어로 표현되며 그 중 20가지 범주가 있다. 첫 번째 범주는 하나의 뒷받침되는 사실을 다루고 있으며, 다음 예제와 같이 이미 언급한 내용에 대한 간단한 반복에 답해야 하는

샘플들이 있다: '메리가 욕실에 갔다. 존은 복도로 이동했다. 메리는 사무실로 갔다. 메리는 어디 있을까?'. 다음 두 가지 작업에서는 동일인의 많은 행동과 같은 더 많은 사실을 소개한다. 다음 과제는 '주방이 욕실의 북쪽에 있다. 욕실의 북쪽은 무엇인가?'와 같은 관계를 배우고 해결하는 데 중점을 둔다. 비슷하지만 상당히 복잡한 작업은 작업19(경로 검색)이다: '부엌은 욕실의 북쪽에 있습니다. 부엌에서 욕실까지 가는 법은?'. 복잡성을 더하는 것은 '뒤집기(flipping)'이다. 또한 여기서 작업은 여러 단계의 지침을 작성하는 것이고, 관계 분석에서 신경망이 해결해야 하는 것이다.

다음 작업에서는 자연어로 이진 응답 질문을 다룬다. 또 다른 흥미로운 작업은 '집계(counting)'라고 하며, 주어진 정보에는 에이전트가 물건을 집어 들고 떨어뜨리는 것을 포함한다. 신경망은 일련의 작업 끝에 그의 손에 얼마나 많은 아이템을 가지고 있는지 계산해야 한다. 다음 세 가지 작업은 부정, 논리곱 및 3단계 응답('예', '아니', '아마도')을 사용한다. 그 다음은 동일지시어 해결을 다루는 작업이 있다. 그 다음은 시간 추론, 위치 추론 및 크기 추론(Winograd 문장[3])과 유사)과 기본 삼단 논법 연역 및 귀납을 다루는 작업이 있다. 마지막 작업은 에이전트의 동기(motivation)를 해결하는 것이다.

데이터 집합의 저자는 데이터에 대해 여러 가지 방법을 테스트했는데, 순수한 연결주의 방식으로 달성할 수 있는 것을 나타내기 때문에 일반 (조정되지 않은) 메모리 네트워크 [10]의 결과가 가장 흥미

3) Winograd 문장은 컴퓨터가 대명사의 동일지시성을 해결해야 하는 특정한 형태의 문장이다. Winograd 문장은 '그 책을 서랍에 넣으려고 했지만 그게 너무 [컸다/작았다]'라는 형식의 문장으로, 1970년대에 처음 이 문장을 생각한 테리 위노그라드의 이름을 따서 붙여졌다[13].

롭다. 우리는 일반 메모리 네트워크의 정확도 목록을 제시하고 [12], 다른 결과는 원본 논문을 참조하라.

1. 단일 지지 사실 : 100%
2. 두 가지 지지 사실 : 100%
3. 세 가지 지지 사실 : 20%
4. 두 인자 사이의 관계 : 71%
5. 세 인자 사이의 관계 : 83%
6. 네-아니오 질문 : 47%
7. 집계 : 68%
8. 목록 : 77%
9. 단순 부정 : 65%
10. 애매한 지식 : 59%
11. 기본 동일지시어 : 100%
12. 논리곱 : 100%
13. 복합 동일지시어 : 100%
14. 시간 추론 : 99%
15. 기본 연역 : 74%
16. 기본 귀납 : 27%
17. 위치 추론 : 54%
18. 크기 추론 : 57%
19. 경로 찾기 : 0%
20. 에이전트의 동기 : 100%

이 결과는 두 가지를 나타낸다. 첫째, 메모리 네트워크가 얼마나 동일지시어(coreference) 해결을 잘 설명하는지는 놀랍다. 또한 메모리 네트워크가 순수 연역에서 얼마나 잘 수행되는지도 주목할 만하다. 그러나 가장 흥미로운 부분은 결과를 얻기 위해 연역이 적용되어야 하는 추론이 많은 작업에서 어떻게 문제가 발생하는가이다(양식에 중점을 둔 기본 연역과 반대). 이러한 작업 중 가장 대표적인 것은 경로 찾기 및 크기 추론이다. 베모리 네드워크에는 메모리 구성요소를 갖고 있지만 추론을 위한 구성요소는 아니기 때문에 흥미롭다. 연역과 같은 양식 기반 추론에서는 메모리가 도움이 되는 것처럼 보인다. 또한 **수정된**(*tweaked*) 메모리 네트워크가 귀납에서는 100%로 점프했지만 연역에서는 73%로 떨어지는 것은 흥미롭다. 신경망이 어떻게 추론을 수행하도록 할 수 있는가 하는 질문은 메모리 네트워크에 의해 만들어진 이러한 벤치마크를 극복하는데 있어서 가장 중요한 것으로 보인다.

참고문헌

1. J.J. Hopfield, Neural networks and physical systems with emergent collective computational abilities. Proc. Nat. Acad. Sci. U.S.A **79**(8), 2554–2558 (1982)
2. D.H. Ackley, G.E. Hinton, T. Sejnowski, A learning algorithm for boltzmann machines. Cogn. Sci. **9**(1), 147–169 (1985)
3. P. Smolensky, Information processing in dynamical systems: foundations of harmony theory, in *Parallel Distributed Processing: Explorations in the Microstructure of Cognition*, ed. by D.E. Rumelhart, J.L. McClelland, the PDP Research Group, (MIT Press, Cambridge)
4. G.E. Hinton, S. Osindero, Y.-W. Teh, A fast learning algorithm for deep belief nets. Neural Comput. **18**(7), 1527–1554 (2006)
5. Y. Bengio, P. Lamblin, D. Popovici,H. Larochelle, Greedy layer-wise training of deep networks, in *Proceedings of the 19th International Conference on Neural Information Processing Systems* (MIT Press, Cambridge, 2006),

pp. 153–160

6. Y. Bengio, Learning deep architectures for AI. Found. Trends Mach. Learn. **2**(1), 1–127 (2009)
7. I. Goodfellow, Y. Bengio, A. Courville, *Deep Learning* (MIT Press, Cambridge, 2016)
8. W. Bechtel, A. Abrahamsen, *Connectionism and the Mind: Parallel Processing, Dynamics and Evolution in Networks* (Blackwell, Oxford, 2002)
9. A. Graves, G. Wayne, I. Danihelka, Neural turing machines (2014), arXiv:1410.5401
10. J. Weston, S. Chopra, A. Bordes, Memory networks, in *ICLR* (2015), arXiv:1410.3916
11. S. Sukhbaatar, A. Szlam, J. Weston, End-to-end memory networks (2015), arXiv:1503.08895
12. J. Weston, A. Bordes, S. Chopra, A.M. Rush, B. van Merriënboer, A. Joulin, T. Mikolov, Towards ai-complete question answering: A set of prerequisite toy tasks, in ICLR (2016), arXiv:1502.05698
13. T. Winograd, *Understanding Natural Language* (Academic Press, New York, 1972)

CHAPTER 11

결론

11.1 열린 연구문제들에 대한 불완전한 개요

우리는 열린 연구 문제들의 목록으로 이 책을 결론짓는다. 우리가 여기 소개한 문제 중 일부를 차용한 유사한 목록은 [1]에서 찾을 수 있다. 우리는 딥러닝에 대한 연구가 얼마나 풍부하고 다양한지를 보여주기 위해 다양한 목록을 작성하기를 희망했다. 아직 해결되지 않은 흥미로운 문제들은 다음과 같다.

1. 우리는 역전파의 기반으로서 경사 하강 이외의 것을 발견할 수 있을까? 가중치 업데이트를 위해 역전파에 대한 대안으로 무언가를 찾을 수 있을까?
2. 새롭고 우수한 활성화 함수를 찾을 수 있을까?
3. 추론은 학습될 수 있을까? 그렇다면 어떻게? 그렇지 않다면, 우리는 어떻게 연결 구조에서 기호 처리를 비슷하게 할 수 있을까? 인공 신경망에 계획, 공간 추론 및 지식을 어떻게 통합할 수 있을까? 기호 계산은 순수 수식 솔루션(최적화 될 수 있는)으로 근사화할 수 있기 때문에 눈에 보이는 것 이상이다. 좋은 예는 $A \rightarrow B$, $A \vdash B$를 $\frac{B}{A} \cdot A = B$로 표현하는 것이다. 논리적 연결 요소의 수치적 표현이 아주 쉽게 발견될 수 있으

므로, 신경망이 이것을 스스로 발견하고 구현할 수 있을까?

4. 비선형 연산의 여러 층으로 구성된 딥러닝 접근법은 기호 체계에서 많은 하위 식을 재사용하는 아이디어에 해당한다는 기본적인 믿음이 있다. 이 비유가 공식화될 수 있을까?
5. 컨볼루션 신경망은 왜 쉽게 훈련할 수 있을까? 이것은 물론 매개변수의 수와 관련되어 있지만 동일한 수의 매개변수를 사용하는 다른 네트워크보다 더 쉽게 훈련할 수 있다.
6. 훈련 샘플을 레이블이 없는 샘플에서 발견하거나 자율적인 에이전트가 적극적으로 찾는 독학 학습을 위한 훌륭한 전략을 만들 수 있을까?
7. 그래디언트의 근사는 신경망에 충분하지만 현재는 기호적인 미분보다 계산적으로 덜 효율적이다. 사람의 경우 정확한 숫자를 계산하는 것보다 값(예 : 최소값)에 가까운 숫자를 추측하는 것이 훨씬 쉽다. 근사화된 그래디언트를 계산하기 위한 더 나은 알고리즘을 찾을 수 있을까?
8. 에이전트는 알려지지 않은 향후 과제에 직면하게 될 것이다. 우리는 (바로 이전 과제를 잊지 않고) 즉시 학습을 시작할 수 있게 하는 전략을 개발할 수 있을까?
9. 선형 활성화(임계치 게이트)가 있는 형식화 된 단순한 네트워크 이상을 사용하는 딥러닝을 위한 이론적 결과를 증명할 수 있을까?
10. 모든 인간의 행동을 재생산하기에 충분한 깊이의 신경망이 있을까? 그렇다면, 심층 신경망이 주어진 행동을 재생산하는 데 필요한 은닉 계층의 수에 따라 정렬된 인간 행동 목록을 생성함으로써 무엇을 얻을 수 있을까? Moravec 역설과 어떻게 관

련이 있을까?

11. 무작위로 가중치를 초기화하는 것보다 더 나은 대안이 있을까? 신경망에서는 모든 것이 가중치에 있기 때문에 이것은 근본적인 문제이다.
12. 지역석 최솟값들이 어쩔 수 없는 현실인가, 또는 현재 사용되는 아키텍처의 본질적인 한계인가? 수작업으로 만든 특징을 추가하거나 심층 신경망이 스스로 특징을 추출할 수 있다는 것이 알려져 있지만 심층 신경망이 왜 멈추는가? 커리큘럼 학습은 어떤 경우에는 많은 도움을 주는데 커리큘럼이 어떤 작업에 반드시 필요한가?
13. 확률론적으로 해석하기 어려운 모델들(스택된 오토인코더, 전이학습, 멀티태스크 학습)을 다른 방식으로 해석할 수 있는가? 아마 퍼지 논리는?
14. 벡터가 아닌 트리와 그래프로부터 배우기 위해 심층망이 적응될 수 있는가?
15. 인간의 피질은 항상 피드포워드는 아니며, 본질적으로 순환적이고, 대부분의 인지 과제에 순환이 있다. 피드포워드 또는 순환 신경망에 의해서만 학습 가능한 인지 작업이 있는가?

11.2 연결주의 정신과 철학적 유대관계

오늘날 연결주의는 그 어느 때보다 생생하고 활기 있다. 인공지능의 역사에서 처음으로, 연결주의는 '딥러닝'이라는 현재의 이름으로 GOFAI의 중심 위치를 차지하려하고 있으며, 추론은 정복되지 않은 유일한 주요 인지 능력이다. 이것이 결코 뚫어질 수 없는 마지막 벽

인지, 몇 달의 문제인지는 말하기는 어렵다. 연구 분야로서 인공 신경망은 유사한 탐구에서 두 번이나 거의 사망했었다. 그들은 항상 약자였고 아마도 이것은 가장 매력적인 부분일 것이다. 그들은 마침내 인공지능과 인지과학의 중요한 부분이 되었고 오늘날 (어느 정도는 마케팅 덕분에) 거의 마법의 호소력을 가지고 있다.

조각가는 명작을 만들기 위해 두 가지가 있어야 한다: 무엇을 만들지 명확하고 정확한 아이디어와 그것을 만드는 데 필요한 기술과 도구. 철학과 수학은 문명 자체만큼 오래된 과학의 두 가지 분야이며 대부분의 과학은 철학에서 수학으로 점진적으로 전환한 것으로 볼 수 있다. 어떤 과학 분야에서도 이렇게 자신의 계획을 세울 수 있으며, 특히 연결주의에 대해 사실이다: 아이디어가 없으면 철학에 손을 뻗고 도구가 없다면 수학에 손을 뻗으라. 둘 다에서 약간의 연구는 과학의 어떤 분야에서도 놀라운 경력을 쌓도록 할 것이며, 신경망도 예외는 아니다.

이 책은 여기서 끝나며, 여러분이 환상적인 여정이었다고 생각한다면 나는 행복하다. 이것은 딥러닝을 향한 과정의 시작일 뿐이다. 나는 여러분이 지식[1])을 찾고 현재의 상태에 정착하지 않기를 강력히 권한다. 누군가가 '왜 이러고 있니?, 이건 안돼' 또는 '당신은 이걸 하기에 부족해' 또는 '이건 당신 분야와 관련이 없어'라고 말하면 신경 쓰지 말고 항상 연구를 계속하고 최선을 다하기 바란다. 내가 좋아하는 속담[2]): **매일 새로운 것을 적어라. 새로운 것이 없으면 오래**

1) 책, 저널 기사, Arxiv, Coursera, Udacity, Udemy 등 - 거기에는 수많은 리소스가 있다.

2) 나는 누구의 속담인지 모르지만 누군가의 것으로 알고 있다. 작가를 아는 독자가 계시면 연락해주면 감사하겠다.

된 것을 적어라. 오래된 것이 없다면 무엇인가 읽어라. 어느 시점에서, 새로운 총명함을 가진 사람이 돌파구를 마련할 것이다. 그것은 어려울 것이며, 많은 저항이 있을 것이며, 저항은 이상한 형태일 수도 있다. 그러나 다음에서 위안을 찾으라: 신경망은 투쟁의 상징이며, 다시 바닥으로 떨어지고, 다시 떨어지고, 모든 역경에 대항하여 별에 도달하는 투쟁이다. 신경망의 아버지의 삶은 모든 미래 투쟁의 징조였다. 그래서 철학 논리학자인 월터 피츠의 이야기를 기억하라: Principia를 읽으려고 도서관에 숨은 십대, 최고로부터 배우려고 노력한 학생, 삶에서 나와 역사의 연대기로 곧바로 걸어간 사람, 논리로 세상을 구하려고 애쓴 불굴의 사나이. 그의 이야기가 영감이 되게 하라.

참고문헌

1. Y. Bengio, Learning deep architectures for AI. Found. Trends Mach. Learn. **2**(1), 1–127 (2009)

찾아보기

영문

한글